Orchestrer la rumeur

Éditions d'Organisation
Groupe Eyrolles
61, bd Saint-Germain
75240 PARIS Cedex 05

www.editions-organisation.com
www.editions-eyrolles.com

Avec la collaboration de Christie Vanbremeersch

© Groupe Eyrolles

Laurent Gaildraud

Orchestrer la rumeur

EYROLLES

Sommaire

À Marie-Hélène

Préface

*« Le monde ne se maintient
que par le souffle des enfants qui étudient. »*
Talmud de Jérusalem (Chabbat 119a).

La rumeur est sans doute la pratique la plus ancienne et la plus élémentaire de la manière d'utiliser l'information comme une arme non létale. Son originalité est qu'elle est à la portée du plus fort comme du plus faible. Et ses effets peuvent être dévastateurs. Contrairement aux armements qui se périment au cours des temps, la rumeur est inaltérable et conserve toute sa force de frappe. La société de l'information a même amplifié son impact depuis la mondialisation des médias télévisuels et le développement d'Internet.

La récente affaire DSK est une parfaite illustration des cheminements contraires et paradoxaux que peut emprunter la rumeur. Cette rumeur qui a perturbé le cours de la vie politique française pendant quelques mois ne constitue pas un précédent (il y en a eu d'autres dans l'histoire de France : l'« affaire Dreyfus », l'« affaire Stavisky »), elle nous rappelle simplement la force spectaculaire de son impact et la problématique de sa durée de vie. On n'efface pas la rumeur de la mémoire humaine comme on corrige l'image dans une indexation sur Google.

Les révolutions arabes ont donné une dimension géopolitique nouvelle à la rumeur. Elle a été employée comme une arme tactique par les opposants tunisiens qui s'en sont servi en lançant des informations contradictoires et en créant la zizanie entre certains membres du clan Ben Ali. La mobilisation de deux mille membres des services de sécurité tunisiens chargés de surveiller les messages diffusés sur

Internet s'est avérée inefficace pour contrer l'action subversive de quelques noyaux d'internautes particulièrement actifs dans les réseaux sociaux.

L'ouvrage de Laurent Gaildraud aide à comprendre le processus « rumoral » en apportant un éclairage à la fois typologique et méthodologique pour cerner les multiples dimensions que peut prendre une rumeur. Cette étude pédagogique de la rumeur est très utile pour décrypter une partie non négligeable des rapports de force du monde actuel, qu'ils portent sur des questions géostratégiques, politiques, économiques, sociales, culturelles ou religieuses.

Le travail de Laurent Gaildraud formalise une grille de lecture originale de la rumeur qui permet non seulement de l'analyser comme phénomène sociologique, mais aussi de la combattre lorsqu'on en est victime. On se protège toujours mieux de quelque chose que l'on comprend.

Christian Harbulot
Directeur de l'École de guerre économique
Directeur du cabinet Spin Partners

Introduction

« L'universalité des hommes se repaît de l'apparence comme de la réalité ;
souvent même l'apparence les frappe et les satisfait plus que la réalité même. »

Nicolas Machiavel

Ce livre s'adresse à toute personne qui souhaite orchestrer une rumeur, dans le but de gagner de l'argent, de déstabiliser un concurrent, de faire ce qu'il a à faire. Si vous avez un adversaire ou un ennemi, vous êtes concerné. C'est dire si on ratisse large !

Quand vous aurez lu ce livre vous aurez, nous l'espérons, une vision de son fonctionnement – sans jamais garantir qu'une rumeur fonctionnera, vous connaîtrez au moins les passages incontournables.

Qu'y a-t-il de si hypnotique dans la rumeur ?

Aucun individu, aucune entreprise, aucune entité au sens large, aussi puissant soit-il ou pense-t-il l'être, qui ne serait déstabilisé par une rumeur. Tout le monde la redoute – car il n'est pas nécessaire d'être coupable pour en pâtir.

L'orchestration d'une rumeur relève d'un art de grande finesse, d'une alchimie difficile à cerner. Tel l'artiste qui écrit un album de musique contenant douze chansons : au mieux, une seule fera un succès. Personne, ni l'artiste lui-même, n'est capable de vous dire pourquoi cette chanson-là et pas une autre. Les mêmes efforts, la même créativité ont été déployés pour tout l'album. L'artiste pensait d'ailleurs que ce serait une autre qui serait une réussite.

Alors, comment orchestrer une rumeur ?

Ne pouvant jamais être certain qu'une rumeur se déclenchera, on peut tout de même mettre toutes les chances de son côté pour qu'elle se réalise. Par ailleurs, si les rumeurs sont craintes, il y a fort à parier qu'elles le sont parce qu'elles sont incomprises et mystérieuses. Telle est la finalité de ce livre : essayer de mieux les comprendre. Car il sera utopique de penser pouvoir les maîtriser totalement.

Cet essai sera au mieux exploratoire et, par définition, incomplet.

Nous verrons cependant qu'il existe des passages obligés lorsque l'on désire orchestrer une rumeur. Ces passages sont connus et répondent aux incertitudes de chaque groupe humain. Il existe bel et bien un genre de rumeur contre lequel l'individu ou l'entreprise ne peut rien : quel que soit son degré de préparation, de proactivité et d'anticipation de crises, ils seront impuissants. Cette rumeur est un défi à la logique et à la vraisemblance. Elle se moque de la vérité. Elle se moque du monde. Elle peut être aberrante et folle, peu importe ! Elle s'adaptera, elle mutera, elle naîtra, survivra et mourra. Nous sommes démunis face à une rumeur en cours de mythification. Et entre-temps, les dommages seront irréversibles. La rumeur est organique, elle respire, elle palpite, elle est un concentré d'humanité.

Face à elle, les responsables de communication et de gestion de crise resteront impuissants, atterrés ou en colère. Ils ne comprendront pas et ils deviendront muets et interdits, comme pénétrés du mystère des choses.

Oui, la rumeur est tout simplement captivante.

Un livre dont la finalité serait une ébauche d'un *modus operandi* de la rumeur, voilà qui vous apparaîtra comme très ambitieux… et peut-être amoral. Expliquer le fonctionnement d'un explosif est une chose, poser une bombe en est une autre. Il ne s'agira pas de confondre déminage et terrorisme !

Pour autant, notre propos n'est pas de traiter la gestion de crise. Ce livre se positionne en amont de cette problématique et c'est bien de provocation de crise dont nous parlerons.

Une discipline en devenir peut-être : la rumorologie. Ou, pourquoi pas, la rumorocratie[1].

Mais venons-en aux faits.

Que trouverez-vous dans cet ouvrage ?

Dans le premier chapitre, nous planterons le décor : quels sont les fondements historiques et sociologiques de la rumeur ?

Puis nous nous risquerons à classer les différentes familles de rumeurs. Nous verrons alors que ces classements ne sont pas étanches et qu'une rumeur peut appartenir à différentes familles. Il s'agira également de voir les principaux critères qui permettent de reconnaître une rumeur. La présence d'une rumeur n'est jamais innocente, elle reflète l'état d'esprit d'une population à un moment déterminé.

Ensuite, nous aborderons la dynamique même d'une rumeur : comment la créer, comment la propager ? Avant d'étudier son impact et de vérifier qu'elle fonctionne !

Pour finir, nous examinerons les écueils qui nous menacent lorsque l'on tente d'orchestrer une rumeur.

À propos, si vous aviez toujours rêvé d'être un rat pour assister à une expérience de psychosociologie dans un laboratoire… vous allez être servi ! En effet, nous avons, quand c'était possible, étayé nos hypothèses par leur vérification en laboratoire avant de les implémenter dans la vie. Bienvenue chez les rongeurs !

Nous vous souhaitons une belle exploration de ce phénomène captivant, inquiétant et mystérieux.

---

1. Par « rumorologues », nous entendons les personnes qui étudient les rumeurs et par « rumorocrates » les personnes qui les instrumentalisent. Pascal Froissart a spécifié cette terminologie.

Petit dictionnaire de la rumeur

Avant de nous lancer dans la bataille, et comme nous parlerons souvent d'expérience de psychosociologie, il semble utile de faire ce bref rappel de vocabulaire.

Besoin d'affiliation : recherche de liens affectifs avec autrui. C'est la volonté de vouloir entrer dans un groupement, un réseau, n'importe quel tissu social.

À ne pas confondre avec l'affiliation sur Internet qui est une technique marketing permettant à un webmarchand (affilieur) de diffuser ses produits sur des sites web affiliés.

Biais cognitif : schéma de pensée erroné qui apparaît dans un type de situation donnée. C'est une erreur systématique dans la prise de décision et/ou le comportement adopté face à une situation donnée résultant d'une faille ou d'une faiblesse dans le traitement des informations disponibles.

Endogroupe : groupe composé des individus qu'une personne a catégorisés comme membres de son propre groupe d'appartenance et avec qui elle a tendance à s'identifier.

Exogroupe : groupe composé de tous les individus qu'une personne a catégorisés comme membres d'un groupe d'appartenance autre que le sien et avec qui elle n'a pas tendance à s'identifier.

Groupe de contrôle : échantillon non exposé aux stimuli lors d'une expérience ou étude.

Groupe expérimental : groupe exposé à une variable indépendante d'une expérience. Ceci afin de vérifier une hypothèse expérimentale. C'est la comparaison entre groupe de contrôle et groupe expérimental qui valide (ou invalide) l'hypothèse.

Réactance (effet de), encore appelé « résistance à la persuasion » : tendance à nous rebeller contre ce que nous ressentons comme une atteinte à nos libertés. La conséquence directe de cet effet est la mise en place de la part du sujet que l'on cherche à influencer/convaincre de stratégies de résistance, produisant ainsi l'inverse de l'effet escompté. Ce phénomène est présent tout le long de notre vie et démarre dès l'âge de 2 ou 3 ans (crise d'opposition redoutée des parents).

CHAPITRE 1

Les fondements de la rumeur

« *Plusieurs valets et serviteurs,*
Force caquets et grands rumeurs. »
Proverbes rimés recueillis par le comte de Neufchâteau

Avant de nous demander d'où vient une rumeur, rappelons-en la définition. Au XIIIᵉ siècle, en France, la rumeur était un bruit – d'où la définition première : « Bruit confus que produisent un certain nombre de personnes disposées à la révolte, à la sédition, à la violence ou à la protestation. »

D'après Wikipédia, une rumeur est : « Un phénomène de transmission large d'une histoire à prétention de vérité et de révélation par tout moyen de communication formel ou informel. »

Un bruit. Une prétention de vérité. On le voit, à ce terme se rattachent les notions de fausseté et de fausse information.

Un show télévisé était fondé sur cette idée : le présentateur avançait un fait quelconque et les invités devaient donner leur avis en répondant « rumeur » ou « pas rumeur », signifiant ainsi leur point de vue sur le degré de véracité du discours. Dans ce cas de figure, « rumeur » n'avait pas d'autre sens que « fausse information ». Cela est un contresens fondamental : une rumeur peut être vraie et c'est précisément la raison pour laquelle elle est crainte ! Elle peut vous induire en erreur et peut également vous apprendre la vérité. Si elle était toujours fausse, elle serait traitée comme telle et ne mériterait pas que vous ayez investi dans ce livre…

La réalité, c'est qu'en moyenne un tiers des rumeurs se révèlent fondées. La rumeur n'est donc pas l'inverse de l'information, elle en est un pendant. De plus, la notion de vrai et de faux est un concept subjectif qui relève d'une approche plus philosophique que fonctionnelle – et ce livre a pour objectif de nous conduire à la mise en pratique.

Quand on s'intéresse à cette notion de rumeur, il est souhaitable de laisser les certitudes de côté. L'approche du monde sur une base du « vrai » et du « faux » est source de déception. On gagnera en efficacité si, plutôt que de tenter de résoudre la question philosophique de la véracité, on se demande quelle est « l'attitude la plus adéquate à un moment déterminé » pour répondre à une rumeur.

Car toute croyance devient « vraie » aux yeux de celui qui y croit : tous les démentis n'y changeront rien. Cela est particulièrement vérifié dans le cas des prophéties autoréalisatrices : la rumeur d'une banque qui va déposer son bilan entraînera les clients à retirer leur argent massivement avec pour conséquence… le dépôt de bilan de cette banque. Une rumeur de pénurie de sucre entraînera que tout le monde se jette sur le sucre, et qu'au bout de quelques heures il n'y en aura plus sur les étalages des magasins (CQFD).

Nous connaissons l'histoire du professeur qui a des attentes vis-à-vis de certains élèves qu'il considère comme meilleurs que les autres. De ce fait, le professeur s'est mieux occupé d'eux, il leur a enseigné plus de choses et a confirmé sa propre attente en démontrant que ce groupe d'élèves était effectivement meilleur que les autres.

Le monde que nous voyons est celui que nous cherchons. Et inversement.

Nous allons voir à présent les différents fondements d'une rumeur : c'est-à-dire les ressorts sur lesquels elle s'appuie pour se propager.

LES FONDEMENTS HISTORIQUES : TOUTE PRISE DE PAROLE EST UNE VOLONTÉ D'INFLUENCER

Depuis que la parole existe, il y a des rumeurs.

La rumeur parle à un inconscient collectif, à un système de croyances globales, à un écho dans l'imaginaire social. Comprendre la rumeur, c'est trouver une correspondance dans cet écho.

Rumeur et mythe, de nombreuses passerelles

> *« Les mots disent tout, les légendes se font autour d'une locution,*
> *un mot déformé et voilà un dieu de plus…*
> *Tout mythe est un drame humain condensé. »*
>
> Gaston Bachelard

La rumeur, un mythe flottant, comme le disait Jean-Noël Kapferer[1].

Quel parallèle peut-on trouver entre une rumeur et un mythe ?

Le 30 juillet 1974, lors d'une émission radiophonique, Claude Lévi-Strauss donnait sa définition du mythe : « Une histoire qui ne vient de nulle part car transmise par la tradition orale, elle a probablement été racontée pour la première fois un jour et en un lieu. Mais pour qu'elle devienne vraiment un mythe et pour qu'elle soit reconnue comme telle, il faut qu'elle ait été retenue, répétée, re-racontée, re-tenue, re-racontée tellement de fois de suite que personne ne sait plus d'où elle vient et par conséquent, on lui attribue une origine surnaturelle. Et c'est une histoire, en général, qui prétend rendre compte de la manière dont l'univers ou la société sont organisés et de la raison ou des raisons pour lesquelles il est bon qu'ils soient organisés comme ils le sont. »

Les points importants que sont l'origine indéterminée (pas d'auteur précis à qui les attribuer) et la nécessité de la transmission orale (nous sommes en 1974, Internet n'existe pas) offrent des parallèles

---

1. Jean-Noël Kapferer, *Rumeur : le plus vieux média du monde*, Éditions du Seuil, 1987.

avec la rumeur. On retrouve une richesse protéiforme et une fécondité similaires dans les mythes et les rumeurs.

Un mythe comme une rumeur ne nous arrivent jamais dans leur version originale, brute et authentique ; quand ils nous atteignent, ils sont déjà interprétés. Il existe des réinterprétations, des variantes des mythes et des rumeurs, mais ces variations restent dans le même cadre culturel. Néanmoins, cette réinterprétation a ses limites. Nous verrons des rumeurs muter pour assimiler un contexte culturel ou historique : c'est la raison pour laquelle les rumeurs ont une odeur commune. La rumeur a une spécificité culturelle. Sortir de ces limites revient à casser la structure narrative du récit et consécutivement à tuer la rumeur. Autant que possible, nous essaierons de choisir des rumeurs qui ont un noyau de « vérité » et une odeur d'universalité, afin que ce vecteur garde toute sa puissance. La rumeur sera traitée comme concept opératoire et considérée comme un redoutable instrument de travail. La rumeur comme psychomythologie, comme psychologie propulsée dans le monde externe alors que, historiquement, la psychologie relève d'une projection interne.

Le mythe et la rumeur détiennent tous les deux une vérité inconsciente et, simultanément, ils voilent cette conscience mise à jour. En classant les mythes ou les rumeurs sous le terme de mystification, on oblitère le sens et la raison de leur présence. Les deux peuvent être des fabulations, mais ils ont toujours une raison d'être et du sens – bref, ils ne sont certainement pas des mensonges. Carl Gustav Jung[1] était lui-même fasciné par cet inconscient collectif présent dans tous les mythes. Inconscient collectif également présent dans les rumeurs – et en les étudiant, on voit que mythes et rumeurs s'appuient sur des récits très bien structurés.

Avec un peu d'expérience, il est possible de déceler le signe, le trait significatif par lequel l'origine de cet inconscient collectif se trahit. Il s'agira d'un détail pour l'œil novice, et pourtant ce signe décèlera le travail interne de la rumeur. À ce stade, cela ne dira pas si la rumeur

---

1. Carl Gustav Jung et RFC Hull, *Dreams*, Routledge, 2002.

est fondée, cela dira qu'il y a rumeur. Rumeur pour ce qu'elle est, c'est-à-dire un récit projectif dans lequel un groupe social met dehors son inconscient, qui par essence recèle une logique intime et souvent secrète.

La rumeur est une sorte d'écriture du groupe par lui-même.

La rumeur d'Orléans[1] : un cas d'école

Cette histoire est devenue l'emblème d'une rumeur socialement spontanée. Elle s'appelle « rumeur d'Orléans », et pourtant elle fut répandue également dans nombre d'autres villes françaises et même étrangères !

Voici l'histoire. En 1968, Stephen Barlay publie *Sex Slavery, a Documentary Report on the International Scene Today*[2]. On pouvait lire qu'une jeune femme était allée faire des achats dans un magasin de lingerie. Pendant ce temps, son mari l'attendait à l'extérieur. Après une attente assez longue, le mari décide de rentrer dans la boutique… Mais lorsqu'il s'enquiert de son épouse, on lui répond que personne correspondant à la description qu'il donne n'est entré récemment. Inquiet, il demande à la police d'intervenir : celle-ci découvrira l'épouse droguée et ficelée dans la cave du magasin.

Le livre de Barlay sera traduit en français en 1969 et repris dans le magazine *Noir et blanc* du 6 mai 1969.

Dans les jours qui vont suivre, la rumeur se répandra dans toute la ville d'Orléans. Elle atteindra son paroxysme le 1er juin 1969 : à ce stade, ce n'est plus un magasin accusé de pratiquer la traite des Blanches, mais bien un réseau d'une demi-douzaine de boutiques qui se livrent à la coupable activité ! Les clientes seraient assommées ou droguées et évacuées par les égouts, puis des égouts au collecteur central et du collecteur central à la Loire, où un sous-marin prendrait livraison des corps inanimés. Ainsi vogue la galère vers des lieux exotiques avec les corps de femmes orléanaises inconscientes. Nous sommes au bord du lynchage des propriétaires de magasins, alors qu'à aucun moment les services de police d'Orléans n'ont reçu la première plainte pour disparition. Nous sommes face à un gigantesque fantasme collectif.

Deux points sont particulièrement intéressants dans cette histoire et

---

1. Edgar Morin, *La Rumeur d'Orléans*, Éditions du Seuil, 1969.
2. Stephen Barlay, *L'Esclavage sexuel*, Albin Michel, 1969 (version française).

étrangement, si le second a déjà été développé, le premier l'a beaucoup moins été :

- en mai 1969, de Gaulle s'est retiré de la politique et décédera un
  an plus tard. Le 1er juin correspond au premier tour des élections
  présidentielles qui oppose Georges Pompidou et Alain Poher ;
- le patron du premier magasin accusé de faire de la traite des
  Blanches est un dénommé M. Licht. Bref ! Il est juif. Nous garderons à l'esprit le projet hébraïque de domination du monde[1].

L'anxiété de l'élection présidentielle et le racisme sont des ingrédients
très fertiles pour l'orchestration d'une rumeur. Nous développerons ces
deux points ultérieurement.

LES FONDEMENTS SOCIOLOGIQUES :
RICHESSE ET COMPLEXITÉ

La rumeur se trouve au croisement de nombreuses disciplines où
s'exercent, à des dosages divers, la psychologie, la sociologie, l'an-
thropologie, la symbolique, la communication… C'est-à-dire au
cœur d'un nœud inextricable de passions humaines.

Une fonction politique : ceux d'en bas déstabilisent, ceux d'en haut instrumentalisent

La propagation d'une rumeur étant difficile à contrôler, elle a toujours
eu le don d'irriter toute forme de pouvoir. Si nous imaginons que,
du point de vue des instances du pouvoir, une bonne communication est une communication contrôlée, la rumeur jouit d'une liberté
inadmissible ! Les tentatives de modélisations mathématiques pour
comprendre son fonctionnement afin de mieux la bloquer ont été
pléthoriques. Les mathématiciens des sciences sociales ont pondu de
fumeux modèles pour contrôler la propagation de la rumeur. Ils sont
tous fondés sur le même calcul que celui qui régit la propagation des

---

1. La judéophobie est à prendre au sens générique du terme. N'importe quelle phobie fera
l'affaire. Mais qui n'a pas à l'esprit l'incontournable sacrifice des nourrissons chrétiens.

pandémies ou des feux de forêt. Rumeur égale vérole ou catastrophe naturelle. La rumeur comme symptôme indiscutable d'une maladie sociale : cela en dit long sur la perception du phénomène !

C'est dommage, car prendre de haut la rumeur équivaut à se priver d'un formidable outil d'analyse.

Voilà les deux principales stratégies de contre-attaque du politicien touché par une rumeur :

- le mépris teinté d'apparente indifférence mais, en privé, on vocifère, on vitupère, on intimide, on menace de porter plainte contre X (ce qui sous-tendrait que X existât). On crie au complot et, au bout du compte, on en sort fragilisé ;

- la tentative en sous-main de contrôler la rumeur. La maladresse domine largement cette stratégie. On essaiera souvent de produire *ex nihilo* des documents, des témoignages qui innocentent « l'accusé ». La découverte bien à propos de ces documents n'abusera personne, et seul un pitoyable sentiment d'impuissance subsistera de ces gesticulations. Nicolas Sarkozy devant une rumeur concernant son couple s'était exprimé en ces termes : « Tout ce petit clapotis n'a pas d'importance. Cela fait partie de la vie moderne, d'un système. C'est comme ça, il n'y a pas lieu d'en faire de commentaires. De toute manière, on n'y peut rien[1]. »

Il est amusant de trouver dans la même phrase un détachement négligé et lointain vis-à-vis de la rumeur et l'aveu d'un parfait sentiment d'impuissance. Peut-être est-il judicieux de faire mine de n'être pas concerné quand on ne peut rien !

La rumeur, en tant que défi à l'autorité, est un moyen de contrôler les individus dominants. On constatera sans effort que les cibles de rumeurs concernent peu « la France d'en bas ». Elle est donc une arme fort efficace dans les mains populaires. Paradoxalement, nous verrons qu'elle est essentiellement propagée par « la France d'en haut ».

Et nous, quel rôle jouons-nous dans la propagation d'une rumeur ?

---

1. 13 avril 2010 sur la chaîne américaine CBS.

Le positionnement de la victime de la rumeur par rapport à notre niveau social fera que nous propagerons ou pas la rumeur. C'est la raison pour laquelle nous pensons que la rumeur vient « d'en bas ». Tout est question de positionnement du référent.

Dans le cas où l'individu ciblé par la rumeur est d'un statut supérieur au nôtre :

- soit la rumeur est de nature positive et elle a peu de chances d'être relayée, car peu nuisible ;
- soit la rumeur est de nature négative et elle a de fortes chances d'être relayée car elle devient hautement exploitable.

Dans le cas où l'individu ciblé est d'un statut inférieur au nôtre (cas de figure relativement rare) :

- soit la rumeur est positive et elle sera relayée uniquement si la victime de la rumeur appartient au même groupe que les propagateurs. Le bénéfice « de la bonne nouvelle » profite à l'ensemble de ce groupe ;
- soit la rumeur est de nature négative et sera peu relayée car l'individu n'a pas besoin d'être contrôlé par les propagateurs du groupe et sa valeur négative nuira à l'ensemble du groupe.

On ressent peu le besoin de propager dans le cas où la victime de la rumeur est d'un statut inférieur au nôtre. Cela corrobore le fait que la rumeur peut être utilisée pour le contrôle des protagonistes dominants.

Étudier les modes de pensée et d'idéologie des groupes constituants a une grande importance dans la propagation de notre rumeur.

Les groupes dominants développent des formes d'idéologie afin de rendre les inégalités justifiées. Sidanius et Pratto analyseront ces formes d'idéologie qu'ils nommeront « des mythes légitimisateurs », et qu'ils définiront ainsi : « Des valeurs, des attitudes, des croyances, des attributions causales et des idéologies qui fournissent une justification intellectuelle et morale aux pratiques sociales[1]. »

© Groupe Eyrolles

---

1. Jim Sidanius et Felicia Pratto, *Social Dominance: an Intergroup Theory of Social Hierarchy and Oppression*, New Work, Cambridge University Press, 1999.

Ils constateront que ces mythes renforcent la hiérarchie sociale (racisme, sexisme, nationalisme, etc.). À l'autre bout du spectre, nous trouvons des mythes qui atténuent ces hiérarchies sociales (multiculturalisme, universalisme, etc.).

On remarquera que plus les individus ont intérêt au maintien de ces hiérarchies sociales, plus leurs opinions seront à caractère raciste, sexiste et conservateur. L'inverse est également applicable : moins les individus sont en accord avec ces hiérarchies, plus ils auront tendance à formuler des opinions multiculturalistes mélangées à une empathie humaine et, par exemple, à exprimer leur empathie à l'égard des pauvres et une vision de tolérance vis-à-vis des homosexuels par exemple.

À ce niveau, la rumeur acquiert le statut d'instrument de résistance. Elle requiert trois critères que nous nous efforcerons de conserver dans le choix de nos rumeurs :

- disposer d'une assise sociale et pas nécessairement populaire ;
- apporter une réinterprétation du monde ;
- forcer l'ordre social à un rapport de renversement : la rumeur véhicule simultanément un déséquilibre dans la hiérarchie collective tout en préservant un ordre structurant et donc rassurant.

Chaque rumeur comporte une volonté subversive et conformiste à la fois. C'est une manière souvent maladroite, mais néanmoins effective, de réinventer les rapports sociaux. Elle nous offre un monde inversé. Tout ce qui est dans l'ordre dominant reflète le haut, c'est-à-dire l'intellect, l'information recoupée, le sérieux, la rigueur. Tout ce qui est « rumoral » reflète le bas, le caniveau, la déjection, l'Internet (délicieusement surnommé « le média des catacombes[1] »). Détrôner le haut et l'envoyer valser vers le bas revient à déboulonner les catégories dominantes. La rumeur a cette double fonction, elle ensevelit et renouvelle simultanément.

---

1. Expression étonnante de Jean-François Kahn. À ce stade, nous ne sommes plus en bas, nous passons souterrain, direction les égouts.

Non, elle ne fait pas qu'ensevelir…

On explique de manière benoîte et naïve qu'il ne faut pas croire ni propager les rumeurs. Seulement voilà, la rumeur néglige toute différenciation entre acteurs et spectateurs. Celui qui croit dans la rumeur est dans sa croyance, il vit dedans. Il n'y a que celui qui n'y croit pas qui peut voir que celui qui croit… croit. Celui qui y croit est sur un mode de perception. Croire en une rumeur est une pratique d'être.

Et c'est à cet individu que vous voudrez expliquer que la rumeur est « fausse » ! Bon courage.

Donc, encore une fois, tous les pouvoirs dans leur globalité ont toujours cherché et chercheront à contrôler les rumeurs et mandateront pour ce faire des mathématiciens des sciences sociales afin de modéliser (pour contrôler) la propagation de la rumeur.

Cette logique de contrôle, plus vivace que jamais, se trompe néanmoins de direction.

Il serait sans doute plus productif de comprendre pourquoi une rumeur apparaît plutôt que de vouloir la contrôler. Dans une rumeur, toutes les interrogations, toutes les peurs, toutes les haines, tous les doutes d'un groupe sont représentés. Les investissements psychologiques, affectifs, cognitifs en disent plus long sur un groupe que beaucoup de sondages ! Comprenez une rumeur et vous connaîtrez les individus qui la propagent. Vous connaîtrez leurs modes de fonctionnement, leurs forces et leurs déficiences. Cette connaissance des âmes est un formidable levier de manipulation – un levier infiniment plus subtil et efficace que le vœu illusoire d'un contrôle absolu.

Analysez la rumeur et vous aurez le doigt sur le pouls de vos électeurs ou de vos employés. Vous saurez ce qu'ils veulent entendre et cela, après réflexion, devrait pouvoir être de quelque utilité. En fait, la rumeur se résume à une seule question : quel récit mon auditoire a-t-il envie d'entendre ? Cette question est extraordinairement simple et complexe à la fois. Être capable d'y répondre confère à l'individu ayant ce don un pouvoir inestimable.

Mais une aptitude, tout le monde peut l'acquérir! Le travail aide considérablement l'aptitude et, comme pour le piano, plus vous vous y entraînez, plus vous travaillez et meilleur vous deviendrez. Bien sûr, certains sont plus doués que d'autres et il existe des Rachmaninov de la rumeur.

De plus, la concentration médiatique quasi brejnévienne qui domine en France est un facteur particulièrement favorable aux rumeurs. Nul besoin d'être un spécialiste des médias pour constater l'uniformité du discours. « L'ennui naquit un jour de l'uniformité », disait Antoine Houdar de la Motte. La plupart des médias conventionnels sont en chute libre en termes d'audience : l'étonnant est qu'ils se demandent pourquoi.

Un autre avantage, et non des moindres, de la rumeur : son coût généralement très bas. Ce faible coût permet son utilisation par toutes les strates sociales.

Les peurs et les haines : de puissants moteurs de rumeurs

En catalysant ces deux composantes que sont les peurs et les haines, la rumeur remplit une fonction cathartique. La rumeur devient nécessaire car elle est simultanément porteuse d'espoirs et réductrice d'angoisses.

Par exemple, bon nombre de rumeurs reposent sur la vengeance. Nous avons tous entendu cette histoire selon laquelle on pourrait mettre du sucre dans le réservoir de cet individu qui nous a particulièrement agacé. La croyance collective nous explique que mélanger du sucre à l'essence entraînera une formation de sirop dans le moteur de notre ennemi, rendant ainsi le véhicule définitivement inutilisable. Pour le prix d'un kilo de sucre, on peut détruire le sujet d'adoration de cette insupportable personne !

© Groupe Eyrolles

Alors, peut-on saboter un moteur avec du sucre ?

L'EXPÉRIENCE

En 1994, le professeur John Thornton de l'université de Berkeley fera une expérience pour vérifier le bien-fondé de cette légende. Il marquera du sucrose avec des atomes de carbone radioactif, puis les mixera à 56 litres d'essence. Il mesurera le taux de radiation du liquide pour déterminer la quantité de sucrose dissoute dans le carburant.

Résultat : la quantité dissoute est équivalente à une cuillère à café pour 56 litres d'essence.

À défaut d'obtenir les résultats escomptés, cette croyance permet à un individu haineux de se sentir soulagé sans trop de dommages.

Le racisme, une valeur sûre

Le racisme et l'ostracisme sont deux éléments dont nous tiendrons compte pour l'orchestration des rumeurs. Leur présence au sein d'une quantité astronomique de rumeurs font de ces travers humains des passages obligés.

La meilleure définition que nous avons trouvée est celle de l'*Encyclopaedia universalis* : « Le racisme est la valorisation, réelle ou imaginaire, au profit de l'accusateur et au détriment de sa victime afin de justifier une agression ou un privilège. »

La rumeur, nous l'aurons compris, se situe au-delà du bien ou du mal. Si l'on fait face à la réalité, on se rend compte que le racisme (ethnique, social, religieux…) a une fonction structurante : il organise le monde en le catégorisant. Il donne du sens à l'environnement en permettant de mieux le comprendre et de mieux l'anticiper. Cette catégorisation permet, avec une quantité minimale d'information et un investissement cognitif réduit, d'anticiper le monde et d'adapter notre comportement *de facto*. Même si elle repose sur des stéréotypes, voire des préjugés, il n'en résulte pas moins qu'elle facilite le traitement de l'information.

En rejetant un groupe d'individus, le racisme raffermit la cohésion du noyau social. De fait, il devient identitaire car il assoit l'identité d'un groupe sur la présence d'un autre.

Nous aurons l'occasion de vérifier, sur une bonne partie des exemples de ce livre, à quel point une rumeur comporte très souvent une composante raciale.

LES FONDEMENTS SCIENTIFIQUES : LA RUMEUR, OBJET SCIENTIFIQUE ?

Nous sommes dans une approche de psychosociologie qui, comme toutes les sciences dites « molles », souffre d'une faible reconnaissance scientifique. L'étude des rumeurs est une zone de tâtonnements, mais certaines choses ont néanmoins été prouvées sur ce sujet.

Les critères scientifiques

La « rumorologie » est-elle une science ?

En d'autres termes, l'étude de la rumeur peut-elle faire l'objet d'une discipline ? Au sens moderne de discipline : matière pouvant faire l'objet d'un enseignement spécifique.

On prendra peu de risques en affirmant que le principal problème rencontré pour l'enseigner sera celui qu'ont rencontré toutes les sciences sociales et humaines : établir la méthode qui permettra d'aboutir à une « objectivité relative » à l'espèce humaine.

Mais au fait, la rumeur qualifie-t-elle aux critères historiques de scientificité ?

Passons en revue les principaux critères :

* la neutralité axiologique, avec son maître Max Weber (*werturteilsfreier Wissenschaft* : la connaissance libre de préjugés), que l'on peut décrire brièvement comme le refus de tout jugement de valeur. Aïe, la rumeur ne fait rien d'autre que véhiculer des jugements de valeur et des stéréotypes !

* le vérificationnisme : cette théorie nous dit qu'un énoncé n'est vrai ou faux que s'il est vérifiable empiriquement. La notion de vrai ou de faux en matière de rumeurs est un exercice stérile ;

- la reproductibilité de l'expérience : sur ce critère, la rumeur qualifie à tous les niveaux, aussi bien les expériences faites en laboratoire que celles constatées sur le terrain. En laboratoire, les expériences mentionnées dans ce livre ont été déclinées à de nombreuses reprises et ont abouti à des résultats comparables. Sur le terrain, nous verrons que ce sont toujours les mêmes rumeurs ou familles de rumeurs qui fonctionnent ;

- la réfutabilité, développée par Karl Popper : un énoncé est scientifique s'il est réfutable. S'il est réfuté, il perd sa validité. Par exemple, l'assertion « Tous les cygnes sont blancs » est réfutable dès que vous présentez un cygne noir. Du même ordre, l'assertion « Tous les humains sont mortels » est irréfutable car produire un humain immortel reste le seul moyen de réfuter l'énoncé (personne n'y est encore parvenu). L'assertion non réfutable est alors classée comme métaphysique.

Nous garderons à l'esprit dans le choix de nos rumeurs cet aspect de la réfutabilité empirique. Nous serons vigilants à sélectionner nos rumeurs afin qu'elles évitent l'écueil de la première vérification. Ce moment de fragilité est à surveiller de près car il pourra être fatal à notre rumeur. Une fois sur sa lancée, la rumeur a de bonnes chances de résister à l'examen et le sens commun pourra être bafoué sans vergogne. Vous pourrez mettre des sous-marins dans un verre d'eau sans porter préjudice à votre rumeur.

Exemple de rumeur à éviter car facilement réfutable : Isabelle Adjani est morte du sida ! L'actrice se présentant à la télévision risque fort de sérieusement plomber la rumeur[1].

Exemple de rumeur à encourager : d'après le calendrier maya, le 21 décembre 2012 verra advenir la fin du monde. Il requerra de la finesse pour prouver le contraire avant cette date.

---

1. À ce stade, devant le démenti apporté par la preuve empirique, on risque de constater une mutation rumorale. On peut s'attendre à un discours tel que : « Bon ! Elle n'est pas morte mais elle est sûrement contaminée. »

On voit bien que certains critères scientifiques sont applicables et que d'autres ne le sont pas.

Il faudra attendre la fin de la Seconde Guerre mondiale pour voir apparaître les premières études animées d'un fort désir de validation scientifique. Certaines de ces expériences de laboratoire ont été critiquées pour leur complexité dont la reproductibilité n'était pas évidente pour tout le monde. C'est notamment le cas pour Stanley Schachter. L'apport des travaux de Schachter à la psychosociologie reste néanmoins majeur.

Allons voir de plus près ce que d'éminents sociologues ont trouvé sur notre sujet.

Les sociologues de la rumeur

Stanley Schachter (1922-1997), le Magnifique

À tout seigneur, tout honneur… L'œuvre de Stanley Schachter est peut-être la principale raison pour laquelle ce livre a été écrit. Sociologue de talent, il s'intéressa à différents aspects de la psychologie sociale tels que la pression au sein des groupes informels et la psychologie d'affiliation. Il a notamment démontré la corrélation entre anxiété, besoin d'affiliation et grégarité afférente.

Parmi ses nombreux centres d'intérêt, Schachter est notamment l'auteur de la théorie d'attribution des émotions. L'idée fondamentale est que les individus ont une profonde méconnaissance de leurs sensations. Pour lui, « un état émotionnel est une fonction d'excitation physiologique, une cognition appropriée à cet état d'excitation » et les cognitions adaptées sont « celles qui surviennent dans une situation immédiate tout en étant interprétées par l'expérience passée[1] ».

Cet ancrage dans le passé pour comprendre ou interpréter le présent est un aspect considérable pour appréhender la perception de la rumeur.

---

1. Stanley Schachter, « The interactions of cognitive and physiological determinants of emotional state » *in* Leonard Berkowitz (dir.), *Advances in Experimental Social Psychology*, vol. 1, New York, Academic Press, 1964.

Nous verrons qu'une rumeur ne sort pas du néant, mais trouve toujours un point d'ancrage dans un existant.

Elle ne descend pas du ciel, elle monte de la terre !

Leon Festinger (1919-1989), le Superbe

Contemporain de Stanley Schachter, il fut son directeur de thèse. Leon Festinger est l'auteur de deux théories majeures en psychologie :

- la comparaison sociale, en tant que processus cognitif qui permet d'évaluer les différences et les similitudes entre soi et les autres. Selon lui, l'individu n'est pas toujours à même d'évaluer ses capacités ou ses opinions. Seule une comparaison avec les autres lui permettra cette évaluation. Par exemple, si son opinion est partagée, il pourra en déduire qu'elle est valide. Si ses facultés sont appréciées des autres, c'est qu'elles sont bonnes, etc. La base de la comparaison sociale repose sur une condition d'incertitude initiale de l'individu dans un but d'ajustement aux normes ambiantes ;

- la dissonance cognitive : lorsque les connaissances, les opinions ou les croyances sont incompatibles entre elles, l'individu met en place des stratégies inconscientes pour restaurer un équilibre cognitif.

En plus de deux apports majeurs à la psychosociologie, il démontrera l'impossibilité pour l'individu de renoncer à ses croyances, fussent-elles démenties bruyamment par la réalité.

Jacob-Lévi Moreno (1889-1974), le Sociomètre

Médecin psychiatre passionné par les attractions et les répulsions interindividuelles, il est le fondateur de l'analyse des réseaux sociaux.

Il a été précurseur de la sociométrie[1], c'est-à-dire l'étude quantitative des rapports sociaux entre individus appartenant à un groupe. Les

---

1. J.-L. Moreno, H. Lesage *et al.*, *Fondements de la sociométrie*, Presses universitaires de France, 1970.

êtres humains sont connectés par des rapports d'amour, de haine ou d'indifférence. Ces relations sont quantifiables par le biais de questionnaires qui permettent de montrer qu'un individu accepte ou rejette un autre au sein du groupe. L'analyse des questionnaires permet d'établir des cartes socio-affectives appelées « sociogrammes ».

En 1930, Moreno[1] a effectué une expérience dans un centre d'arrêt pour délinquantes. Ces détenues décident d'une évasion et vont toutes s'échapper en même temps. Moreno va montrer que le sociogramme peut expliquer des phénomènes de groupes par l'analyse des chaînes de sympathies. Il explique les axes de communication et le déplacement des rumeurs sur ces mêmes axes aboutissant à leur évasion. Exposant ainsi « une organisation invisible sous-jacente à l'ordre officiel ».

L'apport de Moreno est d'avoir, par ses tests sociométriques, évalué de manière quantifiable le sentiment d'attraction, de répulsion ou d'indifférence des participants les uns vis-à-vis des autres. Cela permet de déterminer les leaders populaires (ceux choisis par une majorité de membres), les leaders influents (ceux choisis par les leaders populaires) ainsi que les isolés et les parias. Ces informations nous aideront à déterminer le circuit de propagation de la rumeur.

Nous avons vu que les rumeurs ont un fondement historique, sociologique, et peuvent même, à certains égards, être étudiées comme un objet scientifique. Entrons maintenant dans le vif du sujet pour tenter d'ordonner et de classer les rumeurs. Nous allons voir que ces animaux-là ne se laissent pas docilement étiqueter.

---

1. J.-L. Moreno, *The First Book on Group Psychotherapy*, Beacon House, 1957.

QU'ON SE LE DISE !

▶ Une rumeur n'est pas « vraie » ou « fausse ». Elle s'appuie toujours sur une base d'éléments crédibles. D'ailleurs, un tiers des rumeurs s'avèrent fondées.

▶ Mythes et rumeurs ont en commun leur origine toujours floue, et de dévoiler un morceau de notre inconscient collectif.

▶ La rumeur, souvent traitée avec mépris par le politique, se révèle pourtant un incroyable instrument de pouvoir et de contre-pouvoir… et à bas coût !

▶ La peur, la haine de l'autre et le racisme sont des composantes très efficaces pour faire « prendre » une rumeur.

▶ La rumeur est-elle une science ? Pas à tous égards. Mais nous veillerons à ce que notre rumeur ne soit pas facilement réfutable.

CHAPITRE 2

Typologie et classification douloureuses !

« Rumeur autour du retour de Michel Rocard au gouvernement :
et pourquoi pas le retour de Gérard Holtz au JT, le retour de "Ciel mon mardi"
sur TF1, un nouvel album de Sardou, et Bouvard chez Ruquier !...
merde, on m'a entendu ! »

Laurent Ruquier lors d'une émission radiophonique en 2001

Toute logique d'étiquetage répond à la nécessité de structurer le monde. Les rumeurs ont une logique transversale et sont applicables à tellement de domaines.

Il existe mille manières de classer les rumeurs. Selon, par exemple, qu'elles sont spontanées ou orchestrées. Ou en fonction de leur cycle de vie : cyclique, récurrente, ponctuelle, etc.

Il y a aussi celles que l'on souhaite voir se réaliser et celles que l'on craint, celles qui soulagent du fait de leur mission cathartique, celles qui assouvissent nos haines et nos rancœurs.

Il y a les rumeurs et les légendes urbaines – qui, par souci de commodité, seront assimilées dans ce livre. Notons simplement que les légendes urbaines trouvent un ancrage plus profond dans l'inconscient collectif du groupe. L'autre caractéristique qui les distingue est que les légendes urbaines relèvent plutôt des stocks, tandis que les rumeurs relèvent des flux. Les stocks ont une permanence plus évidente alors que les flux seront plus adaptatifs. Au sommet de la stabilité se trouvent les contes. Ils ont souvent des repères lexicaux qui permettent de les reconnaître immédiatement. Si l'on nous dit : « Tire la chevillette, la bobinette cherra », nous voyons instantanément ce à quoi nous faisons référence, même si la plupart d'entre nous ne comprennent rien à cette phrase. Qui peut dire précisément ce qu'est une chevillette ou une bobinette comme composant d'une serrure et que « cherra » est l'indicatif du futur simple du verbe « choir » ?

Les légendes sont d'une structure plus stable que les rumeurs : la rumeur, elle, est plus susceptible de muter, et le locuteur sera plus investi affectivement dans une rumeur que dans une légende (« Tu ne sais pas ce que j'ai entendu ? »). À ce titre, il sera plus susceptible d'apporter « sa touche personnelle » à la rumeur qu'il rapporte. En revanche, ce qui distingue une légende d'une légende urbaine relève essentiellement de l'époque dans laquelle elle se déroule. Une légende urbaine a généralement lieu dans un contexte de modernité et peut très bien se dérouler en milieu rural.

Il y a les rumeurs innovantes et les rumeurs éculées. En termes de rumeur, l'innovation n'est pas tellement rentable. Une idée de rumeur trop décalée ou éloignée de l'inconscient collectif du groupe a peu de chance de fonctionner. C'est quelque chose dont il faudra se souvenir dans l'élaboration de notre rumeur. Rendons hommage au travail effectué par Jan Harold Brunvand de l'université de l'Utah. Dans son Encyclopédie des légendes urbaines[1], il a répertorié le plus grand nombre de rumeurs ayant déjà existé. Lorsqu'on décide de lancer une rumeur, son ouvrage devient précieux : une rumeur qui a fonctionné dix fois a toutes les chances de fonctionner une onzième ! En choisissant une rumeur qui a « fait ses preuves », vous savez qu'elle correspond à quelque chose dans l'imaginaire social du groupe que vous voulez atteindre et vous êtes face à une valeur sûre.

---

1. J. H. Brunvand, *Too Good to Be True: The Colossal Book of Urban Legends*, W.W. Norton & Company.

Cette compilation est définitivement une source d'inspiration pour tous les lanceurs de rumeurs en herbe… et les autres.

Les rumeurs qui relèvent du domaine de la peur sont extrêmement nombreuses : peur du changement, peur de l'autre, de la modernité, etc. Parmi celles-ci, les alertes sanitaires sont une valeur éprouvée : il n'y a pas d'année sans une bonne alerte à la contamination, alimentaire, médicale ou autre.

Des cloisonnements non étanches

Bien sûr, ces classifications ne sont pas exhaustives, et bon nombre de rumeurs sont au carrefour de plusieurs catégories. Par exemple, une rumeur selon laquelle votre téléphone mobile risquerait de vous donner le cancer du cerveau se trouve à l'intersection des alertes sanitaires et des peurs de la modernité.

On se souviendra de l'increvable légende urbaine selon laquelle les Chinois du XIIIᵉ arrondissement de Paris ne meurent pas. On ne voit en effet jamais d'enterrements dans ce quartier ; il semblerait que cela cache un trafic illicite de clandestins. Après s'être débarrassé des cadavres, on récupérerait leurs pièces d'identité qui seraient réutilisées pour alimenter le réseau. On retrouve ici les ingrédients habituels de racisme, des étrangers qui se livrent à des activités coupables. On peut éventuellement trouver quelques mutations du genre « Mais au fait, que mettent-ils comme ingrédients dans leur nourriture car ce n'est jamais très clair ce que l'on mange chez eux ? » qui introduisent subrepticement une vieille thématique anthropologique : le cannibalisme.

Votre gentillesse vous coûtera cher !

Hiver 1946. Berlin est une ville détruite. Au milieu des décombres, une jeune femme rencontre un aveugle qui tâtonne pour trouver son chemin. L'aveugle lui demande si elle aurait la gentillesse de bien vouloir porter une enveloppe à une adresse. Émue, elle acquiesce. Au moment de prendre la direction de cette adresse, elle se retourne et voit l'aveugle détaler à toute vitesse et disparaître. Soupçonneuse, la jeune femme va voir la police pour raconter son histoire. Les policiers iront à l'adresse indiquée sur l'enveloppe pour découvrir avec horreur un gigantesque trafic de chair humaine à des fins gastronomiques – trafic rémunérateur en ces temps de disette ! La police ouvrira finalement l'enveloppe dans laquelle était écrit : « Ceci est la dernière livraison pour aujourd'hui. »

Les rumeurs de cannibalisme sont éternelles et très efficaces. En voici une petite dernière pour la route : celle de l'ouvrier qui travaillait au-dessus des cuves de chez Martini. Enivré par les vapeurs d'alcool, celui-ci chuta dans les cuves et, depuis ce temps-là, c'est bien du jus de cadavre que nous consommons dans chaque verre de Martini. Cette histoire a été déclinée sur toute la planète avec la mutation culturelle appropriée : les cuves étaient pleines de whisky en Écosse, de pastis à Marseille et de vodka à Moscou.

Dans la longue liste des familles de rumeurs récurrentes se trouve l'infatigable théorie du complot, le complexe judéo-maçonnique (quelquefois communiste) voulant diriger le monde. D'ailleurs, le 11 septembre 2001, quelques heures avant l'impact des avions dans les tours du World Trade Center, on aurait subrepticement évacué tous les juifs qui travaillaient là… De manière plus récente, le complot islamique a son petit succès. D'après les dernières nouvelles, Barack Obama serait un islamiste intégriste ; d'ailleurs il n'a pas fait son serment d'allégeance à la Constitution américaine sur la Bible… mais sur le Coran.

Certaines entreprises sont plus exposées que d'autres aux rumeurs. C'est notamment le cas pour celles dont le produit repose sur un secret de fabrication (Coca-Cola, Microsoft par exemple) ou sur un produit d'immédiate proximité (McDonald's). L'entreprise Coca-Cola représente à elle seule une famille de rumeurs (Cokelore) qui lui est spécifiquement dédiée ! Encore une fois, il n'y a pas d'étanchéité entre les classes de rumeurs. À ce propos, Al-Qaida a été soupçonné en 2005 d'avoir contaminé une canette de Coca-Cola sur cinq avec un mélange d'arsenic et d'anthrax… Le complot islamiste et l'alerte sanitaire fonctionnent très bien main dans la main.

LA RUMEUR POLITIQUE : INSTRUMENT PRÉCIEUX DU POUVOIR

Deux sphères sont particulièrement vulnérables aux rumeurs : la politique et le monde de la finance sont deux terrains de prédilection pour nos expériences rumorales. L'intérêt de la rumeur coule de source : que ce soit pour faire pression sur une conduite électorale ou simplement dénigrer un compétiteur, la palette d'utilisations est illimitée.

La rumeur pour tâter le terrain

La rumeur représente également un excellent thermomètre lorsque l'on veut faire passer une mesure que l'on sait impopulaire. La technique est aussi connue qu'usée jusqu'à la corde : il suffit de lancer la rumeur que la mesure va passer, avec ses caractéristiques volontairement exagérées – la ficelle doit être assez grosse pour pouvoir être reprise par le microcosme journalistique. Il suffit ensuite de mesurer la réaction (par les sondages et le café du Commerce, entre autres) et, en fonction de celle-ci, soit on y va, soit on remballe le projet en le gardant au chaud pour des jours meilleurs.

Une fenêtre de tir favorable pour tâter le terrain est, par exemple, l'un de ces sempiternels débats sur la loi d'amnistie républicaine accordée au moment de l'élection présidentielle, pour des délits mineurs, tels que les stationnements gênants sur la voie publique. Au moment opportun, on fera apparaître la possibilité que le président fraîchement élu amnistiera également les délits politico-financiers et autres abus de biens sociaux… Manière délicate de suggérer que les détournements de fonds et les contraventions sont des délits équivalents (et mineurs). Ensuite, on observe les réactions.

Pour mémoire : le 21 avril 2002, fin du premier tour des présidentielles opposant Chirac et Le Pen. Le 5 mai, victoire brejnévienne de Chirac. Le 5 juillet 2002, car il ne faut pas traîner, le député UMP Michel Hunault, rapporteur de la loi d'amnistie, est venu expliquer : « Il faudra bien poser la question de la prescription des délits politico-financiers dans la plus grande transparence. » Et d'enchaîner dans la foulée pour une évidente économie des forces que l'« on n'échappera pas, un jour, au débat sur le délai de prescription de l'abus de biens sociaux », sous-entendant finement que ce jour était certainement venu.

Sous le gouvernement Raffarin, les abus de biens sociaux, des commissions illégales et autres salaires fictifs avaient représenté l'essentiel des « casseroles » de l'ensemble de l'appareil exécutif. Lâcher de rumeur et prise de pouls…

Immédiatement, l'ensemble de la classe politique française, du centre à l'extrême gauche, s'est mis à hurler d'une seule voix. Bronca générale avec François Bayrou qui nous dit : « Je m'opposerai de toutes mes forces à toute tentative d'amnistie. » « Autoamnistie » aurait été un terme plus exact ! « Nous votons contre cette petite loi d'amnistie car c'est une prime à l'incivisme et notre pays a besoin de retrouver la voie du civisme », a déclaré le président du groupe socialiste à l'Assemblée nationale. Les communistes s'y sont mis, puis les Verts, mais nul n'a égalé l'indignation des socialistes.

Même *L'Express,* peu connu pour son esprit de rébellion, écrit : « Tout parlementaire de l'UMP qui déposerait un amendement "autoamnistiant" risquerait de diviser, voire de faire exploser la nouvelle majorité. »

Le message est reçu 5 sur 5. Le 8 juillet, le garde des Sceaux Dominique Perben annonce qu'« il n'y a, dans ce texte, aucun projet d'amnistie pour les délits politico-financiers ». On plie les gaules et on circule. Jean-Pierre Raffarin, un expert de ces techniques, regarde ailleurs d'un air détaché et nous dit : « Je ne suis pas favorable aux polémiques. La campagne électorale est finie. Moi, je travaille. »

Bad timing, comme disent les Anglo-Saxons.

Le choix du moment est essentiel pour lancer une rumeur.

La rumeur pour l'aide à l'édification étatique

L'orchestration de la rumeur par le pouvoir politique est aussi vieille que Mathusalem. Si ce pouvoir a toujours combattu la rumeur quand elle le dérangeait dans ses projets momentanés, historiquement elle lui a rendu de grands services et particulièrement dans son vaste processus d'édification étatique.

Les services rendus à l'État par la rumeur mériteraient un monument. Mais jamais, au grand jamais, ils n'ont été reconnus ! Le politique est, semble-t-il, occasionnellement ingrat.

Les exemples sont nombreux. Beaucoup d'États d'Europe, au sortir du Moyen Âge, ont connu l'épineuse fragilité du morcellement. À cette époque, il n'existe pas d'État au sens où nous l'entendons aujourd'hui, mais plutôt une juxtaposition de royaumes ayant promis allégeance à un souverain unique. Il n'y a pas clairement d'État français ou allemand, mais plutôt un amas hétérogène de duchés ou de baronnies. Mention spéciale à l'Espagne qui, si elle n'avait pas plus d'État que les autres pays, bénéficiait d'une structure judiciaire fortement centralisée par le biais de l'Inquisition.

Le principal facteur de cohésion des États modernes est cette centralisation : les États devront donc trouver un moyen pour asseoir leur souveraineté, même dans les régions les plus reculées. À ce stade, l'État central n'a pas vraiment d'autre choix que de laisser une partie de son autorité aux pouvoirs locaux ; l'État moderne européen se construira d'ailleurs sur une rivalité permanente entre le centre et la périphérie.

Comment vont s'y prendre les États pour raffermir leur autorité ?

Eh bien, pendant trois siècles, de 1450 à 1750, ils vont orchestrer systématiquement et méthodiquement des rumeurs en sorcellerie[1]. Ces rumeurs seront encore plus nombreuses dans les régions proches des frontières… dont, comme par hasard, la stabilisation politique est encore plus stratégique ! La saison de chasse aux sorcières était ouverte. Les accusations en sorcellerie présentaient un triple avantage. En premier lieu, ces accusations permettaient de faire croire à la population qu'on la protégeait contre les forces démoniaques. Cela fait toujours bon effet et ne coûte pas cher. En deuxième lieu, elles permettaient d'envoyer la force armée au côté de la force religieuse dans la région concernée. Le plus souvent il s'agissait d'une région politiquement rebelle ou envahissable qu'il était nécessaire de reprendre en main ou que l'on pouvait annexer. En troisième lieu, ce processus permit à l'État d'acquérir un pouvoir judiciaire sans précédent par l'instauration de procès inquisitoires.

On ne sera pas surpris d'apprendre que la technique n'a pas beaucoup évolué. Les sorcières d'aujourd'hui ont pour nom « les pays de l'axe du mal » et sont symbolisées par son bras armé, Al-Qaida. La rumeur justifiante s'appelle « les armes de destruction massive ». La manifestation du malin a été constatée dans les fumées qui s'échappaient des tours le 11 septembre 2001. Les régions éloignées à stabiliser s'appellent l'Irak ou l'Afghanistan. Le lieu officiel d'exercice du pouvoir s'intitule la prison d'Abou Ghraib. En novembre 2010, le grand inquisiteur Tomàs de Torquemada, plus connu sous le nom de George W. Bush, reconnaissait dans ses mémoires qu'il avait personnellement autorisé le *water boarding* (la torture par l'eau). Cela tend à démontrer le manque d'imagination de notre époque : aux temps

---

1. Brian P. Levack et Jacques Chiffoleau, *La Grande Chasse aux sorcières : en Europe aux débuts des temps modernes*, Champ Vallon, 1991.

de la sorcellerie, les bourreaux avaient à leur disposition un arsenal bien plus complet, tel que l'estrapade, la roue, l'échelle et pléthore d'outils de compression et d'écartèlement divers. Tout se perd !

La rumeur financière : l'étincelle dans un univers inflammable

Le monde de la finance est un terrain de prédilection pour l'orchestration des rumeurs. C'est un monde clos, parfaitement homogène, dont les acteurs sont fortement éduqués : les centraliens sont fortement représentés parmi les « *quants*[1] » et les mastériens chez les traders – que de bons ingrédients.

Dans ce milieu propice, il existe une forte contrainte de temps. La compétition et la rapidité pour la réalisation des transactions engendrent une fatigue importante. Dans ce contexte, les risques sont particulièrement présents. Au vu des sommes engagées, agir sur une base d'informations fausses est aussi dangereux que de ne pas agir. Dans cette profession, il est impossible d'évaluer calmement l'origine de l'information.

Un monde pas si cartésien qu'il en a l'air

Spontanément, on pourrait penser que le monde de la finance est un monde cartésien, logique et analytique. Nombre d'études vont nous montrer que la réalité est tout autre.

Dans les années 1970 vont se développer certains aspects de la finance comportementale[2]. Kahneman et Tversky ont particulièrement étudié les biais cognitifs de l'investisseur.

Il a été mis en évidence des schémas répétitifs temporels dans les prises de position sur les marchés, notamment aux alentours de la

---

1. Experts en finance quantitative chargés d'élaborer les modèles mathématiques.
2. Daniel Kahneman et Amos Tversky : « Subjective probability: A judgment of representativeness », *The Hebrew University, Jerusalem Israel Cognitive Psychology*, vol. 3(3), juillet 1972, p. 430-454.

fin de la semaine, de la fin du mois, en fin d'année et à l'approche des congés. L'étude de Joseph Lakonishok et Seymour Smidt[1] porte de 1897 à 1986, soit près de quatre-vingt-dix ans, et concerne le DJIA (Dow Jones Industrial Average)[2]. Il ressort de cette étude que la rentabilité des retours sur investissement dans la première quinzaine du mois est cinq fois supérieure à la deuxième quinzaine.

Dans le même ordre d'idée, le lundi semble le jour le plus mauvais pour le DJIA avec un rapport souvent négatif. Le vendredi apparaît comme le jour le plus porteur. L'approche des congés a également été étudiée : en période de pré-congés, la rentabilité est vingt-trois fois supérieure à la période des jours normaux.

La période de la fin décembre mérite notre attention : en moyenne, la semaine précédant Noël voit l'index DJIA augmenter de 1,6 % sur l'ensemble des quatre-vingt-dix ans de l'étude.

Parmi les nombreuses études qui traitent de ces sujets, celle de Hirshleifer et Shumway, en 2003[3], nous parle de « l'effet soleil » et démontre que les investisseurs ont une tendance à la prise de risque sur les périodes ensoleillées !

Sur le même registre, l'étude de Dichev et Janes, toujours en 2003[4], étudie l'influence des cycles lunaires sur l'évolution des marchés financiers. Il en ressort que les investissements en nouvelle lune offrent des rentabilités deux fois supérieures par rapport aux investissements effectués en pleine lune. Ces comportements psychologiques, dont l'irrationalité peut surprendre, ne sont pas clairement expliqués. À ce stade, ils ne sont que constatés.

---

1. J. Lakonishok et S. Smidt, « Volume and turn-of-the-year behavior », *Journal of Financial Economics,* 13(3), 1984, p. 435-455.

2. Le DJIA est considéré comme représentatif du marché à court terme car 30 entreprises de l'index représentent 25 % de la Bourse new-yorkaise.

3. David Hirshleifer et Tyler Shumway, « Good day sunshine : stock returns and the weather », *Journal of Finance,* American Finance Association, vol. 58(3), 2003, p. 1 009-1 032.

4. Ilia D. Dichev et Troy D. Janes, « Lunar cycle effects in stock returns », *Journal of Private Equity,* Fall, 2003.

Conclusion : vous déclencherez vos rumeurs simultanément avec ces moments favorables où les investisseurs ont tendance à la prise de risques financiers, c'est-à-dire en fin de semaine, à l'approche des vacances (surtout en période ensoleillée) et, bien sûr, le plus près possible de la nouvelle lune. Cela aura un effet démultiplicateur.

À ceux qui objectent qu'il est délicat de trouver une période ensoleillée vers les vacances de Noël, il faudra regarder vers les places financières de l'hémisphère Sud qui sont en plein été à Noël.

Le contexte d'OPA, terrain idéal pour la rumeur

Dans un contexte d'OPA[1], c'est dans ces termes que le trader Andréa Brignone s'exprime : « Je peux confirmer que la rumeur a une importance considérable sur les mouvements des marchés. Ces mouvements peuvent être *intra-day*[2], porter sur plusieurs jours, voire plusieurs semaines. Les marchés font des anticipations et adoptent parfois (sinon souvent) des comportements moutonniers. Cela relève de la psychologie et pas forcément des fondamentaux.

Une OPA est une occasion de rumeurs. Pourquoi ? D'abord parce qu'idéalement une OPA hostile est lancée quand il y a un nombre suffisant de flottants, c'est-à-dire de titres répartis dans le public. Cette masse de petits et moyens porteurs est plus sensible aux informations simplifiées, dans la mesure où elle ne dispose pas d'analyses permettant de se faire une opinion totalement raisonnée. (Dans la mesure où l'on peut se faire une opinion totalement raisonnée sur des éléments incertains). En effet, s'il y a OPA, c'est qu'il y a une raison : insuffisance de la gestion, mauvais verrouillage du capital, perte de marchés et généralement mauvaise valorisation de la valeur boursière d'une société. Le prédateur va donc développer toutes sortes d'arguments ayant pour but de convaincre les détenteurs de la cible

---

1. Offre publique d'achat : annonce effectuée par une société ou des personnes physiques aux actionnaires d'une autre société, leur indiquant leur intention d'acquérir les titres de la société cible à un prix donné.

2. Opérer en *intra-day*, c'est acheter et vendre dans la même journée.

de vendre leurs actions. Ainsi l'appréciation psychologique joue un rôle majeur. D'où l'importance des rumeurs[1]. »

Le déclenchement des rumeurs n'est pas en rapport direct avec ces aspects de la finance comportementale. Néanmoins, synchroniser les rumeurs avec ces cycles psychologiques aura son intérêt dans la mesure où nous pourrons obtenir un effet amplifiant pour les conséquences de notre rumeur.

Un cas d'école : l'OPA Danone/PepsiCo

L'ANECDOTE

Nous sommes le 7 juillet 2005. Un article non signé paraît dans le magazine *Challenges* expliquant que Danone est OPAble. L'article est issu des « Confidentiels » du magazine économique : « Pepsi convoiterait Danone : nouvelle rumeur d'OPA sur Danone. Cette fois, c'est Pepsi qui s'intéresserait au groupe français et aurait déjà ramassé près de 8 millions d'actions (environ 3 % du capital) à des cours compris entre 66 et 72 euros. L'Américain serait prêt à débourser jusqu'à 25 ou 30 milliards d'euros pour se payer le Français, valorisé par la Bourse à 19 milliards d'euros début juillet. Chez Danone, où le seuil statutaire est de 0,5 %, le service juridique n'a reçu aucune déclaration de dépassement qui sorte de la normale. »

On remarquera au passage que tous les verbes sont conjugués au conditionnel.

Pour les marchés financiers, cette nouvelle représente tout sauf un scoop. PepsiCo aurait des vues sur l'entreprise. Émotion médiatique et le sang de la classe politique ne fait qu'un tour. La notion de « patriotisme économique » apparaît. Il faut sauver le soldat Danone. Le gouvernement se lève pour Danette et échafaude une ligne de défense apte à protéger les « joyaux tricolores » contre les méchants prédateurs étrangers… Le feuilleton de l'été connaîtra enfin son heureux épilogue : le gouvernement prépare un décret qui lui permettra « d'interdire une prise de contrôle dans des secteurs jugés stratégiques ». Nous apprenons ainsi implicitement que la production de yaourts est stratégique…

L'affaire, comme habituellement dans les rumeurs, durera un mois. Dans les quinze jours qui suivent, le titre Danone augmentera de 27 %,

© Groupe Eyrolles

---

1. Cité sur la liste « Veille » le 10 mars 2011 : http://fr.groups.yahoo.com/group/veille/message/24108.

représentant une augmentation de la capitalisation boursière de 4,3 milliards d'euros. Une bonne nouvelle pour les actionnaires !

Analyse du timing de la rumeur :

- nous sommes en juillet, à l'approche des congés annuels des Français. Moment ensoleillé. Période propice aux prises de risques en termes d'investissements ;
- le 7 juillet est un jeudi, donc loin de ces débuts de semaine malvenus pour la prise de risques financiers ;
- le cycle de lunaison est optimal. La nouvelle lune a eu lieu la veille, le 6 juillet ;
- le moment anxiogène[1]. Deux événements de nature différente vont se dérouler simultanément. L'un, source de déception, l'autre, d'anxiété :

  – le 6 juillet, Paris perd sa candidature aux Jeux olympiques ;

  – le 7 juillet, à 8 heures du matin, eurent lieu les attentats de Londres qui firent 56 morts et plus de 700 blessés.

Tout y est ! Un timing d'excellence ! Une maîtrise rare. On peine à croire que la direction de Danone ait pu être informée des attentats de Londres. Mais, quelquefois, la « chance » est tout ce dont nous avons besoin.

Le 2 août 2005, l'*International Herald Tribune* révélera la présence d'une journaliste qui officie chez *Challenges*. Il s'agit de Christine Mital, rédactrice en chef au *Nouvel Observateur* et conseillère de la rédaction du magazine *Challenges*[2]. Christine Mital, née Riboud, est la fille d'Antoine Riboud, fondateur de Danone et sœur de Franck Riboud, directeur général de Danone. Quand on disait qu'une rumeur a un coût dérisoire...

Christine Mital décédera le 26 janvier 2006 d'une crise cardiaque. C'est dans ces moments d'exception que l'on ne peut s'empêcher de penser que le monde est bien fait.

---

1. L'importance de l'anxiété pour lancer les rumeurs sera développée plus loin.
2. Les deux journaux appartiennent au même groupe.

La rumeur sanitaire :
à tous les coups, c'est le jackpot !

« Ce qui est fascinant, avec l'argent boursier, c'est que, lorsqu'on le perd, en cas de baisse par exemple, il se volatilise, il ne va dans la poche de personne. D'une certaine façon, c'est poétique. »

Françoise Giroud

Les rumeurs sanitaires sont de loin la famille la plus représentée. Il n'y a pas d'année sans son alerte sanitaire, de l'alerte au concombre atteint d'*Escherichia coli* (2011) à la rumeur du saumon d'élevage européen cancérigène (2004), sans parler du tract de Villejuif (1976), l'un des plus vieux et des plus itinérants canulars de tous les temps. C'est une rumeur selon laquelle un certain nombre de colorants et conservateurs alimentaires seraient hautement cancérigènes. Cette rumeur touchait des produits de consommation courante, comme la Vache qui Rit. Mis en accusation principal, le colorant E 330 : plus connu sous le nom d'acide citrique… c'est-à-dire la vitamine C, un produit aussi anodin que présent dans tous les produits.

C'est une rumeur très intelligemment orchestrée à deux points de vue :

- au niveau de l'autorité de la source, le tract émane de l'institut Gustave-Roussy, mondialement reconnu pour la recherche et le traitement du cancer ;
- dans le tract, des numéros de colorants et de conservateurs sont alignés les uns derrière les autres… Une rumeur non intelligible est plus difficilement réfutable, et donc très efficace.

« L'homme est ce qu'il mange[1] », expliquait Feuerbach parmi d'autres tels que Friedrich Nietzsche : « Il est une question dont le salut de l'humanité dépend beaucoup plus que de n'importe quelle subtilité

---

1. Ludwig Feuerbach, *Manifestes philosophiques*, Presses universitaires de France, coll. « Épiméthée », 1973, (3ᵉ édition).

de théologien : c'est la question du régime alimentaire[1] », soulignant ainsi l'importance de la nutrition et les risques d'empoisonnement qui vont avec. Les omnivores ont appris durant toute leur évolution à être vigilants et la méfiance est restée.

Parmi les très appréciées rumeurs sanitaires, celles qui touchent à l'alimentation sont un hit-parade dans le hit-parade. La quintessence du box-office en quelque sorte ! Si, en plus, l'entreprise commercialise un produit protégé par un secret (du genre Coca-Cola), votre rumeur roulera comme sur un billard !

C'est dire la plus vive attention qu'il faudra leur porter.

Les crises sanitaires sont le cauchemar des politiciens comme des industriels ; mais ce cauchemar-là est le bonheur des rumorocrates. Quelle que soit sa réaction, le responsable n'a que très peu de chances d'en sortir vainqueur. On se souviendra en 2009 de la menace de pandémie par la grippe A. Le gouvernement avait commandé à l'industrie pharmaceutique plus de 120 millions de vaccins car deux inoculations par Français semblaient nécessaires. Cette grippe se révéla être anodine – et déjà, les premiers soupçons de collusion entre le politique et le lobbying pharmaceutique pointaient leur nez. Il est inutile de dire que si la grippe avait eu la virulence attendue, les reproches de négligence auraient fusé à la même vitesse.

L'incompétence n'empêche pas l'astuce !

L'ANECDOTE

Reportons-nous au mois d'août 2003, lorsque s'est abattue sur la France une canicule hors du commun. Le principal organisme de surveillance sanitaire en France, l'Institut national de veille sanitaire (INVS), est essentiellement constitué d'épidémiologistes : et donc, la surveillance sanitaire relève du seul domaine de l'épidémiologie. Il ne viendra à l'esprit de personne que le risque puisse être d'une autre nature que météorologique, par exemple. Entre le 31 juillet et le 5 août 2003, l'INVS déclarait ainsi 12 cas de légionellose à la direction départementale des affaires sanitaires et sociales de l'Hérault, montrant par là son

---

1. Friedrich Nietzsche, *Ecce homo*, UGE, 10/18.

efficacité dans son domaine. Simultanément, des milliers de personnes âgées mouraient d'hyperthermie et l'INVS ne voyait rien. Au total, près de 15 000 personnes sont mortes sur les trois premières semaines du mois d'août 2003. Pour faire dans le détail croustillant, on a dû vider les chambres froides de Rungis pour entreposer des corps afin de les conserver.

L'incompétence a été maintenue avec enthousiasme. Le Premier ministre de l'époque, Jean-Pierre Raffarin, a eu une idée forte, celle de relier l'INVS et les services météorologiques. Or, cela implique la même erreur d'imaginer que le risque sanitaire serait, forcément, soit de nature épidémiologique, soit de nature météorologique. Comme si ces deux risques étaient les deux seuls possibles. On a ajouté une couche d'expertise à une autre couche d'expertise. Si demain une catastrophe nucléaire arrive[1], on pourra difficilement compter sur les compétences des épidémiologistes ou des météorologues. Si l'on suit cette logique, il faudra rajouter une couche de spécialistes des rayonnements radioactifs sur la couche d'épidémiologistes, sur la couche de météorologues, etc.

De là à dire que notre veille sanitaire aura systématiquement un train de retard sur les événements, il n'y a qu'un pas… déjà franchi.

Il faut cependant reconnaître un trait de génie à Jean-Pierre Raffarin en termes de communication. Il a réussi à expliquer aux Français qu'en fait tous ces morts étaient de leur faute car ils ne s'occupaient pas assez de leurs aînés (sans rire). Parti d'une incompétence criante, il a réussi à retourner la situation et à faire culpabiliser la nation. Et cela a marché. Cette prouesse force le respect, voire l'admiration.

---

1. Depuis la catastrophe de Fukushima, on nous répète « en chœur » que c'est impossible, mais nous ferons un effort d'imagination. Cela dit, si l'on se remémore Tchernobyl et les instructions de l'époque, les Français savent que les nuages radioactifs sont disciplinés et qu'ils font ce qu'on leur dit de faire. Ils s'arrêtent aux frontières du pays.

LA RUMEUR PEOPLE : QUAND UNE VEDETTE NE RESPECTE PAS LE CONTRAT...

« Une actrice ne s'appartient plus, elle appartient à ceux qui la contemplent. »

Ava Gardner

Il existe entre chaque vedette et son public un pacte tacite. Ce pacte non écrit pourrait se résumer simplement : les fans promettent d'aduler la star et la star promet de jouer le mythe pour lequel elle a été choisie.

L'apparition d'une rumeur est un coup de dents dans le contrat. La star ne joue plus le rôle attendu et elle va le payer... Que cela soit « Mickael Jackson pédophile » ou « Sheila qui serait un homme », les fans règlent leurs comptes au centime près. La star qui ne respecte pas la fable pour laquelle elle a été désignée se retrouve rapidement en danger.

La fiction de Sheila peut s'interpréter ainsi : une petite fille avec des chaussettes blanches et des couettes qui chante *L'école est finie* symbolise la jeune fille de bonne famille, bien élevée et juste un brin espiègle. Pour coller au mythe, il faudra qu'elle ait quelques amants (pas trop non plus) globalement stables et équilibrés. Le deuxième volet de l'allégorie passe par le mariage avec le fils de quelque industriel fortuné et, à terme, la naissance de deux enfants blondinets et souriants qui feront la une de *Paris-Match* une semaine d'actualité creuse. Agir ainsi, c'est respecter le contrat, c'est marcher dans les clous.

Mais après un mariage raté avec un dénommé Ringo Willy Cat, Sheila a changé sa vision du monde. Non seulement elle n'a plus communiqué sur sa vie privée, mais aucun paparazzi n'a pu la surprendre avec quelque soupirant laissant présager une passion torride. Nous sommes à une époque où les femmes célibataires sont mal intégrées dans le tissu social, car elles sont perçues comme une menace pour les épouses établies. En fait, Sheila, par son refus de mariage et sa vie sexuelle mystérieuse, reflète un comportement masculin. Plus tard, cerise sur le gâteau, elle devient l'égérie de la communauté homosexuelle. Ça commence à faire beaucoup pour le seuil de tolérance du fan moyen. Leur « Sheila » s'éloignait bougrement du contrat initial qui stipulait « chaussettes blanches et couettes ». Ni une ni deux, Sheila avait montré son vrai visage, elle était un homme et sa carrière s'est arrêtée tout net – ce n'était que justice du point de vue du fan floué.

Une mésaventure similaire s'est déroulée le 24 avril 2001 à propos d'une dénommée Élodie Gossuin pendant les élections de Miss France. Élodie Gossuin ne serait pas son nom, son vrai nom serait Nicolas Levanneur et il serait danseur dans un cabaret parisien pour travestis.

Que les stars ne s'y trompent pas, le public les a choisies et ce choix a un prix. L'actrice, la chanteuse et même Miss France sont l'emblème de l'Amour pour toutes ces autres femmes qui l'ont « élue ». Elle a donc intérêt à tenir son rôle aussi bien sur le fond que sur la forme. Le fan-club vivra par procuration le grand amour au même rythme que la vedette préférée.

Viendra ensuite le divorce avec les lunettes noires en haut des escaliers du palais de justice de Los Angeles, laissant deviner des larmes pudiquement dissimulées. Le fan-club compatira à la souffrance de son sujet idolâtré et sera admiratif devant tant de dignité et de douleur contenue.

Pour finir en beauté, la star fera une cure de désintoxication dans la clinique des stars Promises Treatment Center à Malibu, à moins que ce ne soit le fameux centre de Cirque Lodge dans l'Utah. C'est selon et les deux sont bien.

Dans ces conditions, le contrat sera respecté et le fan en aura eu pour son argent. Mais que la star ne s'avise pas de priver le fan de sa tranche d'amour échevelé, sous peine de passer du statut de Miss France à celui de bûcheron canadien transsexuel.

Au café du Commerce

Mme Michu : Vous avez entendu la dernière, la petite Zohra a disparu de l'état civil de la Ville de Paris. Je le tiens du frère de ma voisine qui y travaille.

Mme Bidochon : Qu'est-ce que vous nous dites là ? Voulez-vous dire qu'elle n'existe plus ! Mais alors, *Paris-Match* nous aura menti ?

Mme Michu : C'est bien possible, car les paparazzi vont régulièrement à l'état civil pour vérifier si un nom apparaît dans la case « paternité » et là, c'est carrément la fiche de la petite qui a disparu. C'est suspect, non ?

Mme Bidochon : Tout à fait ! Il y a anguille sous roche, vous croyez que le nom du père a été rempli ? Et que la fiche aurait été détruite après cela ? Je trouve ça très mystérieux.

Mme Michu : En effet, d'ailleurs ils étaient plutôt nombreux, les prétendants. On a parlé de François Sarkozy, le frère, et de Bernard Laporte. Mais Laporte, l'ex-ministre, il n'a pas eu des démêlés fiscaux ?

Mme Bidochon : Non, mais c'est passé près, l'administration a été trop lente et son dossier a été atteint de prescription. Quels flemmards, ces polyvalents. Pourtant, d'habitude, ils ne sont pas réputés pour traîner.

Mme Michu : Une chose me turlupine, si le père était parmi eux, pourquoi Rachida a-t-elle été éloignée si loin de la cour ? Aucun d'entre eux ne justifiait cet éloignement. Et puis, elle était tellement élégante, elle gardait les sceaux à champagne comme personne. Toujours en Prada, magnifiqueuuu.

Mme Bidochon : Effectivement, le Parlement européen ressemble à s'y méprendre à une disgrâce, voire à une mise à pied. On ne nous dit pas tout, ma p'tite dame.

Mme Michu : À qui pensez-vous alors ?

Lonnng silence.

Mme Bidochon : Heuu, ch'ais pas, à la même chose que vous peut-être.

Mme Michu : Non, tout de même pas, je n'ose y croire. Mais alors…

Mme Bidochon : Effectivement, mais dites-moi, elle aura un sacré moyen de pression le moment voulu.

Mme Michu : Ben ouais.

Mme Bidochon : En attendant ce moment, malgré la différence de bord, elle pourra faire la causette avec Mazarine. Il y a des situations qui créent des liens.

> Mme Michu : C'est bien de renouer avec la tradition. Une sorte de Rachida revisitée par Mme de Lavallière. À moins que ça soit la Montespan, ch'ais plus.
>
> Mme Bidochon : En tout cas, on n'a pas fini de se marrer en 2012 !
>
> Heure de fermeture du café du Commerce.

Rappel : un tiers des rumeurs se révèlent fondées.

LA RUMEUR JURIDIQUE :
EN L'ABSENCE D'INFORMATIONS,
LE PUBLIC BOUCHE LES TROUS...

Quand le système judiciaire peine à trancher une affaire, cela a de grandes chances de se terminer en rumeur. Pour illustrer ce phénomène, nous ne donnerons qu'un exemple.

Les disparus de Mourmelon

L'ANECDOTE

Pendant vingt-trois ans va se dérouler une rocambolesque histoire judiciaire. Elle est très proche dans son concept de la rumeur d'Orléans, à ceci près que, cette fois-ci, les faits étaient avérés.

4 janvier 1980 : Patrick Dubois, affecté au 4e régiment de chars de combat à Mourmelon, disparaît.

20 février 1981 : disparition de Serge Havet, affecté au 3e régiment d'artillerie à Mailly.

7 août 1981 : Manuel Carvalho, affecté au 4e régiment de Dragons à Mourmelon, s'en va en week-end et disparaît.

20 août 1981 : Pascal Sergent, affecté au 503e régiment de chars de combat à Mourmelon, part en permission et ne revient jamais.

30 septembre 1982 : Olivier Donner, affecté au 503e régiment de chars de combat de Mourmelon, disparaît.

30 avril 1987 : Patrick Gache, affecté au 4e régiment de Dragons de Mourmelon, quitte le camp pour ne plus jamais y revenir.

15 octobre 2003 : suicide de Pierre Chanal[1].

---

1. Cette chronologie est tirée du site http ://www.disparusdemourmelon.org

> Fin du feuilleton.
>
> Résultat : huit morts !
>
> Entre le premier meurtre et la première arrestation de Pierre Chanal, il va se passer huit ans. Pendant ces années, la justice sera incapable de fournir une explication à la disparition des jeunes soldats. Dès lors, l'inconscient collectif va chercher à « remplir les trous » de l'affaire. Pour ce faire, une rumeur va apparaître, selon laquelle les appelés seraient kidnappés pour alimenter quelque réseau de prostitution masculine au Moyen-Orient.

De manière habituelle, c'est bien la carence d'informations qui est à la base de la rumeur. On remarquera quelques composantes communes avec la rumeur d'Orléans, telles que la petite touche raciste, symbolisée ici par l'expression « Moyen-Orient ».

LA RUMEUR DE GUERRE : RENDRE L'HORREUR LÉGITIME...

L'aspect étonnant des rumeurs de guerre réside dans le fait qu'elles permettent de légitimer les comportements les plus barbares.

L'enfant aux mains coupées

L'ANECDOTE

Pendant la guerre franco-allemande de 1870, on voit surgir une rumeur emblématique qui perdurera jusqu'à la Seconde Guerre mondiale. Cette rumeur est un bel exemple illustrant la cruauté de l'ennemi et permettant de légitimer la nôtre.

Une aristocrate allemande soucieuse de faire le bien était en visite dans un hôpital militaire à l'arrière du front. Elle rencontra une petite fille française qui avait eu les deux mains arrachées par un obus au moment même où elle les joignait pour se mettre en prière[1]. Fortement émue, l'aristocrate demanda à la petite fille ce qu'elle pourrait faire pour soulager sa douleur et la petite fille répondit : « Madame, rendez-moi mes mains ! » Émouvant, non ? En 1914, la rumeur selon laquelle les

---

1. Cet abus de bons sentiments est un classique et sera décrit ultérieurement.

Allemands étaient des monstres assoiffés de sang n'hésitant pas à mutiler les petites filles était enracinée dans les esprits.

C'est parce que les soldats français sont convaincus de la barbarie des soldats allemands qu'ils peuvent agir eux-mêmes avec des comportements similaires. Comme dans la rumeur d'Orléans durant laquelle aucun avis de disparition n'a été enregistré auprès des services de police, aucune petite fille n'est venue exposer ses moignons. La barbarie allemande est cependant tenue pour réelle et légitime nos comportements futurs.

Ces rumeurs d'atrocités sont récurrentes dans toutes les guerres. Elles permettent à chacun de penser que le soldat fait la guerre du bon côté et que les barbares, ce sont les autres. À ce titre, les tuer paraîtra non seulement logique mais justifié.

QU'ON SE LE DISE !

▶ Cannibalisme, théorie du complot, alerte sanitaire, peurs adroitement exploitées… : il existe mille manières de classer les rumeurs.

▶ Dans le milieu « rationnel » qu'est la finance, il apparaît que la phase de la lune, le degré d'ensoleillement, le jour de la semaine, l'approche des congés ou de la fin de l'année ont des répercussions sur la rentabilité des investissements. Et dans le timing des rumeurs en milieu financier.

▶ Les alertes sanitaires sont le cauchemar de l'homme politique comme de l'industriel… et font le bonheur du rumorocrate.

▶ Notre bien-aimée rumeur people, quant à elle, surgit au moment où la star ne respecte plus son « pacte tacite » avec ses fans.

▶ Dans les cas d'affaires juridiques non résolues, le public bouche les trous en échafaudant une bonne petite rumeur.

▶ La rumeur de guerre permet de légitimer les crimes que l'on demande aux soldats de commettre au nom de la raison d'État.

CHAPITRE 3

Internet, parfait pour la circulation et le stockage des rumeurs

« Délations, confessions impudiques, rumeurs en tous genres : on se demande pourquoi l'État entretient encore plusieurs polices et des renseignements généraux. Les braves gens suffisent à la tâche... »

Philippe Bouvard

La rumeur n'a pas attendu Internet pour prospérer. Et néanmoins, ce moyen de propagation présente des avantages hautement exploitables. L'e-rumeur, outre son caractère initialement écrit, permet également de véhiculer des images, des vidéos et du son : autant de manières de capter l'imagination. Et l'imagination est une forte composante de la rumeur.

Pour reprendre la théorie d'Émile Coué, auteur de la méthode éponyme, toute idée que nous avons à l'esprit devient une réalité dans le domaine de la possibilité. L'idée de sommeil crée le sommeil et l'idée d'insomnie crée l'insomnie. De la même manière, l'idée de rumeur crée la rumeur. De plus, contrairement à ce que l'on aimerait croire, la volonté n'est pas la première caractéristique de l'homme : c'est son imagination. À chaque fois qu'il y a conflit entre la volonté et l'imagination, c'est l'imagination qui l'emporte.

Par exemple, si l'on met une poutre de 20 mètres de long sur le sol, chacun d'entre nous pourra marcher dessus sur toute sa longueur. En revanche, si l'on positionne cette même poutre entre deux immeubles à une hauteur de 30 mètres, la chute devient inévitable. C'est notre imagination qui nous détermine.

Avec Internet,
la réputation devient palpable

Avec Internet, nous voyons apparaître une économie fondée sur la rumeur, avec l'apparition de cellules de surveillance et d'entreprises dédiées à l'e-réputation. Le marché français de l'e-réputation en 2010 a été évalué par la société Digimind à 110 millions d'euros[1] et le marché mondial à 1 milliard selon BIA/Kelsey. En 2011, le chiffre du marché français a été pronostiqué à 190 millions, soit une croissance de 70 %.

Historiquement, la réputation est une notion immatérielle et impalpable. Avec l'apparition d'Internet et notamment des CGM (*Consumer Generated Media*) tels que les blogs, les forums et tous les autres espaces d'échange, la réputation devient tangible et, surtout, quantifiable. Avant Internet, on ne pouvait savoir si une rumeur avait pris qu'au moment où elle était déjà à son paroxysme, c'est-à-dire quand on ne pouvait plus rien faire pour influer dessus. Avec Internet, on peut évaluer toutes les étapes du cycle de vie de la rumeur, on peut la voir respirer et croître ou, au contraire, s'étioler et mourir. Cela change tout !

Avant l'apparition d'Internet, la réputation se fait surtout par oral, mis à part un peu de presse écrite. On donnait son avis sur sa voiture lors d'un dîner en ville. En d'autres temps, Renault estimait qu'un automobiliste disant du mal de son véhicule de manière informelle faisait perdre à la marque sept acheteurs potentiels. Avec les CGM, le message, essentiellement écrit, devient stockable et analysable. Il est possible de créer des bases de données et de faire des traitements statistiques. La quantification est désormais permise. De tous les apports d'Internet à la rumeur, cet aspect est l'un des plus importants.

Avec les balbutiements du traitement sémantique, on peut même

© Groupe Eyrolles

---

1. Ce chiffre inclut les chiffres d'affaires des éditeurs de logiciels, des agences digitales, des consultants indépendants, des cabinets en conseil veille image, conseil en communication et agences RP.

déterminer la tonalité (positive ou négative) du discours sans avoir à le lire. On peut donc savoir si l'on dit du bien ou du mal de quelque chose ou de quelqu'un sans avoir besoin de lire une quantité décourageante de documents. Cela deviendra très utile pour ceux qui s'occupent d'e-réputation et également pour ceux qui sont sur l'autre versant de la colline et qui rigolent, c'est-à-dire ceux qui orchestrent les rumeurs !

Électroniquement, qui dit stockage dit base de données. Il en va des rumeurs comme de n'importe quelle information qui circule sur le même support. On peut la stocker indéfiniment et cela préserve de l'oubli. Jusqu'ici la mémoire était une affaire de volonté, à présent elle devient une obligation avec un champ d'application. Avec l'apparition des réseaux sociaux, la reconnaissance d'un droit constitutionnel à l'oubli va apparaître. Olivier Iteanu, avocat à la cour d'appel de Paris, s'exprime ainsi : « Le droit à la faute, le droit de se tromper fait partie du processus de construction des hommes. Si nous n'agissons pas, nous risquons d'avoir une société totalement sclérosée, où personne n'osera plus rien faire de peur de voir sans cesse resurgir son passé. » La vie privée et les données personnelles se positionnent au centre du couple homme/machine.

Le politique, jamais en retard d'une gesticulation, va essayer de récupérer cette question. Nathalie Kosciusko-Morizet, secrétaire d'État chargée de la Prospective et du Développement de l'économie numérique, fera rédiger une charte qui comptera 12 signataires tels que Skyblog et le moteur de recherche Bing. « Tous les grands principes du droit à l'oubli sur Internet sont présents dans la loi informatique et libertés de 1978, dira-t-elle, il s'agissait plutôt de donner une traduction concrète aux principes qui existent déjà[1]. » Une loi promulguée en 1978 ne peut être que d'actualité si l'on se remémore que le Web naîtra en 1991 et que le réseau de la recherche français (Renater) verra le jour en 1992. De plus, il manquait parmi les signataires de la charte deux acteurs « mineurs », à savoir Google et Facebook. Le

---

1. Nathalie Kosciusko-Morizet, le mercredi 13 octobre 2010.

droit à l'oubli est, pour le moment, une utopie. L'Internet est une mémoire fantastique qui peut régurgiter instantanément toutes informations, fussent-elles embarrassantes.

Voilà qui devrait avoir quelque utilité en matière de rumeurs.

Les réseaux sociaux sont un volet de l'Internet dont il faut parler.

L'un de leurs principaux intérêts est la réactivité.

Être plus enthousiaste que réfléchi provoque la suspicion

L'ANECDOTE

Replaçons-nous le 14 mai 2011[1]. La vie du directeur du FMI bascule. Dominique Strauss-Kahn se retrouve menotté pour agression sexuelle. Un jeune militant UMP bien renseigné, voire un peu trop, répondant au nom de Jonathan Pinet, twittera le premier les faits à 16 h 59 (heure de New York, soit 22 h 59, heure de Paris).

À minuit trente (heure de Paris), ce sont les sites respectivement du *New York Post* puis du *New York Times* qui annoncent l'arrestation de DSK à 16 h 45 (22 h 45, heure de Paris), non pas dans un hôtel mais à l'aéroport.

Quelques minutes plus tard, Arnaud Dassier, ancien responsable de la campagne internet de Nicolas Sarkozy, répond en twittant : « Apparemment DSK à NY, c'est du très très lourd. »

Tous les ingrédients de la théorie du complot sont présents.

Nous allons nous intéresser à des terrains historiquement indiqués pour la propagation de rumeurs : les réseaux sociaux.

---

1. Voir *Le Monde* du 15 mai 2011.

LES RÉSEAUX SOCIAUX, FORMIDABLES TREMPLINS POUR LA RUMEUR, À CONDITION DE RÉFLÉCHIR UN PEU

Les réseaux sociaux ont aujourd'hui un rôle de premier plan dans la diffusion des rumeurs. Sociologiquement, ils n'ont pas tous la même finalité – ils ne s'adressent pas au même public. En fonction de la nature de la rumeur que nous aurons à propager, il s'agira de choisir le réseau social approprié à notre cœur de cible.

Faisons un tour d'horizon des principaux réseaux sociaux, et tentons de comprendre leurs caractéristiques eu égard au lancement et à la propagation des rumeurs.

Facebook : un univers impitoyaaable !

Dernier arrivé (mars 2008), il est de loin le plus important avec 800 millions d'abonnés (automne 2011).

Aux États-Unis, un internaute a 57 fois plus de chances de visiter Facebook que Twitter.

Dans son désir d'être connecté, l'utilisateur montre une aspiration paradoxale à l'anonymat. En moyenne, l'usager change de photo dans son profil 18 fois dans l'année (donnée 2011). C'est trois fois plus qu'en 2006. Et l'utilisateur moyen passe 55 minutes par jour sur Facebook.

Début 2010, Facebook a publié des données sur les profils des Français qui utilisent ce média social.

En version française, Facebook a dépassé début 2010 les 15 millions d'utilisateurs actifs en France (on entend par « utilisateurs actifs » des personnes ayant utilisé leur compte dans les trente derniers jours).

Avec un Français sur quatre désormais utilisateur de Facebook, nos concitoyens sont particulièrement friands de ce réseau :

© Groupe Eyrolles

- plus de la moitié de ces utilisateurs se connectent chaque jour ;
- plus de 2 millions de mises à jour de statuts chaque jour ;
- plus de 135 millions de photos chargées sur le site chaque mois ;
- plus de 100 000 événements créés chaque mois ;
- 25 % des utilisateurs de Facebook utilisent le service *via* leur téléphone portable.

Le nombre d'internautes en France étant légèrement supérieur à 40 millions, on peut estimer que 40 % des internautes français sont des utilisateurs de Facebook.

Profils du Facebooker par sexe en France
(données Facebook module Pub au 12 janvier 2010)

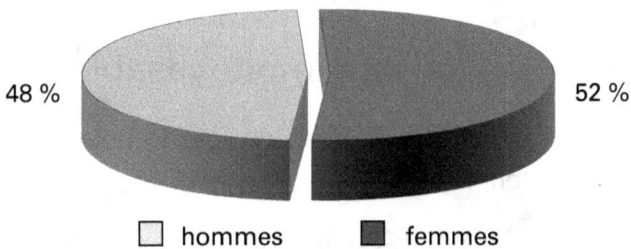

48 %   52 %

☐ hommes   ■ femmes

Répartition des tranches d'âge sur Facebook en France
(données Facebook module Pub au 12 janvier 2010)

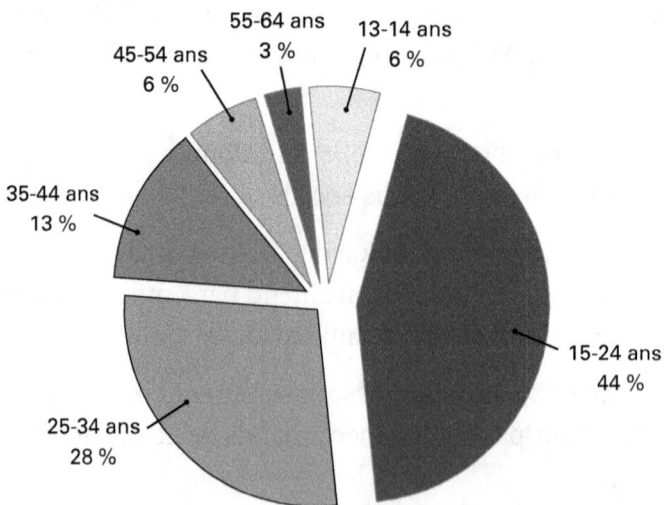

55-64 ans   13-14 ans
45-54 ans   3 %   6 %
6 %

35-44 ans
13 %

15-24 ans
44 %

25-34 ans
28 %

© Groupe Eyrolles

Égalité désormais entre hommes et femmes en termes de taux d'utilisation de ce média à l'image de la répartition des sexes dans la société.

Si la tranche d'âge « 15-24 ans » demeure la plus représentée, les « 25-34 ans » sont également très nombreux à utiliser Facebook. 80 % des femmes de moins de 24 ans sont utilisatrices.

Ces données en tête, nous pouvons nous demander si Facebook est un canal de diffusion approprié pour la rumeur que nous souhaitons propager. Nous verrons ultérieurement l'importance de bien cibler les tranches d'âge et le sexe de la cible.

Facebook est un canal de choix, notamment quand nous souhaiterons diffuser vers un public jeune.

Twitter, pour suivre les leaders d'opinion !

Nous nuancerons plus loin le bien-fondé de suivre les leaders d'opinion.

Encore confidentiel en comparaison de Facebook, le taux de croissance de Twitter est néanmoins impressionnant.

Entre 2009 et 2012, le nombre d'adultes utilisant Twitter devrait doubler, passant de 18 à 36 millions. Les abonnés ayant créé un compte avant janvier 2009 représentent 4,7 % de la population totale des États-Unis.

Le principal intérêt de Twitter est que l'on peut identifier immédiatement les leaders d'opinion, simplement en regardant le nombre de « *followers* » d'un individu – c'est-à-dire, de personnes abonnées à son flux.

Twitter montre un certain nombre de points communs avec Facebook en termes de cible ; les hommes cependant l'utilisent plus que les femmes. Le gros de la gamme d'âge des utilisateurs est de 18 à 29 ans. Les revenus et le niveau éducatif ne semblent pas des facteurs signifiants, contrairement à LinkedIn.

Twitter est à privilégier pour des rumeurs destinées à un public moins jeune que celui de Facebook.

LinkedIn, pour nos rumeurs dans le monde de l'entreprise

Le réseau LinkedIn bénéficie d'un statut particulier : il est beaucoup plus orienté « professionnel » que Facebook et Twitter, qui sont davantage des médias d'expression et de connexions personnelles.

D'après Anderson Analytics[1], les deux tiers des utilisateurs de LinkedIn disposent d'un pouvoir de décision dans leur entreprise, et leurs revenus se situent dans la fourchette supérieure.

Anderson Analytics a décrit les quatre profils types agissant sur ce réseau :

- les pros : représentant un tiers des participants, ils sont de formation technique. Ils se connectent une soixantaine de fois par mois et participent à d'autres réseaux communautaires. Dans le descriptif de leur profil, c'est le mot « consultant » qui apparaît le plus. Ils sont les plus actifs. Si votre rumeur concerne le monde des consultants, n'allez pas plus loin !

- les cadres supérieurs : moins assidus que les pros, ils se connectent une trentaine de fois par mois. De tous les participants, ils sont ceux qui ont les plus forts revenus. Ils sont moins techniques que les pros et ils ont de plus fortes responsabilités. Ils interrogent LinkedIn pour participer à la communauté de l'entreprise. Le parrainage qui les a fait entrer dans le réseau est issu de cette entreprise ;

- les adeptes tardifs : peu portés sur la technique, ils se servent du réseau uniquement pour communiquer avec des gens qu'ils connaissent (par opposition aux « pros », qui cherchent à toucher des contacts de leurs contacts). Ils sont de nature craintive et méfiante vis-à-vis de l'Internet. Cette population est celle

---

1. http://andersonanalytics.com/

qui se connecte le moins, avec une vingtaine de connexions par mois. Leur origine socioprofessionnelle est l'enseignement, la santé ou le droit. Encore une fois, si votre rumeur relève d'un de ces domaines, une halte ici s'impose ;

- les explorateurs : ils ont un profil technique, ils utilisent plusieurs réseaux sociaux qu'ils exploitent dans une finalité non seulement professionnelle mais également personnelle.

Chiffres concernant LinkedIn (période 2009-2010)

Statistiques de trafic

	USA	Monde
Visiteurs uniques	1,9 million	73 millions
Nombre de pages visitées	25 millions	1,7 milliard
Nombre total de visites	4,2 millions	201 millions
Moyenne de visites/visiteur	5,5	5,5
Temps moyen passé sur le site	6,5 mn	10 mn

Genre

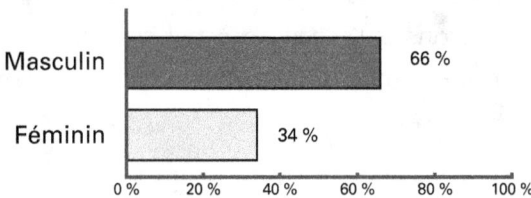

Masculin 66 %

Féminin 34 %

Âge

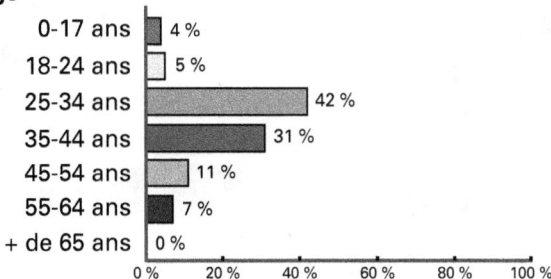

0-17 ans 4 %
18-24 ans 5 %
25-34 ans 42 %
35-44 ans 31 %
45-54 ans 11 %
55-64 ans 7 %
+ de 65 ans 0 %

Niveau d'éducation

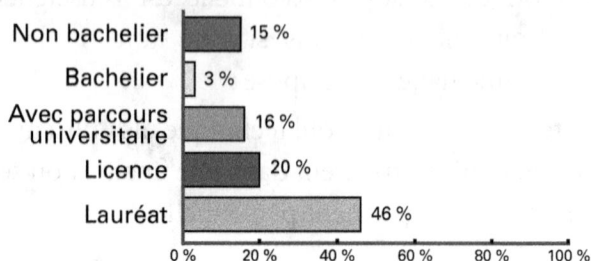

Non bachelier	15 %
Bachelier	3 %
Avec parcours universitaire	16 %
Licence	20 %
Lauréat	46 %

0 %   20 %   40 %   60 %   80 %   100 %

Revenus par foyer fiscal (en euros)

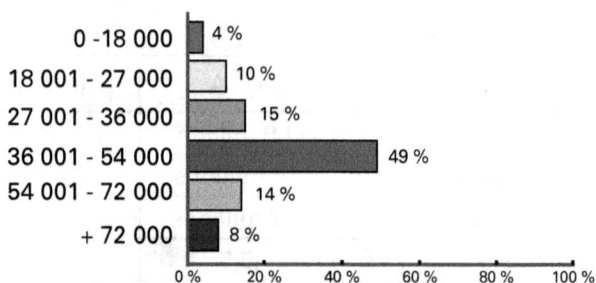

0 -18 000	4 %
18 001 - 27 000	10 %
27 001 - 36 000	15 %
36 001 - 54 000	49 %
54 001 - 72 000	14 %
+ 72 000	8 %

0 %   20 %   40 %   60 %   80 %   100 %

Source : Google Adplanner.

La typologie des utilisateurs de ce réseau est très axée « contacts pros ». Nous garderons à l'esprit ce canal spécifique quand nous voudrons diffuser une rumeur vers certains métiers et vers un public plus mature.

Viadeo, le recrutement franco-français

Viadeo est l'équivalent français de LinkedIn et vise également la bataille du recrutement. En 2010, les utilisateurs de Viadeo se répar-
tissaient ainsi :

Chiffres concernant Viadeo (période 2009-2010)

Statistiques de trafic

	USA	Monde
Visiteurs uniques	3,9 millions	5,6 millions
Nombre de pages visitées	67 millions	81 millions
Nombre total de visites	9,7 millions	12 millions
Moyenne de visites/visiteur	7,4	5,1
Temps moyen passé sur le site	8,10 mn	8,10 mn

Genre

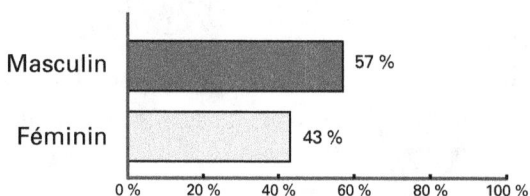

Âge

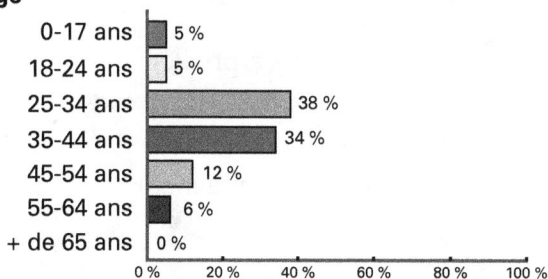

Niveau d'éducation

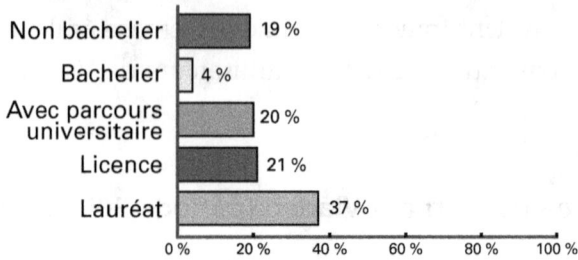

Non bachelier	19 %
Bachelier	4 %
Avec parcours universitaire	20 %
Licence	21 %
Lauréat	37 %

0 % 20 % 40 % 60 % 80 % 100 %

Revenus par foyer fiscal (€)

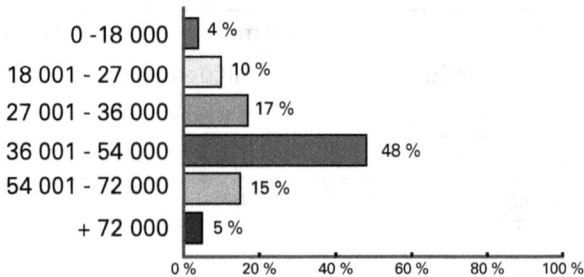

0 -18 000	4 %
18 001 - 27 000	10 %
27 001 - 36 000	17 %
36 001 - 54 000	48 %
54 001 - 72 000	15 %
+ 72 000	5 %

0 % 20 % 40 % 60 % 80 % 100 %

Source : Google Adplanner.

On constate que les utilisateurs masculins dominent ce réseau, caractéristique commune avec LinkedIn. Ils sont également supérieurement éduqués.

Si LinkedIn fait office de Goliath à l'international, Viadeo domine le marché français. On peut imaginer, d'ici quelques années, le rachat de Viadeo par LinkedIn…

En termes de rumeur, LinkedIn est à privilégier pour une diffusion internationale. En revanche, Viadeo est mieux positionné pour une propagation hexagonale. Par ailleurs, l'un n'est pas exclusif de l'autre et les deux peuvent être actionnés simultanément.

Avantages et inconvénients des réseaux sociaux

Les réseaux sociaux offrent une réactivité à haute valeur ajoutée en termes de rumeur. Ils n'offrent pas que des avantages et présentent deux inconvénients que le rumorocrate avisé aura intérêt à garder à l'esprit :

- les réseaux sociaux gardent des traces. À moins de savoir parfaitement ce que vous faites, ils sont à manier avec précaution. Voir le tweet de Jonathan Pinet dans l'affaire DSK. Dans ce cas précis, l'intention de propager la rumeur va avoir l'effet contraire de celui escompté. Les quelques minutes qui vont séparer les faits de l'envoi du tweet vont engendrer la suspicion du complot. Bien joué, donc ! En rumorologie, cela s'appelle l' « effet boomerang » ;

- les réseaux sociaux sont surveillés comme le lait sur le feu. Or une rumeur devrait mûrir et enfler discrètement dans l'ombre pour atteindre un seuil critique. Une fois ce seuil atteint, l'effet boule de neige fera que la rumeur s'autoalimentera, s'autovalidera et deviendra inextinguible. La cible de la rumeur ne pourra rien faire. La surveillance permanente des réseaux sociaux ne nous facilite pas la tâche.

Cette traçabilité est toujours faite rétroactivement. Elle n'empêche pas la rumeur de se propager mais permet à l'initiateur de se faire piquer comme un gros benêt.

Contrairement à l'idée reçue, l'emploi des réseaux sociaux connote une approche rumorale souvent rustique, voire grossière, utilisée par le rumorocrate débutant. Une des finalités de ce livre sera de démontrer que la rumeur est un art de finesse plus fondé sur la suggestion que sur l'explicite fruste et « bourrin ».

Petite recette pour trouver qui a parlé en premier de la rumeur

Grâce à Internet, et si l'on s'y prend assez tôt après le lancement de la rumeur, il est possible de savoir qui le premier a parlé de la rumeur ; il suffit pour cela de questionner l'index de l'outil de recherche.

Les moteurs de recherche procèdent par indexation automatique[1]. Il est possible de questionner les moteurs pour savoir à quel moment une page Web a été indexée par l'outil de recherche. Pour parler du moteur le plus connu, Google, la syntaxe à saisir dans le champ de saisie est la suivante :

« daterange:datedebut-datefin »

(Il faut se méfier de cette syntaxe car elle est quelquefois approximative et demande vérification.)

Cette fonction donnera les documents qui ont été indexés entre les deux dates.

Seulement voilà, cette fonction ne comprend pas le calendrier grégorien qui est le nôtre mais le calendrier julien (de Jules César). Il existe des convertisseurs en ligne pour passer automatiquement du calendrier grégorien au julien[2].

En remontant ainsi dans le temps, cette fonction permet souvent de remonter au locuteur initial d'une rumeur.

Exemple : je cherche tous les documents indexés par Google du 13 au 15 mai 2011 parlant de DSK

Le convertisseur julien nous dit que le 13 mai 2011 grégorien est la date 2455695 en julien et que le 15 mai 2011 est la date 2455697.

Ma requête dans le champ de saisie de Google sera :

« DSK daterange:2455695-2455697 »

Généralement, cette fonction est efficace pendant une période de temps limitée après les faits.

À l'intention du rumorocrate en herbe : méfiez-vous de cette fonction car elle peut vous coûter cher.

À bon entendeur…

---

1. C'est-à-dire qu'il génère automatiquement une liste alphabétique des mots-clés (index) contenus dans une page web. En technique de recherche documentaire, un index permet un accès rapide à des informations spécifiques d'une table de base de données.

2. Interrogez Google avec comme mots-clés : julian converter
Exemple : http://www.cactus2000.de/fr/unit/masscal.shtml

Qu'on se le dise !

▶ Avant Internet, la réputation se faisait surtout par oral. L'apparition d'Internet rend les messages stockables et analysables statistiquement sans même les avoir lus !

▶ Facebook est utilisé par un Français sur quatre. C'est un canal de choix lorsque l'on veut diffuser une rumeur vers un public jeune.

▶ Le principal intérêt de Twitter en termes de rumeurs est qu'il permet, *via* le nombre de *followers*, d'identifier les leaders d'opinion (si vraiment vous y tenez).

▶ LinkedIn vise une population plus mature et à revenus plus élevés, de personnes qui se connectent essentiellement pour des visées de business et de recrutement : nous penserons à utiliser ce canal dans un contexte de diffusion de rumeurs « business ».

▶ Si LinkedIn est à privilégier pour une diffusion internationale, Viadeo est mieux positionné pour une propagation hexagonale. Les deux réseaux peuvent d'ailleurs être actionnés simultanément.

▶ Il faut être prudent avec les réseaux sociaux car la traçabilité permet de retrouver facilement le locuteur initial. De plus, les rumeurs étant surveillées avec la plus haute vigilance, cela est un handicap pour leur propagation.

CHAPITRE 4

Comment traquer une rumeur

« Un secret d'État, ce n'est jamais qu'un ragot qui a réussi. »

Extrait de la bande dessinée *Mafalda*

S'entraîner à repérer une rumeur est utile : c'est en rumorant que l'on apprend à rumorer. Vous avez à votre disposition plusieurs compositions récurrentes et communes à toutes nos rumeurs. S'exercer à détecter ces structures sera un inépuisable sujet de franche rigolade lorsque vous allumerez la télévision, notamment pour la messe quotidienne de la rumeur, c'est-à-dire le journal télévisé (avec une préférence pour celui de 20 heures).

Les amateurs du rire permanent peuvent aller directement sur les chaînes d'information en continu.

Un style narratif impersonnel : « Selon des sources fiables… »

Avant toute chose, il faut garder à l'esprit que la rumeur est un creuset de conformisme, de lieux communs, d'actes d'allégeance et de volonté d'appartenance. Elle est identitaire, moralisatrice et donneuse de leçons. Si vous n'y retrouvez pas ces ingrédients, attendez-vous à une rumeur fondée, c'est-à-dire une rumeur qui repose sur des faits avérés ou partiellement avérés (ce qui est suffisant).

La rumeur se reconnaît par un style narratif indirect et transposé avec des formes impersonnelles, du genre « Après analyse…, les voisins ont rapporté que…, depuis un certain temps…, selon des sources autorisées[1]…, selon une source proche du dossier… », etc. Toutes ces formules et périphrases ont le mérite d'affranchir le propagateur de la question de la source. Un laconique « Gageons que l'avenir nous réserve des surprises » ou bien encore « Affaire à suivre » distillé par quelques présentateurs de journaux télévisés contribuent à auréoler des faits anodins d'un mystère affriolant.

D'autres signes peuvent nous renseigner, comme l'emploi fréquent de la troisième personne du singulier, qui accentue une formulation générale et distanciée en correspondance avec le ton rumoral. Par opposition, l'emploi du « je » a une connotation d'expérience personnelle peu compatible avec nos rumeurs et laisse présager que les faits ont été vécus.

L'individu récepteur d'une information (rumeur) va évaluer cette dernière avec son propre système de valeurs. Cette évaluation du degré d'adéquation entre ce qu'il entend et son système de croyances peut s'orienter vers trois axes : accord, désaccord ou interrogation.

S'il est d'accord, soit il ne dira rien et opinera (le cas le plus fréquent), soit il donnera les raisons de son accord. Dans les deux cas, tout va bien.

S'il n'est pas d'accord, il y a de fortes chances pour qu'il justifie ce désaccord. Si vous entendez une justification après avoir essayé de faire passer une rumeur, méfiez-vous car votre interlocuteur n'y croit pas. Dans ce cas de figure, il est impératif de reformuler votre message pour trouver son approbation.

Si vous avez affaire à un cartésien, vous lui parlerez logique, résultats quantifiables, chiffres, technique, etc. Mais s'il s'agit d'un créatif/affectif, vous lui tiendrez un discours intuitif, global, synthétique et humain.

---

1. Par définition, selon Coluche, les sources dites « autorisées » sont celles auxquelles vous n'appartenez pas.

Ne pas adresser le bon type de discours à votre destinataire augmente considérablement les chances de rejet de la rumeur. Et ça, nous ne le voulons pas[1] !

La troisième option, dans laquelle l'individu s'interroge, est plutôt bon signe pour notre diffusion.

Emploi du conditionnel

Les rumeurs, dans leur narration, ont un style, « une odeur » qui les rendent aisément identifiables. Un article sur quarante emploie le mot « rumeur » et 18 % utilisent le ton « rumoral »[2]. Un des principaux signes de reconnaissance de ce ton est l'emploi du conditionnel. On n'entend pas « Il y a eu 10 morts » mais « Il y aurait eu 10 morts ». Le ton rumoral nous entoure quotidiennement.

Deux niveaux de séparation : le copain du copain

Au fur et à mesure des déplacements de la rumeur de personne à personne, il devrait venir un moment où nous nous trouverions devant un message qui aurait cette forme : « C'est l'histoire de l'homme qui a vu l'homme qui a vu l'homme qui a vu l'homme, etc. » Ce cas de figure, très ennuyeux sur le plan narratif et contre-productif pour la propagation de notre rumeur, ne se produit jamais. En fait, le propagateur fait disparaître inconsciemment tous les niveaux de

---

1. La littérature sur ce sujet est pléthorique. Pour le lecteur intéressé : M. A. Tinker et F. L. Goodenough, « Mirror reading as a method of analysing factors involved in word perception », *Journal of Educational Psychology*, 22, 1931 ; Kenneth Hugdahl et Richard Davidson (dir.), *The Asymmetrical Brain*, MIT Press, 2003 ; Lucien Israël, *Cerveau droit, cerveau gauche*, Plon, 1996.

2. Source : Pascal Froissart, « Penser les médias sans notion de masse » in *Émergences et continuité dans les recherches en sciences de l'information et de la communication*, Actes du XIIe Congrès des sciences de l'information et de la communication, SFSIC, 2001, p. 49-56.

séparation qui le tiennent à distance des faits pour n'en conserver
que deux.

Si vous entendez quelqu'un dire : « Mon voisin a vu ça… », attendez-vous à une rumeur fondée. Par opposition, si vous entendez
« Le frère de mon voisin a vu ça », attendez-vous à une rumeur
infondée. Ce phénomène est instinctif : selon Jean-Noël Kapferer, il
s'agirait pour le narrateur de conserver un intérêt au discours tout
en empêchant une quelconque vérification – il y a peu de chances en
effet pour que vous cherchiez à joindre le frère de son voisin !

TROIS NIVEAUX DE RECONNAISSANCE : CE QUI EST DIT, CE QU'ON NE DIT PAS ET CE QU'ON AURAIT PU DIRE

Pour toute rumeur, il existe une possibilité de la disséquer en trois
niveaux : le niveau explicite, le niveau implicite et le niveau inconscient. Nous allons voir ce qui les différencie.

Le niveau explicite : l'émotion qui nous vient en premier

Ce premier niveau relève de la perception immédiate. Il s'agit de retrouver l'un des sentiments premiers (rire, colère, dégoût, peur, tristesse, surprise). La lecture d'une rumeur renvoie à ces sentiments.
Cette première réaction permet d'identifier immédiatement la première composante de la rumeur. Il s'agit d'un ressenti clair et sans
ambiguïté, donc facilement reconnaissable.

Par exemple, si l'on apprend que le directeur du FMI, porteur des
espoirs de la gauche française aux élections présidentielles, s'est fait
(peut-être) prendre le pantalon sur les chevilles dans un Sofitel new-
yorkais, la palette des émotions sera :

- le rire, si l'on est électeur de droite ;
- la surprise et/ou la tristesse si l'on est électeur de gauche ;

© Groupe Eyrolles

- le dégoût si l'on est féministe ;
- le rire/ricanement, si l'on est machiste ;
- etc.

Nous voyons ici que, quelle que soit sa sensibilité et en fonction de cette sensibilité, chacun éprouvera naturellement le sentiment premier qui lui correspond.

Le niveau implicite : la morale de l'histoire ou la désignation du coupable

Le deuxième niveau correspond à la leçon moralisatrice de la rumeur. Nous sommes dans l'ordre du sous-entendu. La référence relève bien souvent du dicton peu subtil (« qui vole un œuf, vole un bœuf »). C'est ici que nous trouverons la désignation du coupable inhérente à toute rumeur. Une rumeur qui ne désigne pas une quelconque culpabilité envers quelque chose ou quelqu'un aura de fortes chances d'être fondée.

À ce niveau apparaissent les premiers stéréotypes, voire les premiers préjugés. À la différence du stéréotype dont le contenu peut être positif (par exemple, les routiers sont sympas), le préjugé est généralement négatif (par exemple, les routiers sont tous des idiots) : le préjugé est englobé dans le stéréotype, c'est sa version négative.

Il n'est pas nécessaire de croire un stéréotype pour le diffuser. Vous pouvez être en désaccord avec le fait que « les blondes soient des idiotes », que « les Écossais soient radins », ou bien encore que « les jeunes des banlieues soient tous de la racaille », cela ne vous empêchera pas de véhiculer ces préjugés dans votre entourage, au travers d'anecdotes ou de blagues par exemple. L'adhésion au contenu n'est pas nécessaire à la diffusion.

Par exemple, le 6 mai 2011, une enquête à la brigade criminelle de la police judiciaire a été ouverte pour tentative d'attentat dans le métro parisien[1]. Selon les enquêteurs, un homme aurait perdu son

---

1. AFP, 6 mai 2011. Paris : enquête sur une rumeur d'attentat.

portefeuille dans le métro. Un voyageur ayant assisté à la scène aurait abordé l'individu pour le lui restituer. Pour le remercier, ce dernier lui aurait conseillé de ne pas prendre le métro aujourd'hui, sous-entendant qu'il lui sauverait la vie face à quelque mystérieux danger.

Outre l'emploi du conditionnel, le message implicite de la rumeur peut se résumer simplement par un dicton moralisateur et lourdaud du style « Bien mal acquis ne profite jamais ».

Le niveau inconscient : la rumeur parle à nos peurs les plus anciennes

Le niveau inconscient correspond aux peurs primales ou aux désirs non avoués du groupe. Jean-Noël Kapferer parle de niveau anthro-pologique. La plupart des rumeurs trouvent un écho dans les peurs et haines du monde.

À titre d'exemple, on pourra se souvenir d'une vieille rumeur qui sévissait à l'époque du service militaire. Un futur appelé sous les drapeaux cherche un moyen de se faire réformer. Il apprend qu'être lourdement diabétique est un motif pour échapper à l'incorporation. Sa petite amie est elle-même diabétique. Au moment des trois jours, période durant laquelle l'armée évaluait les capacités physiques et intellectuelles des appelés, notre individu a pour idée de prendre un échantillon d'urine de son amie afin de le substituer au sien pendant le contrôle médical.

Un mois plus tard, il reçoit le rapport médical du service des armées. Il apprend que le subterfuge a fonctionné et qu'il est diabétique. Accessoirement, il apprend également qu'il est enceint.

Les trois niveaux sont identifiables :

- niveau explicite : rire quand on entend la chute de l'histoire ;
- niveau implicite : sont présents deux messages moralisateurs, « On ne triche pas avec les institutions » et « On ne plaisante pas avec les rapports sexuels non protégés » ;

- niveau inconscient : l'éternel mythe de l'homme enceint, mythe que l'on retrouve dans toutes les civilisations de la plus primitive à la plus évoluée.

On pourrait appeler cette famille de rumeur « l'arroseur arrosé ». Malgré son invraisemblance (car on imagine mal des tests de grossesse effectués sur l'ensemble du contingent), cette rumeur a longtemps survécu, avant de mourir de sa belle mort avec la réforme du service militaire.

Si l'on se souvient de la rumeur d'Orléans, on peut opérer un découpage similaire :

- premier niveau explicite : la colère des Orléanais quand ils apprennent le kidnapping de leurs femmes et de leurs filles. Apparition du sentiment premier ;
- deuxième niveau implicite : rappelons-nous où se déroulent les enlèvements : un magasin de lingerie fine. Cela sent le soufre, voire la débauche (nous sommes en 1969). Apparition du message moralisateur ;
- troisième niveau inconscient : s'attaquer aux femmes, c'est s'attaquer à la matrice du groupe et donc à la survie du groupe. Le niveau inconscient se situe dans le danger immédiat que ces kidnappings font peser sur la pérennité de la communauté.

Ces trois niveaux – explicite, implicite et inconscient – sont récurrents dans la structure de nos rumeurs ; leur présence est un moyen efficace de les reconnaître.

L'AJOUT DE DÉTAILS, POUR ASSEOIR LA NARRATION

L'apparition d'une pléthore de détails porte le nom de sur-spécification, et repose sur la construction de détails difficilement vérifiables. Cela participe à l'enfumage général. Ces détails, peu de gens auront les moyens, l'envie ou la compétence pour les recouper. Exemple :

« Les faits se sont déroulés jeudi soir à 20 h 25, dans une entreprise de 45 employés. Un fort orage a effacé les traces… »

Le 21 janvier 1985, Georges Besse est nommé à la direction de Renault. Traquant les excès de l'entreprise, il aurait fait vérifier la présence d'employés au supermarché Leclerc faisant leurs courses pendant les heures de bureau. Résultat : avertissement pour 79 salariés (pas 78 ni 80).

Cette « rationalisation » assoit la narration et apporte une crédibilité globale au discours. Elle donne un sentiment de compétence à celui qui colporte la rumeur.

Si l'on reprend l'exemple de la menace d'attentat à la bombe du 6 mai 2011 dans le métro parisien, un individu en aurait prévenu un autre, sous le manteau, d'une menace d'attentat. On peut lire dans la déclaration AFP que le voyageur aurait « alerté la communauté juive » et que le message a été « relayé » au service de police parisien. Selon les différentes dépêches, la sur-spécification indique le numéro de ligne du métro, l'heure « de pointe » du déroulement des faits, la mention que les appels à la prudence ont été « dispensés », bien sûr « par précaution » et que nous sommes « dans un contexte international tendu ».

La famille de rumeurs que nous pouvons désigner comme rumeur au service rendu est particulièrement vivace et fort ancienne : on pouvait déjà la reconnaître quand Aladin trouvait une lampe magique dont il libérait un génie qui, pour le remercier, lui accordait trois vœux.

La dénonciation du secret : « Des imaginations déjà préparées, qui fermentent sourdement… »

Dans son style narratif, la rumeur est nécessairement sur le mode de la révélation. Marc Bloch l'expliquait ainsi : « Une fausse nouvelle naît toujours de représentations collectives qui préexistent à sa naissance ; elle n'est fortuite qu'en apparence, ou plus précisément, tout ce qu'il y a de fortuit en elle c'est l'incident initial, absolument quelconque, qui déclenche le travail des imaginations, mais cette mise en branle n'a lieu que parce que les imaginations sont déjà préparées et fermentent sourdement[1]. »

Si la rumeur ne présente pas de caractéristiques révélatrices, il y a de fortes chances pour que l'information véhiculée soit fondée.

Indices permettant de reconnaître qu'il y a anguille sous roche

RAPPEL

Alors, comment reconnaître une rumeur ? Tout indice suggérant une incertitude ou une tentative maladroite à réduire cette incertitude est à retenir.

Éléments de langage qui sous-tendent un discours

Principes	Fondé	Infondé
Qui parle ? Fiabilité et vérifiabilité de la source	La police dit que…	Selon les premiers éléments de l'enquête…
Temps employé : indicatif ou conditionnel ?	Le président du FMI a été arrêté pour viol…	Le président du FMI aurait été arrêté pour viol…
Ajouts ou non de détails pour rendre l'histoire crédible	L'entreprise Scoubidou a été victime de…	L'entreprise Scoubidou, dirigée par M. Truc et située au cœur d'une banlieue mal famée a été victime à 20 h 30 hier soir …
Combien d'intermédiaires entre le narrateur et la source ?	Les faits ont été rapportés par la boulangère du coin…	Les faits ont été rapportés par le fils de la boulangère du coin…
Voile de flou et de mystère		À ce stade, il faut bien avouer que certains éléments échappent aux enquêteurs…

.../...

---

1. Marc Bloch, *Réflexions d'un historien sur les fausses nouvelles de la guerre*, Allia, 1999.

...·/...

Principes	Fondé	Infondé
Introduction d'opinion dans le discours		Je pense que..., je crois que..., je suppose que..., j'imagine que..., à mon avis...
Emploi de verbes à haute teneur en incertitude		Il paraît que..., il semblerait que..., on dirait que...

La rumeur contient un fort voltage affectif et conformiste : pour peu que l'on soit attentif, on peut la voir venir de loin.

De ces différents moyens pour reconnaître les éléments « rumoraux », aucun pris isolément ne donne la certitude que nous avons affaire à une rumeur. En revanche, lorsque ces indices s'additionnent, les chances que nous soyons en face d'une rumeur augmentent d'autant. L'entreprise, comme l'individu, aurait intérêt à déterminer le « scoring rumoral » d'une information : une information à forte teneur rumorale est en effet susceptible de faire des dégâts.

Aujourd'hui, pourtant, l'analyse de ce scoring est négligée par les acteurs concernés.

QU'ON SE LE DISE !

▶ La rumeur développe un arôme, une fragrance qui montre à un « nez » un peu averti qu'elle est en plein travail de gestation.

▶ Les principaux signes sont : l'emploi massif du conditionnel, deux niveaux de séparation entre le locuteur et les « faits » et trois niveaux de reconnaissance : explicite, implicite et inconscient.

▶ La rumeur désigne nécessairement un coupable.

CHAPITRE 5

Créer une rumeur au bon endroit, au bon moment

« Là-bas les muezzins ont cessé leurs clameurs.
Le ciel vert, au couchant, de pourpre et d'or se frange;
Le crocodile plonge et cherche un lit de fange,
Et le grand fleuve endort ses dernières rumeurs. »

José-Maria de Heredia

Quand on a un concurrent, ou un acteur de la vie économique ou politique qui bénéficie d'un pouvoir exorbitant à nos yeux, la création d'une rumeur ne sera peut-être pas le premier réflexe qui nous viendra à l'esprit, et pourtant, c'est une méthode pour déstabiliser l'adversaire à moindre coût.

La première étape pour créer une rumeur est de se poser une des deux questions :

- de quoi la personne visée a-t-elle le plus peur ?
- que hait-elle le plus ?

Parallèlement, on peut aussi se demander ce que son auditoire (ses clients, ses électeurs) a très envie d'entendre.

La réponse à au moins une de ces deux questions sera la base de votre rumeur.

LES CONDITIONS INITIALES :
MOLLO SUR LES STARTING-BLOCKS

Le moment idéal pour lancer une OPA : vous êtes en nouvelle lune, par temps ensoleillé, en fin de semaine, en période d'élection présidentielle. Comme un bonheur ne vient jamais seul, vous êtes au lendemain du 11 septembre 2001.

Tout ça pour dire que tous les ingrédients ne sont jamais réunis au même moment. Vous pouvez cependant tenter d'en réunir le maximum.

Voyons lesquels et pourquoi.

La mise sous tension du groupe cible

Beaucoup de rumeurs ne « prennent » pas car l'attention n'est pas au rendez-vous. Quel que soit le registre sur lequel on souhaite jouer, la peur, l'intérêt, la haine, etc., susciter le déficit d'informations et le besoin de communiquer subséquent est de rigueur.

Les études concernant la diffusion rumorale sont rares. Cela explique certains tâtonnements.

Pour savoir si une rumeur a pris, une des questions qui se sont rapidement posées était de déterminer :

- le pourcentage d'individus ayant pris connaissance de la rumeur ;
- le pourcentage d'individus ayant relayé la rumeur de manière active.

Nous allons voir, grâce à une expérience menée en milieu estudiantin, comment la mise sous tension du groupe favorise la porosité à la rumeur et sa propagation.

Jouer sur l'incertitude cognitive

Schachter et Burdick, dans une étude menée en 1955[1], vont fort habile-ment manipuler cet élément essentiel : l'incertitude cognitive.

L'étude sera menée pendant trois mois dans une école primaire et se-condaire pour jeunes filles. Six classes contenant un total de 96 étu-diantes participaient.

Trois conditions expérimentales seront produites, avec l'objectif de jouer sur l'incertitude cognitive :

- une situation durant laquelle l'incertitude cognitive est provoquée et, simultanément, une rumeur est implantée : ces groupes se-ront appelés CU-R, comme « Cognitive Uncertainty + Rumor = CU-R ». Comme nous avons deux classes, nous les nommerons CU-R1 et CU-R2 ;

- une situation durant laquelle l'incertitude cognitive est provoquée mais aucune rumeur n'est implantée : Cognitive Uncertainty = CU. Deux classes également, donc CU1 et CU2 ;

- une situation durant laquelle une rumeur est implantée sans que l'incertitude cognitive ne soit provoquée (toujours dans deux classes) : Rumor = R. De la même manière, ces deux groupes seront appelés R1 et R2.

Phase 1 – La mise sous tension de certains groupes et pas d'autres

Comment l'incertitude cognitive est-elle manipulée ?

Le jour de l'étude, la directrice de l'école entre à 8 h 30 dans quatre des six classes participantes. Dans chacune d'elles, elle interrompt la classe (sur un ton autoritaire et menaçant qui n'appelle pas à la discus-sion) et elle désigne une élève en la pointant du doigt. Elle lui dit fer-mement : « Mademoiselle X, prenez vos affaires avec vous, vos vête-ments, vos livres et suivez-moi. N'oubliez rien car vous ne reviendrez pas aujourd'hui. » Puis, sans un mot de plus, la directrice et l'élève quittent la classe.

Cette situation est absolument sans précédent au sein de l'école. Le personnel de l'école (notamment les enseignants) a reçu comme ins-truction de répondre aux inévitables questions qu'il n'a aucune idée de ce qui se passe.

L'EXPÉRIENCE

© Groupe Eyrolles

---

1. Stanley Schachter et Harvey Burdick, « A field experiment on rumor transmission and distortion », *The Journal of Abnormal and Social Psychology*, vol. 50(3), mai 1955, p. 363-371.

> Les étudiantes choisies dans ces quatre classes ont été volontairement sélectionnées avec des notes moyennes, raisonnablement populaires et n'ayant pas fait l'objet de sanction disciplinaire.
>
> Les enseignants ont pour consigne de noter les questions posées et les élèves qui les ont posées. Il y avait 62 élèves au sein de ces quatre classes. Un total de 198 questions sera posé. Un enseignant n'a pu en garder trace car la moitié de la classe l'a questionné simultanément et il a été submergé. L'essentiel des questions tournait autour de « Que se passe-t-il ? » et « Que va-t-il lui arriver ? ». L'expérience semble être allée plus loin que la création d'une simple incertitude. Une forte dose d'étonnement, de curiosité et de tentatives de recherche informationnelle était présente.

Cet aspect de mise sous tension est déterminant en termes de déclenchement de rumeur. L'entreprise, comme une école, comme un microcosme politique, est un milieu clos. Dans notre volonté de créer des rumeurs, oublier de mettre sous tension risque fort d'aboutir à un échec. Cette mise sous tension est délicate en entreprise et ne peut pas être orchestrée fréquemment. La mise sous tension peut prendre des formes extrêmement variées, à commencer par sa connotation négative ou positive. Exemple : « Vous êtes tous virés dans trois mois » ou au contraire : « L'entreprise a remporté un gigantesque marché et vous allez être tous augmentés. »

Historiquement, la mise sous tension négative, par exemple instiller des sentiments de peur ou de haine, donne de loin de meilleurs résultats. L'identité se fonde volontiers sur la haine. La haine nous permet de nous sentir légitimé dans notre propre misère.

Odi ergo sum[1].

Mais revenons à notre expérience dans l'école.

© Groupe Eyrolles

---

1. « Je hais donc je suis. »

L'EXPÉRIENCE

Phase 2 – Orchestration de la rumeur

La rumeur viendra de deux étudiantes de chacune des quatre classes « mises sous tension ». Juste avant le début de l'expérience, certains professeurs se réunissent à 8 h 15, quelques minutes avant les cours, avec les huit élèves pour discuter des sujets académiques en cours, des programmes à venir, des contrôles, etc. Cela est une procédure routinière. Juste à la fin de la réunion, un enseignant posera cette question : « Ah, au fait, des copies d'examen ont été volées dans la salle des professeurs, savez-vous quelque chose à ce sujet ? » La réunion a été calée juste avant l'arrivée de la directrice dans les salles de classe.

Phase 3 – Collecte des données

Un test sociométrique consiste à évaluer le sentiment d'attraction, de répulsion ou d'indifférence des participants les uns vis-à-vis des autres. Cela permet de déterminer les leaders populaires (ceux choisis par une majorité de membres), les leaders influents (ceux choisis par les leaders populaires) ainsi que les isolés et les parias. Ici, on a cherché à déterminer les affinités entre étudiantes.

Pendant les trois semaines précédant l'expérience, un questionnaire a été posé pour définir avec qui les élèves aiment travailler, s'amuser, sortir, ceci afin de trouver nos « victimes » raisonnablement populaires. Le choix de protagonistes très populaires ou, au contraire, en retrait socialement serait de nature à fausser les résultats car étant peu représentatif de l'échantillon.

La collecte proprement dite s'effectue :

– par les observations des enseignants : comme déjà mentionné, les professeurs devaient garder trace des questions posées ainsi que le nom des auteurs desdites questions ;

– par interviews standardisées : après le déjeuner, à 14 h 00, une équipe de 20 interviewers a investi la cantine – l'idée étant d'interviewer toutes les jeunes filles présentes à la cantine simultanément afin d'éviter que les étudiantes ne parlent entre elles de la nature de l'interview. L'entretien est classique et vise à déterminer ce que les étudiantes ont entendu de la situation, avec qui elles en ont parlé et combien de fois.

La rumeur étant que la jeune fille débarquée du cours par la directrice va être accusée du vol des copies.

Résultats

Condition	Nombre de participantes	% de participantes ayant pris connaissance de la rumeur
CU-R1	18	100
CU-R2	15	100
CU1	18	100
CU2	11	100
R1	18	94
R2	16	100

Dans l'interview standardisée, il est clair que pratiquement tout le monde était informé que la directrice était venue chercher une élève. Même dans le cas de rumeur toute seule, sans mise en tension. Pour ce qui est d'avoir pris connaissance de la rumeur, on ne voit pas clairement de distinction entre les différentes conditions. On peut déduire qu'une communication intense a eu lieu à l'intérieur de chaque classe, mais également entre les différentes classes. La surprise était que presque toutes les élèves en condition R étaient informées du départ forcé de l'élève. Cet étonnement a obligé les sociologues à redéfinir l'expérience.

Dans les conditions CU-R et CU, le fait que tout le monde sans exception soit informé réduit le contexte à une seule condition, c'est-à-dire à un état de forte incertitude cognitive concernant un sujet de forte importance couplé à une rumeur largement répandue.

Les conditions R seront redéfinies par une rumeur concernant un sujet de faible conséquence.

On remarquera que les 62 élèves en conditions CU-R et CU formuleront plus de 200 questions aux professeurs contre 1 seule question en condition R (rumeur seule).

Schachter et Burdick ont également cherché à déterminer le temps passé à discuter de « l'affaire ». En entretien, la question était formulée ainsi : « Pouvez-vous nous dire combien de temps vous avez consacré à parler de cette histoire aujourd'hui ? Essayez de faire une approximation aussi précise que possible. »

Les classes en CU-R et CU estimeront un temps passé de 1 h 40 contre 20 minutes en modalité R.

On voit bien que la dynamique « rumorale » s'accélère considérablement dans un cas de mise en condition.

La surveillance de la vitesse de propagation est le seul moyen pour savoir si la mayonnaise « prend ». Avec une espérance de vie d'un mois comptant un pic à quinze jours, le cycle est court. Depuis l'époque de Stanley Schachter, qui vérifiait la propagation à la main, les moyens de vérifier la diffusion rumorale sont devenus nombreux.

Les logiciels de comptage d'occurrences sont nombreux et beaucoup d'entre eux sont gratuits.

L'EXPÉRIENCE

Au vu de ces résultats et si on les appose à la vitesse de propagation, on peut déduire que les classes en formalité R ont appris l'événement plus tardivement que les classes en contexte CU-R et CU. Les interviews montrent que la plupart des écolières des deux classes en condition R étaient informées à la pause de 10 h 15, tandis que les élèves des quatre autres classes étaient informées à l'heure du déjeuner.

Les interviews ont permis de constater également qu'il y a deux fois plus de transmissions en CU-R et CU qu'en contexte Rumeur seule. On peut déduire sans effort que les conditions CU-R et CU favorisent la communication.

Importance des données sociométriques

De manière peu surprenante, les différentes classes n'ont pas toutes réagi de la même façon. L'événement était plus important pour certaines que pour d'autres. Les affinités y prennent une importance évidente. Le fait que l'expulsée soit proche de certaines élèves plutôt que d'autres est un facteur de propagation. Les élèves qui avaient déclaré une affinité avec la « coupable » sont à l'origine de la propagation de la rumeur vers 3,6 autres élèves contre deux autres élèves pour celles qui n'avaient pas fait ces choix sociométriques.

De manière plus intéressante, la rumeur appelle la rumeur. Les classes pour lesquelles l'événement avait de l'importance sont restées dans cette dynamique et se sont montrées plus réceptives à de nouvelles rumeurs.

Dernières observations

Toute information circulant de manière écrite ou orale subit une déformation due aux investissements psychologiques des individus de la strate sociale que la rumeur traverse. Or, dans le cas de notre expérience, la rumeur n'a subi aucune distorsion : le message de la rumeur a été particulièrement stable.

Cette expérience, si intéressante soit-elle, doit être nuancée. Par son côté dramatique, les doses introduites de surprise et d'excitation ont dépassé le stade de l'incertitude cognitive. On peut raisonnablement supposer que ces facteurs étaient générés par le fait que certaines élèves avaient été directement témoins de la scène d'expulsion. Ce point prédispose à marquer les esprits et à multiplier singulièrement la puissance « rumorale ».

Une telle situation dramatique est parfois reproductible dans l'entreprise, mais ne peut être orchestrée que rarement. Le monde de l'entreprise, en effet, n'est ni un laboratoire ni une éprouvette. En condition d'expérimentation en laboratoire, les protagonistes suivent les instructions de l'expérimentateur. Dans le champ d'application (entreprise ou politique), les acteurs agissent avec beaucoup plus d'initiative.

À conserver donc pour un moment d'exception, une cérémonie particulière durant laquelle les cadres dirigeants penseront jouer leur vie (moment de forte anxiété !), comme lors d'une OPA par exemple. Tout salarié pressent que quand une entreprise de 10 000 employés rachète une autre entreprise de 10 000 employés, la structure résultante ne fera pas 20 000 employés, mais plutôt 12 000 ! Il sait également que l'écrémage se fera essentiellement du côté de l'entreprise rachetée. D'où un bon moment de stress unilatéral parfaitement exploitable pour un lâcher de rumeur. La peur du chômage est LA cause d'anxiété dominante dans le monde du travail, elle est décuplée pendant une opération de rachat.

De plus, il faut que le management acquiesce à une nouvelle approche. Comme la démarche est inhabituelle et donc incomprise, elle est facilement rejetée. Ce phénomène de rejet face à l'incompréhension est très handicapant, car il prive les protagonistes de ce formidable outil qu'est la rumeur. En temps normal, nous ne cherchons pas à tout comprendre ni à tout contrôler ; par exemple, l'ignorance du fonctionnement d'un moteur à explosion n'empêche pas la plupart d'entre nous de se servir d'une voiture (même si cette connaissance s'avérerait utile une fois par an, pour éviter d'avoir une facture salée du garagiste).

En période d'incertitude forte, le besoin de tout comprendre et de tout contrôler est dominant – et peut nous empêcher d'agir.

Pour revenir à l'entreprise et contrairement à l'idée reçue, il y a peu de distance entre un collège de jeunes filles et les mondes carnassiers du politique ou de l'entreprise.

Une bonne claque donnera de meilleurs résultats !

Un des facteurs déterminants pour la propagation de la rumeur reste le besoin d'affiliation des individus, c'est-à-dire le besoin de s'associer et de s'intégrer socialement, et les communications afférentes.

Une situation difficile telle que le chômage, l'échec scolaire, la vie dans une banlieue défavorisée engendre-t-elle un sentiment affiliatif ?

On peut considérer que ce genre de situation est générateur de stress. Et le stress, quant à lui, est générateur d'affiliation. Plusieurs études, dont celle menée par Giacomo et Van Duüren[1] que nous allons étudier à présent, ont montré qu'une situation négative provoquait des sentiments d'impuissance, d'insuffisance ou d'incompétence, également de dévalorisation, d'inadaptation, de honte, d'inquiétude et d'insécurité.

L'étude de Giacomo et Van Duüren formulera une hypoyhèse : montrer qu'un individu faisant l'expérience d'un échec public sera plus enclin à s'affilier qu'un individu confronté au succès.

---

1. Giacomo et Van Duüren, « Degrading situations, affiliation and social dependency », *European Journal of Social Psychology*, vol. 27(5), septembre-octobre 1997, p. 495–510.

Si cela se confirme, l'individu en état d'échec public sera-t-il plus affiliant et donc mieux propageant ?

L'affiliation est dépendante du sentiment de succès ou d'échec

L'EXPÉRIENCE

Pendant que l'on amène le sujet au laboratoire, l'expérimentateur explique qu'un autre volontaire (complice) attend à l'extérieur de la pièce. En arrivant, l'expérimentateur fait rentrer les deux participants dans le laboratoire et explique la première phase du test. Il s'agit d'un test de créativité. Il faut colorier neuf rectangles en utilisant six crayons de différentes couleurs, dans un temps imparti de trois minutes. La seconde phase de test sera expliquée ultérieurement.

Trois minutes plus tard, l'expérimentateur ramasse les copies et les corrige. Il offre un chewing-gum au sujet naïf[1], afin de s'assurer que ce dernier n'initie pas une conversation. En fonction des conditions expérimentales, il formule deux genres de commentaires au participant naïf :

- « C'est excellent, vous avez obtenu un excellent résultat et la disposition des couleurs est parfaite » ;
- « C'est très mauvais, les résultats sont médiocres et la disposition des couleurs catastrophique. »

Puis il se tourne vers le complice et lui dit : « Pour vous, c'est pareil… » ou « Pour vous, au contraire… » Le complice demande ensuite à sortir de la pièce. Une fois qu'il est sorti, l'expérimentateur explique la deuxième phase de test au sujet naïf :

« Pour cette deuxième phase, vous devrez évaluer les dessins d'autres participants – de manière complètement anonyme, rassurez-vous. Vous avez le choix entre le faire tout seul et le faire avec quelqu'un d'autre. Que préférez-vous ? »

On constate qu'un partenaire à qui l'examinateur a fait des compliments sur son travail provoque plus d'affiliation qu'un partenaire en situation d'échec. Plus surprenant, concernant les sujets naïfs en situation d'échec, on s'aperçoit que sa propension affiliative est indépendante de la performance du partenaire. Dans cette étude, le sujet naïf en situation d'échec souhaite poursuivre l'expérience avec un

---

1. Par « sujet naïf », nous entendons individu non informé des finalités de l'expérience et par complice ou comparse, l'individu « de mèche » avec l'expérimentateur.

> partenaire pour réaliser une tâche parfaitement anonyme (évaluer les
> dessins des autres). Les résultats infirment l'hypothèse de départ.

Une personne en situation de succès est plus encline à communiquer qu'une personne en situation d'échec. Le stress en revanche, suivant son dosage, engendre soit le retrait social, soit, au contraire, une multiplication des contacts sociaux.

Il faut donc choisir un moment de stress judicieusement dosé (naturel ou une mise sous tension artificielle) pour notre rumeur.

LE MESSAGE
ET LES PARTICULARISMES CULTURELS

Les rumeurs des uns ne sont pas les rumeurs des autres. Elles ont une forte coloration locale et temporelle.

À chaque époque et à chaque lieu correspondent ses rumeurs. Les rumeurs à consonance sexuelle, par exemple, avaient disparu en France depuis plusieurs décennies. La libéralisation des mœurs des années 1970 et 1980 en est la principale cause : le sexe ne choquait plus, ou choquait moins. Bien sûr, il y avait occasionnellement des rumeurs avec un fondement sexuel telle que l'affaire Baudis/Alègre, mais, globalement, cette famille de rumeurs était en net recul. Il faut attendre l'ère Chirac et le rapprochement, ces dernières années, du pouvoir politique vers le pouvoir religieux[1], pour constater un regain indubitable des rumeurs à volonté moralisatrice (affaire DSK, affaire Tron). Ce rapprochement des deux pouvoirs, qui se fonde davantage sur le calcul électoraliste que sur une quelconque conviction, n'est pas anodin dans une république à caractère laïc.

---

1. Les dignitaires religieux ont en effet été invités à la table de l'exécutif. Plus récemment, nous avons appris que le président de la République était chanoine de Latran. La basilique de Saint-Jean-de-Latran bénéficie du privilège d'extraterritorialité…

© Groupe Eyrolles

On le voit bien : les rumeurs, même s'il existe un fond de sauce récurrent, évoluent avec leur temps.

De la même manière, en fonction des spécificités culturelles du pays dans lequel on souhaite diffuser une rumeur, certaines familles de rumeurs sont à encourager ou à bannir. Par exemple, les rumeurs à fondement religieux et/ou satanique, relativement courantes aux États-Unis, sont rares en France ou en Europe car elles ne prendraient pas. Ce que l'on constate en France, c'est un regain moralisateur de la rumeur et non de la rumeur religieuse *stricto sensu*.

Le rumorocrate tiendra compte de ces évolutions de société et de ces particularismes culturels dans le choix de ces rumeurs.

Dans les années 1980, Procter & Gamble subira une rumeur anthologique. Son logo représente un personnage lunaire, barbu, avec une chevelure bouclée et entouré de 13 étoiles.

Ni une ni deux ! Avec l'aide d'évangélistes imaginatifs, la conclusion fut que Procter & Gamble bénéficiait de financements occultes orchestrés par des sectes sataniques. Son logo montrait les cornes du diable dans les plis de la barbe de l'individu du logo et le chiffre 666, dans la disposition des étoiles (ce qui doit correspondre au chiffre de l'Apocalypse ou à quelque chose d'avoisinant.)

Ce genre de rumeur « croquignolesque » n'a pas d'antécédent dans nos contrées. Nous sommes face à un particularisme américain.

Du neuf avec du vieux

> « *La pensée constituante s'appuie ainsi sur la pensée constituée*
> *pour ranger la nouveauté dans des cadres anciens.* »
>
> Serge Moscovici

Idéalement, le choix de notre rumeur trouvera un ancrage cognitif : il est utile que la rumeur que nous voulons propager « dise quelque chose » à l'auditeur ; mieux encore, que la rumeur appartienne aux éléments centraux d'une représentation sociale. Les chances d'atteindre une forme d'unanimité sociale inconsciente seront plus grandes. C'est aussi la raison pour laquelle l'innovation sera plus à bannir qu'à encourager. Eh oui, la rumeur est conservatrice !

L'idée est que l'auditeur puisse donner du sens à ce qu'il entend. C'est précisément dans les savoirs issus du passé que se définissent les cadres dans lesquels l'expérience du moment prend son sens. Face à une situation inédite, l'individu ne peut pas trouver de référents prototypiques issus du passé : la recherche de sens devient plus difficile. Et la difficulté, on n'aime pas !

C'est la raison pour laquelle ce sont toujours les mêmes rumeurs qui fonctionnent. L'empoisonnement de McDonald's par du rat ou des vers de terre, Coca-Cola qui dérouille un clou dans la nuit, les prélèvements d'organes dans quelques bidonvilles de Calcutta, etc.

La rumeur n'est pas une narration de faits déconnectés les uns des autres. Elle a au contraire pour mission de faire « comprendre » certains faits. Elle doit à la fois générer du sens et fournir un sentiment d'ordre. Elle est une fonction organisatrice, structurante et validatrice. La rumeur est à un carrefour des valeurs, des croyances, du très important système de règles (justice, droit, politesse, morale, etc.), des contes, des légendes et de tout l'univers symbolique.

Dans le cas d'une rumeur répandue en plusieurs étapes, il s'agira de distiller chaque renseignement de manière que chaque révélation rallume le souvenir de la précédente.

Globalement, la rumeur relève du non-familier (mais pas trop), qui simultanément attire et inquiète. Pour s'approprier la rumeur, il faut rentrer dans une logique d'assignation de sens. L'étrange, le surprenant doivent intégrer un archétype de pensée. Il faut relier la rumeur aux savoirs antérieurs de la pensée commune. Dans chaque rumeur repose un stéréotype de pensée nécessaire. Le psychologue Thomas Pettigrew a expliqué que les émotions inhérentes aux stéréotypes se forment dans la toute première enfance ; les croyances validant ces stéréotypes arriveront plus tard.

La force et la beauté des stéréotypes reposent sur le fait qu'ils se confirment eux-mêmes ! Car l'individu, par nature, garde à l'esprit et mémorise tout ce qui confirme le stéréotype et a tendance à évacuer tout ce qui le remet en question.

Les individus sont ainsi constitués, ils ne croient qu'à ce qu'ils savent déjà !

CHOISIR LES BONS INGRÉDIENTS POUR VOTRE RUMEUR

Quelle que soit la méthodologie mise en place pour la propagation de notre rumeur, elle ne vaudra rien si votre rumeur est mal choisie.

Plus le choix de rumeur est bon, moins vous aurez à fournir d'efforts sur la méthodologie. L'inverse est également vrai.

Mais qu'est-ce qu'un bon choix de rumeur ?

Avant toute chose, il importe de trouver dans l'inconscient collectif du groupe un écho issu de l'imaginaire social.

Parmi les composants de la rumeur, plusieurs viennent immédiatement à l'esprit :

- l'implication de l'auditeur. Il faut éveiller sa curiosité, sa peur, sa haine et les différents sentiments « de base » ;
- la carence d'information, qui n'a plus à faire ses preuves pour mener à une bonne propagation. Nous veillerons à ne pas tout divulguer de notre rumeur et à en laisser soigneusement une partie dans l'ombre afin que notre futur propagateur « remplisse les trous » de lui-même, en toute « spontanéité ».

Allons voir de plus près comment mettre en place ces différents éléments.

Une « rumeur négative », c'est presque un pléonasme !

Une rumeur, comme toute information, peut être cadrée soit de manière positive, soit de manière négative.

Voici un exemple de formulation positive : « En faisant ceci ou cela, vous serez mieux informé, mieux à même de faire face à la situation. »

Et la formulation négative de cette même idée : « En ne faisant pas cela, vous serez ignorant et cela va vous coûter cher. »

Les messages à cadrage négatif sont plus persuasifs et donc mieux mémorisés, et c'est particulièrement vrai dans un contexte très impliquant. C'est le cas d'une campagne nationale pour le traitement du cancer du sein par exemple, si l'on veut convaincre les femmes de pratiquer la palpation mammaire dans un but de détection.

Cadrage positif : « Si vous pratiquez un auto-examen, vous apprendrez à distinguer ce qui est normal de ce qui ne l'est pas. »

Cadrage négatif : « Si vous ne pratiquez pas un auto-examen, vous ne pourrez jamais apprendre ce qui est normal et ce qui ne l'est pas. »

L'expérience montre que le cadrage négatif est mieux mémorisé et la palpation mieux pratiquée quatre mois après la fin de l'expérience.

Dans un contexte faiblement impliquant en revanche, c'est le cadrage positif qui prend le dessus sur le cadrage négatif.

Il appartiendra au rumorocrate de déterminer un cadrage positif ou négatif à sa rumeur en fonction du niveau d'implication ou d'éloignement qu'elle représente.

Selon Robert Knapp[1], les rumeurs sont :

* 66 % du registre de la haine : anti-patrons, anti-juifs, anti-communistes, etc. ;

---

1. Robert H. Knapp a été responsable du comité de sécurité publique du Massachusetts à cette période. Expérience réalisée sur un échantillon de 1 089 rumeurs collectées et classées par Knapp pendant la Seconde Guerre mondiale.

- 25 % du registre de la peur : catastrophes, épidémies, attentats, etc. ;
- 2 % sont des rumeurs de bonnes nouvelles ;
- 7 % sont inclassables.

L'homme étant ainsi constitué, il apparaît plus facile de le mobiliser « contre » que de le mobiliser « pour ». Avec neuf rumeurs sur dix relevant de la haine et de la peur, on comprendra qu'il faille s'attarder sur ces deux motivations.

Le principe est simple : si l'on souhaite s'élever en termes d'image, on a deux options :

- soit on fait quelque chose hors du commun qui nous distingue des autres ;
- soit on rabaisse ces derniers.

Encore une fois, tout est question de positionnement du référent. L'affirmation négative de l'autre revient, par comparaison, à une affirmation positive de soi. Rabaisser les autres est beaucoup plus simple que de réaliser quelque chose d'extraordinaire. C'est pourquoi les déterminants positifs sont fragiles en comparaison des déterminants négatifs.

Pour renforcer cette valeur négative, l'emploi des stéréotypes sera utile. La rumeur aplanit les ambiguïtés et classe en catégories fermées : « un politicien véreux », « un jeune voyou », « des médias vendus », « des Roms voleurs » sont autant de renforcements sur lesquels il ne faut pas lésiner pendant l'élaboration de notre rumeur. Les gens doivent correspondre à ce que l'on attend d'eux. De plus, ces processus permettent de faire passer un message idéologique sur lequel on aura fait l'effort d'être en harmonie en fonction du bord idéologique de l'auditoire concerné, cela pour éviter encore une fois la dissonance.

Si vous cherchez un thème à votre rumeur, voici quelques valeurs sûres :

© Groupe Eyrolles

* jouer sur les intérêts du groupe. À utiliser dans des groupes cohérents et homogènes avec large partage de valeurs (et d'intérêts). Cela fonctionne bien avec des réseaux d'anciens élèves, mais aussi auprès de francs-maçons, de rotariens, avec les compagnons du Tastevin et tout groupe ayant les mêmes intérêts politiques, syndicaux, religieux, sportifs, sexuels, etc. ;

* jouer sur la haine de l'autre. À utiliser avec des groupes hétérogènes et disparates. Sur ce point, à propos, beaucoup de rumeurs ont un relent raciste. Si le contexte le permet, le saupoudrage de racisme sur notre rumeur est un bon catalyseur et ne coûte rien. La rumeur n'est pas responsable du racisme, pas plus qu'elle n'est responsable d'inégalité sociale. Elle en est un symptôme tout au plus.

Les exemples de racisme dans les rumeurs sont innombrables : les Chinois du XIIIe arrondissement de Paris qui ne meurent pas, les juifs du World Trade Center évacués au moment du 11 septembre 2001, la rumeur d'Orléans, etc.

La rumeur pour résoudre des conflits

Le conflit interne ou externe génère un déséquilibre psychologique que l'individu essaiera de dénouer par tous les moyens. Si notre rumeur résout cette tension, les chances de propagation sont directement proportionnelles au soulagement qu'elle provoquera.

On distingue :

* les conflits intra-groupes, que l'on peut assimiler aux luttes de pouvoir et aux conflits structurels tels que ceux dus à l'ancienneté ou bien à une distribution inégale des ressources. Exemple : après avoir volontairement (et injustement[1]) favorisé quelqu'un ou un sous-groupe au détriment d'un autre, propagez une rumeur qui justifiera les raisons de cette injustice.

© Groupe Eyrolles

---

1. C'est-à-dire de manière parfaitement arbitraire. C'est une phase de mise sous tension artificielle donc ne pas hésiter à faire dans le capricieux, histoire de bien agacer !

La rumeur qui soulagera le frustré sera orientée vers lui et la rumeur légitimant la décision « injuste » sera orientée vers le favorisé. Succès assuré !

- les conflits inter-groupes : comme le nom l'indique, il faut au moins deux groupes ou communautés culturellement différents. Cette différence peut être de n'importe quelle nature : ethnique, raciale, religieuse, idéologique, etc.

Il faudra trouver une rumeur qui conforte l'individu dans sa croyance inébranlable et définitive. Encore une fois, l'individu ne renonce jamais à ses croyances, il préfère adapter la réalité.

Il y a bien sûr d'autres types de conflits interpersonnels tels que les conflits d'intérêts, identitaires, territoriaux, relationnels, cognitifs, affectifs et culturels. Le principe reste le même en ce qui nous concerne.

Il faut dédier un passage aux idéologues car ils ont une utilité comme tout individu ancré dans ses certitudes. Alors tant qu'à vivre dans l'illusion… Le bord de l'idéologie est sans importance aucune pour nos rumeurs. Que cela soit à gauche, ceux qui croient encore au « grand soir », ou à droite, ceux qui croient aux grands équilibres (déistes car providentiels), présupposant une main invisible, en laissant faire la loi des marchés.

Ceux qui croient dans le « grand soir » sont une espèce largement en voie de disparition[1], mais ceux qui croient aux équilibres célestes de la liberté des marchés sont encore nombreux. Ils sont donc à sélectionner en priorité pour nos rumeurs. Ils sont de toute beauté !

Cette pensée[2] des XVIIIe et XIXe siècles n'est pas morte ou disons plutôt que son cadavre bouge encore. Schématiquement, si vous laissez faire le marché, vous arriverez à la « richesse des nations » et la richesse des nations engendrera « la richesse de tous », c'est-à-dire la

---

1. Exception faite de quelques dinosaures subsistant du côté de Normale Sup.
2. Voir David Ricardo et autres Adam Smith.

richesse de ceux qui la constituent. Seulement, pour y arriver, il faut vraiment, absolument vraiment, laisser faire les marchés, ce qui n'a évidemment jamais été fait.

Ce mode de pensée offre deux avantages majeurs : une attendrissante naïveté et un dogmatisme minéral. Deux atouts en termes de rumeur. Dans tous les cas de figure, la vérité future est dans le passé. On voit l'utilité des idéologues et de leur amour du même passé.

Nous n'oublierons pas la constante de toute idéologie : demain, rasage gratis à tous les étages !

Renoncer à la réalité est plus simple que de renoncer à ses croyances

Les croyances jouent un rôle déterminant dans les rumeurs. On pourra penser que lorsque le réel invalide la théorie, on changera la théorie. Eh bien non, le monde est autre, il vaut mieux changer le réel pour garder l'idéal. Nous sommes face à une réécriture de l'histoire, à la production de légendes et du merveilleux.

Dans leurs travaux sur la dissonance cognitive, Leon Festinger[1] et ses étudiants ont notamment voulu analyser la dissonance des adeptes d'une croyance quand celle-ci est démentie par les faits. Ils se sont appuyés sur un écrit de Clara Endicott Sears intitulé *The Days of Delusion*[2]. C'est l'histoire de William Miller, un fermier de Nouvelle-Angleterre qui, après de nombreuses années d'études de la Bible, avait prédit en 1840 le deuxième passage du Christ sur la terre. Consécutivement, il avait prévu la fin du monde en 1843.

---

1. Festinger, Riecken, Schachter, *When Prophecy Fails : A Social and Psychological Study of a Modern Group That Predicted the Destruction of the World*, Harper & Row, 1956.

2. Clara Endicott Sears, *Days of Delusion : A Strange Bit of History*, Houghton Mifflin Company, 1924.

Quand on ne veut pas y croire

Au début de l'année 1843, William Miller était rejoint par de nombreux adeptes et tous ces gens se préparaient effectivement à la fin du monde, notamment en se débarrassant de leurs biens. La date fatidique arriva mais… point de fin du monde. Or Festinger voulait analyser la dissonance cognitive des adeptes quand les croyances sont cruellement démenties par les faits. Les adeptes ne remirent pas en question leur foi. William Miller refit ses calculs et arriva à la conclusion qu'il s'était trompé. Après révision, la fin du monde était toujours d'actualité, mais prévue pour le 21 mars 1844. Cette date arriva sans que la fin du monde ne se profile à l'horizon. La foi des protagonistes, cependant, n'était toujours pas altérée ; et Miller n'hésita pas à retourner à ses calculs pour constater une nouvelle erreur. Dès lors, c'est bien au 22 octobre 1844 que le ciel leur tomberait sur la tête. C'est finalement à l'échec de cette troisième prophétie que les adeptes commencèrent à avoir des doutes et que la secte se dispersa.

Il serait faux de penser qu'il s'agit d'histoires venues de périodes lointaines et obscurantistes. En l'an 2000, le couturier Paco Rabanne avait également prévu la fin du monde, mais il a eu le bon goût de ne pas refaire ses calculs. Et ces prophéties ne sont pas sans rappeler la fin du monde prévue le 21 décembre 2012 par Nostradamus ou quelque calendrier maya…

Festinger eut par la suite l'occasion d'étudier un cas de la même veine mais, cette fois-ci, en direct live. Avec deux collaborateurs, il infiltra un groupe de personnes qui croyait également à la fin du monde. Nous sommes en septembre 1954. Marian Keech, habitante de la banlieue de Salt Lake City, avait prévu l'engloutissement de toute la ville par un déluge – symbole biblique un peu grossier. Ce déluge devait ensuite rayer l'Amérique de la carte. Elle disait recevoir des messages que sa main écrivait automatiquement. L'origine de ces messages était précise, ils venaient de la planète Clarion[1] et transitaient par des soucoupes volantes.

---

1. Comme les haut-parleurs.

Quand on vous dit qu'on ne veut pas croire, enfin !

L'ANECDOTE

Marian Keech avait prédit la fin du monde pour le 21 décembre 1954. Initialement, les membres du groupe étaient une vingtaine et ils étaient végétariens. Ils ne cherchaient pas à convertir quiconque et étaient discrets. Ils se préparaient en distribuant leurs biens et en dépensant leur argent, comportement fréquent dans ce cas de figure qui représente un moyen de couper les ponts. Par le biais de l'écriture automatique de Marian Keech, ils apprirent qu'une soucoupe volante viendrait les sauver quatre jours avant le déluge, à 16 heures, pour être précis. Ils avaient rendez-vous dans la cour derrière la maison où ils se réunissaient régulièrement. Au moment prévu, ils attendaient tous les bagages à la main. Ne voyant rien venir, un nouveau message leur apprit que le rendez-vous était déplacé à minuit. Ni une ni deux, les adeptes revinrent au milieu de la nuit et en pleine tempête de neige. Au milieu du blizzard, ils scrutaient le ciel. La soucoupe volante se faisant tirer l'oreille, ils décidèrent de renoncer à 3 heures du matin. Leur foi resta entière car après réflexion, ils arrivèrent à la conclusion qu'il devait s'agir d'une phase de préparation pour le moment fatidique, une répétition en quelque sorte. Heureusement qu'il y avait quatre jours entre le moment prévu pour le sauvetage et la mort par noyade des habitants du pays tout entier. Les trois jours qui suivirent furent passés à attendre le message salvateur. Finalement, ce dernier arriva la veille de l'imminente catastrophe. Ce n'était plus la soucoupe volante qui venait aux adeptes, mais un homme qui les emmènerait à l'engin intergalactique. La dernière journée, ils reçurent de nombreux messages qui précisaient la marche à suivre. Les instructions disaient qu'il fallait garder toute cette histoire secrète et se débarrasser des objets métalliques. Finalement, c'est avec soulagement qu'ils reçurent le mot de passe qui leur permettrait d'accéder au salut. De minuit à 5 heures du matin de la journée du 21 décembre, ils attendirent fébrilement la soucoupe – qui leur fit malheureusement faux bond.

Encore une fois, leur croyance resta intacte car, quelques minutes avant 5 heures, Dieu lui-même s'adressa à eux[1]. En effet, Dieu, devant tant de foi et de dévouement, s'était ravisé et avait décidé de ne pas punir les hommes. Il venait de décider de sauver le monde et le déluge n'était plus d'actualité. Nous venions de passer de la fin du monde à sa résurrection grâce au comportement exemplaire d'une poignée de fidèles.

---

1. Ce cas de figure s'est reproduit avec le président G. W. Bush qui parlait à Dieu, à moins que cela ne soit le contraire.

> À partir de ce moment, les croyants qui avaient toujours vécu dans le secret clamèrent leur aventure à la face du monde, ce qui était parfaitement justifié car on ne sauve pas le monde tous les matins. La presse fut convoquée et de déclarations en déclarations, le nombre d'adeptes passa à 200. Du secret, nous sommes passés au prosélytisme.
>
> Festinger tenait un bel exemple de tentative de réduction de la dissonance cognitive. La croyance du groupe était maintenue et ne coûtait rien de plus qu'une réinterprétation des faits : de la fin du monde, on était passé à son sauvetage.

De plus, on avait multiplié le nombre de fidèles par 10 et comme dans toute croyance, plus il y a de croyants, plus la croyance est légitimée. La rumeur ne fait pas autre chose. La prise de décision d'un individu dépend directement du nombre de personnes qui ont pris cette même décision dans son entourage. En psychologie, cette notion porte le nom de preuve sociale.

Le groupe a survécu plusieurs mois avant de se disloquer.

L'EFFET ANXIOGÈNE : LA PEUR, UN INGRÉDIENT INDISPENSABLE À LA DIFFUSION

Un climat anxiogène favorise-t-il ou parasite-t-il la diffusion de la rumeur ?

Déterminer le bon dosage de peur à introduire dans un message

Des études[1] montrent que la peur inhibe la réception du message mais paradoxalement encourage son acceptation. Ainsi, un contexte légèrement effrayant favorise la réception du message, mais entraîne peu d'adhésion de la part de l'auditeur, alors qu'un contexte fortement effrayant

---

1. Notamment celle d'Irving L. Janis et Seymour Feshbach, « Effects of fear-arousing communications », *The Journal of Abnormal and Social Psychology*, vol. 48(1), janvier 1953, p. 78-92.

force l'adhésion mais défavorise la réception initiale. Un contexte faiblement effrayant nuit à la réception et favorise la persuasion.

Le bon dosage de peur à introduire dans sa rumeur réclame réflexion.

Pour creuser la relation entre peur et persuasion, en 1962, les sociologues Janis et Terwilliger ont exposé un message antitabagisme à des groupes de fumeurs. Sur un premier groupe, on a conçu un message faiblement menaçant avec comme conclusion « Éviter, voire arrêter de fumer ». Sur le second, le discours comportait une forte menace (par exemple, « Fumer provoque le cancer ») et était associé à des images traumatisantes. On a demandé ensuite aux sujets de s'exprimer sur leurs perceptions. 79 % des sujets exposés à la forte dissuasion (contre 12 % de ceux exposés à la faiblement) critiquent et refusent les arguments persuasifs.

Sur d'autres expériences comparables, on constate que le taux d'adhérence diminue parallèlement à l'augmentation de la peur.

Les messages induisant une peur modérée auraient donc un pouvoir de persuasion supérieur.

L'approche hédoniste du traitement de l'information : la voie heuristique, la voie centrale

Y a-t-il de la part du propagateur un mode de traitement de l'information favorable à la diffusion de l'information (et des rumeurs) ? Il semblerait bien que oui.

Selon l'état d'esprit de votre interlocuteur, il aura tendance à propager plus ou moins facilement. Il s'agira naturellement de choisir le moment de plus grande réceptivité.

Mais comment le reconnaître ?

Isen[1] en 1987 puis Wegener, Petty et Smith[2] en 1995 ont étudié l'ap-

---

1. A. M. Isen, L. A. Daubman et G. P. Nowicki, « Positive affect facilities creative problem solving », *Journal of Personality and Social Psychology*, vol. 52, 1987, p. 1 122-1 131.

2. D. T. Wegener, R. E. Petty et S. M. Smith, « Positive mood can increase or decrease message scrutiny : The hedonic contingency view of mood and message processing », *Journal of Personality and Social Psychology*, vol. 69, 1995, p. 5-15.

proche hédoniste du traitement de l'information. Nous cherchons tous à conserver un état affectif agréable : dès que nous sommes « bien dans nos baskets », nous évitons d'autres tâches qui pourraient modifier la situation et notre confort et avons peu tendance à nous investir dans une autre activité.

Cette approche pousse l'individu à traiter l'information en surface. On peut comparer cette approche à celle d'un géographe. Approche plus large que profonde. Dans cette logique, notre sens critique est moindre. En psychologie, ce phénomène s'appelle « le traitement heuristique (ou périphérique) de l'information ». Un environnement positif est analysé comme n'appelant que peu de ressources cognitives de notre part.

Par opposition, quelqu'un dans un état émotionnel négatif va s'investir dans le traitement de l'information dans le but de modifier cet état. Il va traiter l'information en profondeur tel un géologue. Le traitement de l'information est en profondeur. Cela est peu propice à notre rumeur. Le processus informationnel analyse et compare avec des représentations déjà acquises antérieurement et appelle une réflexion mentale et une centralisation importantes.

Notre univers est classé comme problématique, voire menaçant. Toutes nos ressources cognitives sont mobilisées et l'information est scrupuleusement analysée et comparée avec des représentations déjà acquises. L'humeur négative amène les individus à traiter l'information de façon plus systématique. En psychologie, cela s'appelle « traiter l'information par voie centrale ». Dès lors, le sens critique est plus aiguisé et l'argumentation devra être mieux construite pour « passer ».

Un contexte très impliquant appellera une approche par voie centrale et un contexte peu impliquant pour le sujet fera appel à une logique périphérique.

Ainsi, une forte peur nous fait traiter l'information par voie centrale et ce sens critique sera néfaste à notre propagation de rumeur. En fait, les choses sont plus complexes et quelquefois contradictoires.

En 1990, Jepson et Chaiken[1] vont démontrer que des individus ayant très peur du cancer seront plus analytiques et donc critiques devant un message anti-tabac que ceux qui n'en ont qu'une peur modérée. Cela corrobore la thèse du traitement de l'information par voie centrale dans des cas de forte peur. Ce traitement est préjudiciable à la diffusion rumorale.

Dans une autre expérience, Gleicher et Petty, en 1992[2], ont exposé des groupes à un contexte de faible peur. Il s'agissait de prendre la décision de créer, ou non, une patrouille de surveillance sur un campus universitaire où avaient eu lieu des délits mineurs. Dans ce contexte peu anxiogène, le traitement de l'information s'est fait par voie centrale et les protagonistes se sont déclarés favorables à la création de la patrouille pour des raisons très argumentées. Cela va à l'encontre de la théorie voulant qu'un contexte peu anxiogène engendre un traitement informationnel par voie heuristique.

Dans la même expérience, le présentateur fait précéder son message de création de patrouille comme une solution « très efficace ». Cet aspect rassurant a fait que les groupes sont passés en mode heuristique avec traitement périphérique de l'information.

Si le présentateur expose sa solution comme « peu efficace », donc peu rassurante, les groupes « repassent » en traitement par voie centrale.

On voit que la peur (ou le manque de) peut augmenter le traitement de l'information par voie centrale et également la réduire.

Examinons les résultats d'une autre expérience. Baron et Logan[3] ont exposé, dans la salle d'attente d'un chirurgien-dentiste, des sujets

---

1. C. Jepson et S. Chaiken, « Chronic issue-specific fear inhibits systematic processing of persuasive communications », *Journal of Social Behavior and Personality*, vol. 5, 1990, p. 61-84.

2. F. Gleicher et R. E. Petty, « Expectations of reassurance influence the nature of fear-stimulated attitude change », *Journal of Experimental Social Psychology*, vol. 28, 1992, p. 86-100.

3. Bethany A. Brunsman, Henrietta L. Logan, Rajesh R. Patil, Robert S. Baron, « The development and validation of the Revised Iowa Dental Control Index (IDCI) », *Personality and Individual Differences*, vol. 34(7), mai 2003, p. 1113-1128

devant subir une opération buccale à un message très anxiogène : une opération lourde et traumatisante avec films à l'appui ; et d'autres à un contexte neutre, c'est-à-dire la simple description de l'opération. Le traitement de l'information en contexte fortement anxiogène se fera par voie centrale sans aucune hésitation.

Ces résultats contredisent l'expérience de création de patrouille sur le campus. En effet, dans cette expérience nous étions dans un traitement de l'information par voie centrale malgré un contexte de faible peur. Seulement, une différence subsiste : la proximité temporelle. Dans un cas, nous parlons d'une opération rebutante qui va avoir lieu immédiatement et, dans l'autre, de contrecarrer des délits sur un campus. En termes d'engagement, la proximité temporelle est beaucoup plus contraignante. « Demain, j'arrête de fumer » n'engage pas de la même façon que « j'arrête de fumer dans six mois ».

Donc, de la peur, oui, mais ce qu'il faut.

Si l'on se réfère aux deux modèles de perception duale : par modèle central (ou systématique) ou bien par modèle heuristique (ou périphérique), la voie centrale semble préjudiciable à la propagation de notre rumeur, car elle fait appel à beaucoup de ressources cognitives et rend l'individu critique vis-à-vis de la rumeur. Dès lors, nous nous efforcerons de favoriser le traitement heuristique.

Comment favoriser ce traitement heuristique ? En rassurant notre chaland. Voilà déjà deux pistes :

- la rumeur doit venir d'un expert, en vertu de la croyance « expertise = fiabilité = passage en mode cognitif bas » ;
- la preuve sociale : plus on est de fous… C'est toujours Gladwell[1] qui dit que la prise de décision d'un individu dépend du nombre de personnes qui ont pris cette même décision dans son entourage. Beaucoup de gens approuvent, donc cela doit être vrai.

© Groupe Eyrolles

---

1. Malcolm Gladwell, *The Tipping Point : How Little Things Can Make a Big Difference*, Findaway World Llc, 2007.

Dans un contexte où les risques d'erreurs sont de peu de conséquences, le processus heuristique domine et ce processus est rapide. Les moyens cognitifs sont bas et l'environnement peu impliquant. Cette situation semble de nature à favoriser une bonne diffusion « rumorale ».

Par opposition, le traitement de l'information par voie centrale est lent et analytique. Dans la réalité, ces deux processus ne sont pas exclusifs et cohabitent.

ABUS DE BONS SENTIMENTS... NE NUIT PAS !

Dans la confection de notre rumeur, si le contexte le permet, nous veillerons à la saupoudrer de bons sentiments. Rappelons-nous la petite fille aux mains coupées par les méchants Allemands. Notre propagateur doit avoir le sentiment de s'investir dans une noble cause et de faire de ce monde de brutes un monde meilleur. La nature de la cause importe peu. Dites-vous bien qu'en propageant cette histoire (ou rumeur), vous sauverez les femmes afghanes lapidées, les sidéens du Darfour ou l'écureuil nain à poil dur de Patagonie. Néanmoins, choisissez un sujet dans l'air du temps, histoire de respecter le point d'ancrage « actualité » que nous allons voir très bientôt.

Souvenons-nous, la larme à l'œil, d'Amy Bruce, petite fille âgée de 7 ans, atteinte d'une maladie orpheline[1] et dont les jours étaient comptés. Nous sommes vers la fin des années 1990. Il s'agissait de collecter des fonds pour permettre de la faire soigner dans une clinique américaine pratiquant des tarifs pharaoniques, appartenant à d'ignobles capitalistes vénaux. Le propagateur, n'écoutant que sa bonté, suggère encore aujourd'hui de participer à une collecte de fonds salvatrice pour la petite Amy. Une douzaine d'années plus tard, Amy a toujours 7 ans. Ainsi, en plus de sauver des vies, la rumeur confère une éternelle jeunesse.

---

1. Quelques variantes de l'histoire décrivent un cancer du poumon, une tumeur du cerveau ou encore une maladie mystérieuse.

Bafouer la vraisemblance est l'un des nombreux aspects de la rumeur. Le mérite par la preuve est sans objet dans notre discours.

LA DISTANCE DE LA RUMEUR :
LOIN DES YEUX, LOIN DU CŒUR

> « La mort d'un homme est une catastrophe,
> la mort d'un million, c'est une statistique. »
>
> Joseph Staline

Pourquoi la mort du chat de la voisine nous affecte-t-elle plus que les 10 000 morts dans un tremblement de terre à l'autre bout de la planète ? D'ailleurs, les médias accorderont deux minutes au journal télévisé sur un meurtre ayant eu lieu en France et dix secondes sur une catastrophe ferroviaire en Asie ayant fait des centaines de victimes.

Nous ne traitons pas l'information de la même façon en fonction de la distance qui nous sépare d'elle.

Les bonnes rumeurs sont celles qui se passent « en bas de chez nous ». Il faut qu'elles nous concernent. La mort est devant vous et vous ne le savez pas. Votre *soft drink* favori est contaminé, votre déodorant vous donnera le cancer du sein, et ainsi de suite.

Malgré l'avènement des technologies de l'information et de la communication, nos choix et nos centres d'intérêt sont de proximité physique. Deux individus voisins ont de fortes chances de devenir amis (ou ennemis). Quand on se marie, on n'épouse pas le/la seule et unique, mais celui ou celle qui nous correspond le mieux dans un rayon de 7 kilomètres. Les mariages ne se célèbrent pas au paradis, mais à la mairie du quartier.

En 1988, a eu lieu un meurtre particulièrement violent à l'université de Pennsylvanie. Rosnow[1] rédigera une étude comparative entre

---

1. Ralph L. Rosnow, « Inside rumor : A personal journey ». *American Psychologist*, vol. 46(5), mai 1991, p. 484-496.

cette université et l'université de Temple, qui servait de groupe de contrôle. De manière peu surprenante, la comparaison des données montrait que deux fois plus de rumeurs (65 %) concernant ce meurtre avaient circulé à l'université de Pennsylvanie que dans celle de Temple (35 %).

La distance nuit à l'empathie et aux rumeurs. Lorsque nous choisirons notre rumeur, nous garderons cette notion de proximité.

LE DOUBLE ANCRAGE : L'ACTUALITÉ ET LA PEUR ANCESTRALE FONT LA PAIRE

À la différence des contes et autres légendes, la rumeur trouve volontiers un point d'ancrage dans l'actualité immédiate. La proximité temporelle couplée à une proximité physique favorisent la mise à feu. Néanmoins, pour mettre toutes les chances de notre côté, il sera judicieux d'associer cette immédiateté et ce voisinage à une peur primale. Chaque groupe, par le biais des croyances qui lui sont propres, partage une mémoire collective spécifique. Lorsque nous lancerons notre rumeur, il sera payant de mixer un ancrage d'actualité et un ancrage de peur anthropologique. Il s'agira d'associer la dynamique de l'inconscient individuel à celle de l'inconscient collectif.

Ce doux et délicat mélange se retrouve dans les fréquentes alertes sanitaires. Par exemple, le mix « alerte au poulet grippé » + « peur de l'empoisonnement » nous donne les ingrédients pour une rumeur à fort taux de succès.

Comment optimiser l'écho de notre message dans l'imaginaire du groupe ?

Une peur ancestrale de derrière les fagots

L'ANECDOTE

Nous sommes en 1934 quand le fabricant de cigarettes Chesterfield va être confronté à une rumeur d'excellence : un lépreux aurait travaillé dans l'usine de fabrication de cigarettes à Richmond en Virginie. La peur de la contamination par un ouvrier lépreux a fait fuir la clientèle très efficacement. Tous les démentis du fabricant (Liggett & Myers) comme ceux des officiels de Richmond n'y ont rien changé. Liggett & Myers a offert la somme de 1 000 dollars à quiconque pouvait apporter une preuve minimale à cette histoire. Très vite, l'usine fut associée à l'arrestation de tous les lépreux traînant dans le pays. Le management de la firme a avoué son impuissance : « Nous n'objectons pas contre une compétition légitime, mais ces attaques lâches n'ont pas leur place dans la vie américaine. »

À cette même époque, comme un bonheur ne vient jamais seul, Liggett & Myers dut faire face à une autre rumeur d'une tout autre dimension : la société aurait contribué à hauteur d'un demi-million de dollars à l'ascension d'Adolf Hitler... À ce stade, s'il existait encore quelques velléités d'acheter des cigarettes Chesterfield, elles venaient de recevoir le coup de grâce.

Saluons la qualité de cette double rumeur, permettant d'évacuer simultanément la peur de la maladie, la haine du nazisme et de l'esclavagisme qui régnait à cette époque dans ce genre d'usine. La peur de la peste trouve un bel écho dans l'imaginaire collectif et cherche un ancrage qui remonte au Moyen Âge. Vous pouvez aisément intervertir la lèpre avec la peste, cela ne changera rien.

Dans le registre des peurs primales, on ne compte plus les plaintes déposées contre McDonald's pour nous avoir fait manger du rat. Encore une fois, parmi toutes les familles de rumeurs, il faut garder une place privilégiée aux alertes sanitaires car elles sont extrêmement populaires, donc efficaces.

Le fait que la rumeur soit sans fondement importe peu. Ce qui compte, c'est la désignation d'un coupable pour soulager notre haine ou notre indignation.

LES REPRÉSENTATIONS SOCIALES

En quoi les représentations sociales influencent-elles nos lancements de rumeurs ?

Jean-Claude Abric définit la représentation sociale comme « une vision fonctionnelle du monde, qui permet à l'individu ou au groupe de donner un sens à ses conduites, et de comprendre la réalité, à travers son propre système de références, donc de s'y adapter, de s'y définir une place[1] ».

Derrière chaque situation, chaque groupe, nous créons un tissu organisé de connaissances ou de croyances cohérentes. Ces croyances, qu'elles soient vraies ou fausses, nous permettent d'appréhender les réalités sociales.

Dans les années 1980, Abric fut l'un des pionniers, avec Denise Jodelet[2], à analyser les représentations sociales. Selon lui, elles sont formées :

- d'un noyau central constitué des éléments qui caractérisent l'objet social. Ces éléments centraux sont stables, organisateurs, structurants et non négociables. Il s'agit de préjugés, de stéréotypes ou d'opinions, éléments constitutifs essentiels de la rumeur ;
- d'éléments périphériques, servant d'ajouts au noyau central. Ils sont de moindre importance, car ils ne structurent pas la représentation. Ils sont négociables et relativement instables – ils mutent en fonction des besoins de la rumeur.

Comment fonctionne la représentation sociale ?

L'hypothèse d'Abric est la suivante : si l'on demande à quelqu'un de mémoriser les caractéristiques d'un objet social, les idées préconçues de cet objet social seront plus faciles à mémoriser que les caractéristiques exceptionnelles que possède cet objet. Lorsqu'on demande à un individu de mémoriser une liste de mots, ils seront plus faciles à

---

1. Jean-Claude Abric, *Méthodes d'étude des représentations sociales*, Érès, 2003.
2. Denise Jodelet, *Les Représentations sociales*, Presses universitaires de France, 1997.

retenir si cette liste est organisée autour d'une représentation sociale
– en cas d'oubli, on peut deviner les mots manquants. On devrait
mieux mémoriser une liste de mots appartenant à un même champ
lexical ; par exemple, pomme, banane, ananas, etc. Inversement, une
liste de mots issus de champs lexicaux différents devrait être plus
difficile à mémoriser ; par exemple : bœuf, voiture, arbre…

Comprendre ce qu'est une représentation sociale permet d'associer
cette représentation aux lieux communs que nous avons tous. Faire
appel à ces associations avec notre rumeur génère une adhésion plus
rapide, plus « naturelle ».

Finalement, tout l'enjeu est de trouver une unanimité sociale inconsciente par rapport à une représentation sociale précise qui correspondra à notre rumeur. Il faudra faire l'effort de déterminer au
mieux cette représentation pour bâtir notre rumeur dessus et que
celle-ci soit facilement appropriable.

Par exemple, nous souhaitons que naisse une rumeur sur la chaîne
de restauration rapide McDonald's. Si nous cherchons la meilleure
représentation sociale de cette chaîne, il y a de fortes chances que
nous trouvions des concepts de restauration industrielle de basse
qualité et de « malbouffe ». Il n'est pas surprenant que parmi les
innombrables rumeurs qui concernent McDo, celles qui dominent
relèvent de l'empoisonnement ou du répulsif (« McDo met des vers
de terre dans ses hamburgers ou nous fait manger du rat »).

Ce travail en amont sur la représentation sociale est à faire quelle que
soit la nature de notre cible. Il ne nécessite pas nécessairement un
gros effort. Parfois, se poser la simple question « quand je pense à tel
politicien, qu'est-ce qui me vient immédiatement à l'esprit ? » peut
suffire. La réponse doit avoir un caractère négatif et doit susciter un
sentiment premier (haine, dégoût, rire, etc.). D'ailleurs, si l'aspect
négatif ne vient pas rapidement à l'esprit, il est probable que la rumeur soit délicate à faire partir. Ce cas est rare : lorsque l'on pense
aux politiciens en effet, en fonction du niveau éducatif de l'auditoire,
la réponse est « tous pourris » ou « tous incompétents ».

Ce qui vient à l'esprit a de fortes chances de relever de la représentation sociale. On pourra alors chercher la confirmation en posant cette même question à notre entourage et au-delà : soit nous obtenons confirmation de cette représentation et les choses se présentent bien, soit la représentation que nous avions diffère de celles des autres. Dans ce cas, il faudra s'orienter sur la représentation sociale commune au plus grand nombre.

Il s'agira de centrer notre rumeur autour d'une représentation sociale la plus clairement identifiable.

NOUS N'AIMONS QUE LES GENS QUI NOUS RESSEMBLENT

Quand l'individu est en quête d'évaluation sur une opinion ou une capacité, il recherche une clarification cognitive. Cette clarification passe nécessairement par une démarche affiliative, c'est-à-dire une volonté à communiquer.

Il existe un nombre incalculable de questions qui ne peuvent pas être clarifiées pragmatiquement dans le monde réel ou par une autorité reconnue. Pour ces questions, la clarification cognitive passe par des contacts sociaux intenses. Cette intensité d'échanges est une formidable base exploitable pour nos rumeurs.

Il existe chez tout le monde un besoin d'affiliation. Ce sentiment sera très précieux en termes de diffusion de rumeur. Cette aspiration n'est pas la même pour chacun d'entre nous et toute la subtilité sera de repérer celles et ceux qui y sont plus sensibles car ils propagent mieux, tout simplement.

L'appartenance à un groupe satisfait deux besoins :

- le premier besoin relève de l'approbation et de la reconnaissance du statut. Il implique une haute visibilité sociale et une identité individuelle claire ;

© Groupe Eyrolles

- le deuxième besoin, à l'opposé, est de se fondre dans la masse. L'individu, à l'intérieur du groupe, n'est plus identifiable. Les psychologues appellent cet état la « dé-individuation ».

La propagation rumorale comble ces deux besoins apparemment antagonistes.

Ce besoin d'affiliation joue notamment lorsque nous nous comparons à nos pairs. L'opinion de quelqu'un n'est évaluable que par rapport à l'opinion de quelqu'un d'autre ; une référence est indispensable et elle doit être relativement proche de nous pour que nous puissions l'utiliser à des fins « évaluatives ».

Nous nous comparons avec les autres seulement si ces autres ne sont pas trop éloignés de nous. En fait, nous nous mesurons avec des individus qui sont d'un statut légèrement supérieur au nôtre. Une référence est indispensable et elle doit être relativement proche de nous pour être exploitable.

Un joueur de tennis du dimanche aura du mal à se comparer avec le champion du monde. En revanche, il apprendra beaucoup des joueurs avec qui il joue régulièrement, particulièrement si ces joueurs lui sont légèrement supérieurs.

Sur le même registre, un Juif n'évaluera pas la justesse de son propos sur le sionisme avec un nationaliste arabe. Plus il y a d'accords possibles sur une opinion, plus le sentiment d'exactitude dominera. Pour emporter l'adhésion, il faut une proximité sociale. C'est la raison pour laquelle nous recevons l'information[1] (et les rumeurs) de nos pairs et pas d'individus éloignés de nos valeurs ni de rangs sociaux trop éloignés du nôtre. Nous n'aimons pas les gens différents de nous. Il en ira de même dans le choix de nos rumeurs : nous ne les choisirons pas trop distantes du système de valeurs de la strate sociale que nous souhaitons intoxiquer.

---

1. Les notions d'information et de rumeur seront traitées de manière indifférenciée car, quoi qu'on en pense, peu de chose les sépare sinon le caractère « officiel ». La rumeur est nécessairement officieuse car rebelle. La rumeur qui devient officielle perd son statut de rumeur pour devenir information.

Le racisme, un mal nécessaire

La haine de l'autre comme facteur favorisant lourdement les rumeurs n'a plus à faire ses preuves. C'est pourquoi nous en mettrons partout où nous le pourrons.

Le processus d'assimilation des informations reflète bien tous les investissements émotionnels du propagateur. Selon les sociologues Allport et Postman, l'information se dégrade en trois phases[1] :

* la réduction, ou processus de simplification et de soulagement de la mémoire. Perte massive de détails. Sur un message contenant initialement 150 détails, 30 disparaîtront à la première transmission, 46 à la seconde pour en garder 36 à la cinquième. À ce niveau, le message se stabilise ;
* l'accentuation : si certains détails disparaissent, d'autres sont exagérés tels que les quantités, les chiffres, les vitesses. Le propagateur ajoute des éléments personnels impactant le discours ;
* l'assimilation : appropriation du discours par le locuteur. Il y met ses valeurs, ses croyances et ses opinions. Tous les stéréotypes flottants lui appartenant se retrouveront dans son récit à cette phase.

| *L'assimilation concrètement, cela donne ça*

L'ANECDOTE

Pendant l'hiver 1967-1968, à Detroit (Michigan), une rumeur est apparue, selon laquelle une mère et son jeune fils faisaient du shopping dans un centre commercial. Le jeune garçon exprima son besoin d'aller aux toilettes et n'en revint pas. La mère demanda le concours du responsable du centre commercial pour aller chercher son fils, et ce dernier fut retrouvé inanimé et baignant dans son sang car il venait d'être castré. Des gens avaient vu un groupe de jeunes sortir des toilettes dans lesquelles le garçon était entré, mais ils étaient sortis avant qu'il ne fût découvert inanimé.

Cette rumeur, qui contient tous les ingrédients d'une légende urbaine, a muté en fonction de l'auditoire. Quand cette rumeur se propageait dans la communauté blanche, les adolescents sortis des toilettes avaient la

---

1. G. W. Allport et L. J. Postman, *The Psychology of Rumor*, Russell & Russell, 1965.

peau noire et quand elle se propageait dans la communauté noire, les jeunes devenaient blancs.

Le racisme est une tradition rumorale et, comme toutes les traditions, il est bon de la respecter. Et face à la méfiance vis-à-vis de l'étranger, le besoin de cohérence ne pèse pas lourd. Après toutes les élections, les cent premiers jours sont généralement considérés comme les plus importants pour évaluer l'efficacité d'une nouvelle administration. Aux États-Unis, beaucoup considéraient l'élection d'un Noir comme peu probable et, selon les dires, cela arriverait « quand les cochons auront des ailes[1] ». Une centaine de jours après les élections de 2008 explosait une épidémie de grippe porcine que l'Organisation mondiale de la santé redoutait de voir dégénérer en pandémie.

L'association « cochons volants-grippe porcine » ne se fit pas attendre, même si elle n'est pas évidente pour tout le monde, et déjà on murmurait la responsabilité d'Obama dans cette sombre affaire sanitaire.

Quelle que soit l'option choisie, la rumeur doit remplir sa fonction et être un facteur de cohésion sociale. De fait, elle désigne invariablement un coupable – sans trop en faire non plus car l'extrémisation du discours se produira d'elle-même.

C'est pourquoi il nous faut un discours simplifié, manichéen et appropriable : les bons et les méchants, les Juifs et les Arabes, les exploiteurs et les exploités, les gentils et les méchants (et de méchants, il ne peut en rester qu'un seul), la France d'en haut et celle d'en bas, eux ou nous.

Les subtilités, on le voit, n'ont rien à faire ici.

---

1. Correspondant à l'expression française : « quand les poules auront des dents ».

Troublante synchronicité

Si les coïncidences existent partout, quand elles sont nombreuses elles deviennent particulièrement favorables aux rumeurs. Ce faisceau de correspondances (appelé « synchronicité ») donne une dimension surnaturelle, voire magique, à certaines rumeurs. Toute rumeur contenant un grand volume de coïncidences aura littéralement des ailes. Que ces coïncidences soient tirées par les cheveux n'a pas d'importance. Ce qui compte, c'est l'aspect féerique et fantastique que cela confère.

Non, ce n'est pas vrai !

L'ANECDOTE

Regardez un peu : les seizième et trente-cinquième présidents des États-Unis, Abraham Lincoln et John Fitzgerald Kennedy, ont des noms qui se suivent alphabétiquement parmi tous les présidents des US. Les noms Lincoln et Kennedy sont composés de 7 lettres. Lincoln a été élu au Congrès en 1846, Kennedy en 1946. Lincoln a été élu président en 1860, Kennedy en 1960. L'homme qui succédera à Lincoln s'appelle Johnson et il est né en 1808 un jeudi. L'homme qui succédera à Kennedy s'appelle Johnson et il est né en 1908 un jeudi. Les épouses des présidents respectifs ont toutes les deux perdu un enfant à la Maison Blanche.

Tremblez car ce n'est pas tout !

Les deux hommes ont été assassinés d'une balle dans la tête. On a tiré sur Lincoln dans un théâtre du nom de Ford et Kennedy a été assassiné dans une voiture modèle Lincoln fabriquée par Ford. Les assassins de Lincoln et de Kennedy ont tous deux été tués par balle avant leur procès.

Effrayant, non ?

La somme de ces coïncidences apporte une dimension paranormale et donne l'impression de quelque chose qui nous dépasse. Si le contexte le permet, toute rumeur ayant ce caractère de synchronicité a toutes les chances d'avoir de beaux jours devant elle.

Il s'agira de ne pas négliger le merveilleux ; il est porteur de rêve et de suggestion, deux alliés pour nos rumeurs.

Nous allons voir dans le prochain chapitre comment propager efficacement.

QU'ON SE LE DISE !

▶ Toutes les conditions idéales pour lancer une rumeur ne seront jamais réunies. On peut quand même s'arranger pour en réunir le maximum – ou les créer.

▶ La première de ces conditions est l'incertitude cognitive : quel que soit le registre sur lequel on souhaite jouer, susciter le déficit d'informations et le besoin de communiquer subséquent est une bonne idée.

▶ Choisir une cible en état de stress moderé, de par sa situation ponctuelle ou ses conditions de vie, a un impact favorable sur la diffusion de la rumeur.

▶ Les rumeurs ont une forte teneur culturelle et évoluent avec leur époque : ce qui choque en 1980 n'est pas ce qui choque en 2010, et le rumorocrate avisé fera bien de suivre l'air du temps.

▶ On ne croit que ce que l'on sait déjà : pour favoriser la crédibilité de sa rumeur, le rumorocrate s'efforcera de l'ancrer dans un contexte familier à sa cible. La rumeur doit lui dire quelque chose.

▶ Plus le choix de rumeur est bon, moins vous aurez à fournir d'efforts sur la méthodologie. Et une bonne rumeur, avant toute chose, trouve un écho dans l'inconscient collectif du groupe.

▶ Les rumeurs véhiculant un message négatif (de peur, de haine…) seront bien plus impactantes que celles véhiculant un message positif. Elles sont d'ailleurs les plus nombreuses : 91 %. L'individu préfère renoncer à la réalité que renoncer à ses croyances : la rumeur devra corroborer des croyances.

▶ Selon l'état d'esprit de votre interlocuteur, il aura tendance à propager plus ou moins facilement. Il s'agira naturellement de choisir le moment de plus grande réceptivité. Il apparaît qu'un état heuristique, traitant l'information globalement sans entrer dans les détails, sera plus enclin à la crédulité et à la propagation.

▶ La prise de décision d'un individu dépend du nombre de personnes qui ont pris cette même décision dans son entourage.

.../...

.../...

▶ Les bonnes rumeurs sont celles qui se passent « en bas de chez nous ». Il faut qu'elles nous concernent.

▶ L'appartenance à un groupe satisfait à la fois le besoin d'approbation et de reconnaissance du statut et celui de se fondre dans la masse. La propagation rumorale comble ces deux besoins apparemment antagonistes mais complémentaires.

▶ La rumeur doit remplir sa fonction de cohésion sociale. De ce fait, elle désigne invariablement un coupable. C'est pourquoi nous emploierons un discours simplifié, manichéen et appropriable.

▶ Enfin, nous ne négligerons pas tous les aspects de coïncidences et de synchronicité.

CHAPITRE 6

L'art de propager une rumeur

*« Un ragot, c'est quand vous entendez dire
du bien de quelqu'un que vous n'aimez pas. »*

Earl Wilson

Les rumeurs sont soumises à un cycle de vie : comme toutes les choses organiques, il y a une phase de naissance, de développement, un point d'acmé, un déclin et une mort. Leur espérance de vie est d'un mois en moyenne. C'est le temps qu'il faut compter pour voir vivre et s'éteindre notre rumeur.

Ready ? Set ? Go !

LE LÂCHER DE RUMEUR

Le point de départ est primordial. Comme toutes les naissances, c'est un moment de grande fragilité. C'est la raison pour laquelle il faut surveiller la mise en route de notre rumeur avec une grande attention, et veiller à ce qu'un maximum de conditions soient remplies dès le départ.

Le contexte d'anxiété, nécessaire au déclenchement

S'il y a un point sur lequel les auteurs s'étant penchés sur le sujet semblent tous d'accord, c'est la relation directe entre le développement des rumeurs et les moments fortement anxiogènes et ce, même si la cause de l'anxiété est sans rapport avec la nature de la rumeur.

Nous utilisons le terme d'anxiété comme une forme d'incertitude cognitive, et lui substituerons indifféremment les termes de peur ou de stress, même si Freud a largement différencié la peur et l'anxiété, la peur ayant une origine précise et identifiée tandis que l'anxiété a une origine diffuse dont la source n'est pas claire. Il s'agira de privilégier ces moments d'anxiété pour les synchroniser avec le déclenchement de nos rumeurs.

Cela ne nous étonnera pas de savoir qu'il n'y a jamais eu autant de rumeurs qu'au moment du 11 septembre 2001. Il était judicieux de synchroniser ce moment d'incertitude cognitive avec celui de la rumeur que nous souhaitons propager : le « rumorocrate » n'a pas tous les jours l'opportunité d'un 11-Septembre ! « Heureusement », ceux qui ont loupé le coche du 11-Septembre ont pu se rabattre depuis sur d'autres motifs d'anxiété : une déclaration de guerre, un tremblement de terre, un tsunami, un poulet grippé, une vache folle, une élection présidentielle, une crise boursière et, plus globalement, n'importe quoi de terrifiant ou de simplement incertain, faute de mieux.

Tous ces événements feront l'affaire pour le timing de notre déclenchement.

Les moments anxiogènes sont de deux natures : ceux qui sont prévisibles et ceux qui ne le sont pas. Nous allons voir comment jouer avec chacun.

Les moments anxiogènes prévisibles

Ils sont rares par rapport aux moments imprévisibles. C'est la raison pour laquelle il faut s'y accorder avec une précision chirurgicale. Il serait coupable de les manquer car il est impossible de les rattraper.

Nous pouvons considérer comme moment anxiogène prévisible toute forme d'échéance. La vie des entreprises, des individus et de toute entité est ponctuée de termes qui détermineront leurs décisions.

Les échéances sont synonymes de prises de décision et donc d'incertitudes.

La prise de décision, apanage du haut management, est moins glorieuse que l'on ne pense. L'essentiel des décisions sont prises dans un contexte de pressions environnementales. En d'autres termes, dans la grande majorité des décisions prises tous les jours, n'importe qui aurait pu prendre les mêmes. La décision stratégique existe, mais elle est rarissime.

Toutes les échéances sont anxiogènes et donc intéressantes en termes de propagation rumorale.

À titre d'exemples :

- au hit-parade de ces situations se trouvent les élections présidentielles. Ces élections ont historiquement une forte source d'incertitude cognitive. Le pays se recroqueville sur lui-même pendant plusieurs semaines et se plonge dans l'immobilisme. En période pré-électorale, le monde se fige, les entreprises ne passent plus de commande et se réfugient derrière un expéditif « on attend le résultat des élections ». Cette appréhension semble caractéristique des présidentielles. Nous tenons là une cause d'anxiété aisément prévisible et efficace que nous garderons à l'esprit, d'autant que le passage en France du mandat présidentiel de sept à cinq ans réduit le temps d'attente entre deux fenêtres de tir ;

- une rumeur apparaît selon laquelle un grand patron va quitter son entreprise car on lui a proposé mieux ailleurs. Si vous voulez connaître sa date de départ, observez l'échéance de la rémunération de ses stock-options et vous saurez quand il s'en ira. Conclusion : la surveillance des échéances ne permet pas de dire s'il va s'en aller, mais permet de déterminer quand ;

- l'instabilité sociale est également prévisible par la surveillance des termes. Surveillez les élections des représentants des grandes centrales syndicales. À l'approche de ces échéances, vous aurez une direction soucieuse de montrer à sa base « qu'elle s'occupe de ses intérêts » comme disent les politiciens, et pour ce faire appellera à la mobilisation générale. Une fin de Ramadan, des températures élevées pour un mois de septembre et les ingrédients seront réunis pour anticiper une agitation sociale.

De façon logique, nous préparerons notre rumeur ou nos salves de rumeurs de manière à les synchroniser avec ces échéances prévisibles. Nous avons des mois ou des années pour le faire : aucune excuse ne sera admise.

Les moments anxiogènes imprévisibles

L'apprentissage se fait par la répétition : il est donc impossible d'anticiper les événements n'ayant jamais eu lieu ni même ceux qui ne se sont produits qu'une seule fois.

Comme repérer un phénomène qui n'apparaît qu'une fois ?

Il n'est pas aisé de faire comprendre la logique d'attente qui précède les moments anxiogènes non prévisibles. L'entité soucieuse de trouver un bénéfice à un déclenchement de rumeur ne perçoit pas facilement qu'il faille attendre un événement dont elle ne connaît rien et qu'elle maîtrise encore moins. On lui dit d'attendre quelque chose dont la constitution, l'essence même ne lui est pas connue. Cette incertitude déstabilise l'entreprise. En fait, peu d'entreprises ou d'hommes publics ont appris à gérer l'incertitude, elle est culturellement inexistante des valeurs familiales, scolaires et professionnelles. Cette précarité n'est pas intégrée dans la culture occidentale. Elle est beaucoup plus présente en Orient.

On imagine mal expliquer à un grand patron du CAC 40 qui souhaite mener une fusion-acquisition par voie d'OPA (et qui voit un intérêt immédiat à LA rumeur qui fera chuter le prix de l'action de la proie) qu'il faut attendre pour la déclencher un événement dont personne ne connaît la nature même.

Comprenons le contexte : les cabinets juridiques sont prêts, les banques d'affaires aussi, l'aval politique est donné, les agences de notation observent, les cadres dirigeants sont chauffés à blanc, l'ego du patron[1] a viré au rouge vermillon depuis longtemps, un éventuel chevalier blanc est en embuscade.

---

1. À ce stade, ce dernier a oublié la fable de la grenouille qui voulait être plus grosse que le bœuf.

© Groupe Eyrolles

Et il faut expliquer la nécessité d'attendre un événement indéterminé pour que notre rumeur fonctionne !

Et pourtant, n'y a-t-il pas de moment plus privilégié qu'un 11 septembre 2001, qu'une vache folle ou autres poulets et cochons grippés, pour lancer une rumeur ? Ou encore une bonne instabilité sociale, le pays paralysé par les grèves, des bruits de bottes à quelques frontières, un krach boursier, etc. Le choix est large, mais il faut attendre le bon moment.

D'ailleurs, ces cabinets et ces banques tiennent toujours un discours lénifiant à leur clientèle, peut-être pour leur donner un apparent sentiment de contrôle. Seulement, il s'avère que les événements les plus importants et ceux qui compteront pour l'avenir sont généralement ceux qui sortent de l'ordinaire et qui étaient imprévus. Il en va des opportunités comme des menaces : la vraie menace est celle que personne n'avait prévue, une menace identifiée n'en est plus complètement une. En tout cas, c'est une menace dont on a déjà limité les dégâts.

Nécessaire modestie des prévisionnistes

Les classes professionnelles qui offrent le plus de résistance à nos rumeurs sont celles qui ont un rôle de prévision de l'avenir. Une crise financière mondiale arrive et nous verrons nos prévisionnistes de la finance arriver avec un modèle mathématique *ad hoc* expliquant tout (toujours *a posteriori* et souvent *a fortiori*). Expliquer une crise financière avec une modélisation sachant que cette crise est inédite et qu'elle a de fortes chances de ne jamais se reproduire relève d'un art de fine agilité. La rareté d'un événement est directement liée au fait qu'il nous soit impossible de le prévoir, mais qui aime les modèles, aime les certitudes.

En termes de psychologie du raisonnement, ce biais cognitif s'appelle « le biais rétrospectif » que l'on peut résumer par un « je le savais depuis le début ». Un événement qui s'est déjà produit sera toujours plus probable qu'*a priori*.

Des études[1] ont montré que les météorologistes faisaient des prévisions plus fiables que celles des analystes de la finance.

Il y a aussi le cas des prophéties autoréalisatrices. Les prévisionnistes prévoient une inflation et les banques centrales anticipent les résultats et contrecarrent cette hypothétique inflation. On ne sait plus vraiment si les agences de notation suivent le marché, ou l'inverse. Une constante, le prévisionniste reste persuadé que sa prochaine prédiction se révélera exacte.

Partant du principe que l'art de la prévision est proche de celui de la divination, le rumorocrate ne s'y attardera pas. Rappelons-le, la cause de l'anxiété nécessaire au déclenchement de nos rumeurs est très souvent sans rapport aucun avec la nature de notre rumeur.

Nous laisserons donc les prophéties aux prophètes, les divinations aux devins et nous nous contenterons de préparer nos rumeurs contentieusement sans investir inutilement dans une boule de cristal.

Le métier de la « rumorcratie » est autre : il tente d'anticiper quelle rumeur « parlera » à l'inconscient social du groupe concerné. Cet aspect du métier, s'il ne relève pas de la divination, procède certainement du ressenti. Sur ce point, comme sur les autres, nous ne sommes pas tous égaux.

Ainsi, pour l'exploitation des moments anxiogènes non prévisibles, notre rumeur (ou notre salve) sera préparée dans l'anticipation du moment opportun.

Patience et clairvoyance : trouver le bon dosage

C'est là que le rumorocrate va devoir faire preuve de patience et de clairvoyance. Ce qui risque de lui arriver de pire est ce qui risque aussi d'arriver à n'importe quel individu prenant une décision : c'est-à-dire agir avant l'heure ou laisser passer l'opportunité. Bref, se tromper de timing. Pour limiter ce risque, nous considérerons chaque

---

1. Cf. Tadeusz Tyzska et Piotr Zielonka, « Expert judgments: financial analysts versus weather forecasters », *Journal of Psychology and Financial Markets*, vol. 3(3), 2002.

déclenchement de rumeur comme un cas particulier et unique. À une situation unique, appliquer des formules ou des recettes serait dangereux.

L'individu en carence informationnelle et/ou anxieux est en déséquilibre. Il fera ce qu'il faut pour retrouver son équilibre. L'état d'anxiété étant considéré comme désagréable, l'individu aura recours à différentes méthodes pour la réduire, et notamment :

- l'approche directe : la réassurance sociale. Nous sommes tour à tour réducteurs et provocateurs d'anxiété les uns pour les autres. Nous nous réconfortons les uns les autres, nous nous réassurons mutuellement et cela nous donne du courage ;
- l'approche indirecte : la diversion qui nous « fait penser à autre chose ». Cela consiste à consommer toute forme de distraction qui nous détourne de nos causes d'anxiété ;
- l'autoévaluation : face au besoin de référence, nous cherchons à savoir ce qu'en pensent « nos voisins », et ce qu'ils ressentent, afin de pouvoir le comparer avec nos idées et nos émotions[1] ;
- la recherche de clarté cognitive, c'est-à-dire la recherche d'informations formelles et informelles, presse écrite, journaux télévisés, concierge, collègues de bureau, rumeurs, etc.

Ces approches ont un aspect intéressant pour la diffusion des rumeurs, car elles requièrent une opportunité de communication avec d'autres.

Notons d'ailleurs que la communication verbale n'est pas seule réductrice d'anxiété, loin s'en faut. Parfois, une tape dans le dos ou un clin d'œil remplit bien mieux cette fonction de valorisation.

Le bien incertain seuil de déclenchement

Existe-t-il un seuil de déclenchement au-delà duquel la rumeur « prendrait » ?

---

1. L'approche directe et l'autoévaluation sont des concepts très proches, ils sont tenus séparés pour des raisons de clarté.

À cette question, la réponse n'est pas arrêtée. Les mathématiciens des sciences sociales ont fait des recherches sur cette notion de seuil critique à partir duquel certaines variables se déclencheraient. Malcolm Gladwell[1] a développé ce point en l'appliquant au buzz marketing.

Pourquoi une mode prend-elle le dessus sur une autre ?

Pourquoi tel marketing viral fonctionnera-t-il plutôt que tel autre ? Peut-on anticiper le seuil de percolation ? Ces seuils sont-ils en fait des progressions (loi de puissance de Pareto) ?

On ne peut nier qu'il y ait des générations plus ou moins spontanées, mais de là à tirer un modèle, il y a un fossé. Et les recettes, aujourd'hui, n'existent pas. Au mieux, on peut mettre tous les ingrédients dans notre chaudron rumoral et touiller.

Pour le moment, il nous faut vivre l'incertitude avec ces propriétés instables. C'est aussi cette instabilité qui donne leur charme aux rumeurs…

La confiance et l'humeur jouent sur nos rumeurs

Quel est le degré d'influence des humeurs des individus sur leur capacité à croire (ou pas) ce que leur raconte un interlocuteur ?

La dimension affective tient une part importante dans nos comportements sociaux. Elle influe aussi bien sur notre façon de penser que sur notre manière de traiter l'information.

La barrière entre les humeurs et les émotions est fine. On peut les distinguer en définissant les émotions comme un état affectif intense, de courte durée et dont le contenu cognitif est fort et clairement identifié. Les humeurs, elles, sont de faible intensité, de nature diffuse avec un état affectif persistant dont la cause n'est pas nécessairement clairement définie.

---

1. Malcolm Gladwell, *The Tipping Point…, op. cit.*

En ce qui concerne la propagation des rumeurs, nous sommes influencés par des biais cognitifs, qui nous rendent plus ou moins crédules.

Parmi les nombreux biais cognitifs[1], l'un d'eux est nommé « biais de vérité ». Ce biais, que l'on pourrait également nommer « crédulité », réduit la capacité à détecter la tromperie et pousse à surestimer le nombre de messages authentiques : c'est notre tendance à juger les messages reçus comme vérités plutôt que comme mensonges. Ce biais est particulièrement présent dans le contexte d'une relation proche ou dans n'importe quelle relation fondée sur la confiance. Quand la personne nous est familière, notre capacité à détecter la tromperie est fortement réduite.

On peut légitimement supposer que le caractère et l'humeur agissent sur le biais de vérité. Les individus très confiants ont plus de mal à discerner la vérité du mensonge – ils sont moins enclins à chercher des signes de falsification. Quant à l'individu de mauvaise humeur, il aura peu tendance à formuler un jugement optimiste et positif s'il est confronté à une situation ambiguë.

Un autre biais cognitif renforce la crédulité, celui de « biais de correspondance ». Ce biais nous conduit à penser que les comportements observés correspondent à des dispositions authentiques. La bonne humeur augmente, et la mauvaise humeur diminue ce biais de correspondance ainsi que la capacité à croire en ce qui est dit.

Le postulat sera donc le suivant : il existe une congruence d'humeur qui influence le degré de confiance de la part des individus confrontés à une communication qui cherche à tromper. Plus spécifiquement, une humeur négative devrait rendre les protagonistes plus sceptiques et plus soupçonneux. Consécutivement, dans une humeur négative induite, les participants devraient être plus perspicaces et clairvoyants dans leur capacité à éviter de se faire leurrer. Logiquement, dans un contexte de bonne humeur induite, les participants devraient se montrer plus crédules et plus enclins à propager.

---

1. Rappel : un biais cognitif est une erreur dans la prise de décision adoptée face à une situation donnée résultant d'une faille dans le traitement des informations disponibles.

En revanche, avec leur capacité de jugement exacerbée, les locuteurs d'humeur négative sont à bannir : ce n'est pas à eux que l'on va s'adresser pour leur raconter la rumeur. Leur scepticisme et leur capacité de discernement seront préjudiciables à notre propagation.

Écoute volontaire ou fortuite

Une information entendue fortuitement a un pouvoir de persuasion plus grand. Berelson a donné deux raisons à ce phénomène : « À ce genre d'exposition, les défenses contre les idées nouvelles seront présumées plus faibles et les préconceptions moins présentes. En finalité, il pourrait y avoir d'autres avantages psychologiques tels que la gratification d'entendre quelque chose qui ne vous était pas initialement destiné. Ce phénomène affaiblit la résistance à la propagande puisque cette propagande ne vous était pas originellement consacrée[1]. »

Une rumeur apprise de manière inattendue aurait donc plus d'impact et aurait plus de chances d'être relayée. Surtout, cette technique aurait l'avantage d'abolir un processus de rejet que les psychologues appellent la « réactance », c'est-à-dire le rejet d'une tentative d'influence. Si une source d'influence cherche à obtenir d'un sujet un comportement donné, la réactance serait l'émission d'un comportement qui va dans le sens opposé à celui que la source tente d'imposer. Hovland, Janis et Kelley iront dans le même sens : « Les conversations entendues dans le métro ou dans tout autre lieu public seraient particulièrement efficaces car dans ces circonstances, il est clair que le locuteur n'a aucune intention de persuader l'auditeur[2]. »

La communication par inadvertance apporterait donc trois aspects dignes d'intérêt :

- de par sa nature « accidentelle », la communication agirait à un moment durant lequel l'auditeur a baissé sa garde ;

1. Bernard Berelson, *Reader in Communication in Public Opinion and Communication*, Glencoe, IllFree Press, 1950, p. 458.
2. C. I. Hovland, I. L. Janis et H. H. Kelley, *Communication et Persuasion*, New Haven, Yale University Press, 1953.

- la communication est plus puissante car l'auditeur n'est pas censé l'écouter ;
- l'émetteur ne peut être perçu dans sa tentative d'influence.

Dans un contexte de propagation de rumeurs, la diffusion de manière « fortuite » est un atout sensible. Elle peut être facilement envisagée : tout endroit public ou semi-privé fera l'affaire. Mais que ce soit en passant par la cantine, la cafétéria, le métro, un simple bout de papier négligemment oublié sur un coin de bureau ou un mail aiguillé vers un mauvais destinataire, une certaine dose de finesse est requise pour cet exercice.

Le choix de la source

Le choix du locuteur initial et la manière dont il va s'exprimer revêtent une importance certaine, et ce sont ces différents points que nous allons aborder.

Privilégier les stéréotypes !

Les services que peuvent rendre les stéréotypes sont immenses. Ils sont à utiliser dès que le contexte le permettra.

Nous serons par exemple avisés de choisir une source correspondant à un stéréotype[1]. Le traitement de l'information fondé sur les stéréotypes permet en effet d'aboutir à un jugement plus rapide que les jugements fondés sur les informations individuelles. Cela ne veut pas dire que les jugements reposant sur les informations individuelles ne sont pas influents, ils sont simplement plus lents car l'individu doit être attentif et motivé pour y faire appel.

Lorsque nous recevons une information, nous cherchons systématiquement et automatiquement à savoir à quel stéréotype appartient le locuteur. Ce modèle de continuum s'explique ainsi : face à une

---

1. Stéréotype : lien qui établit l'appartenance à un groupe donné et à la possession de certaines caractéristiques. Exemples : les hommes politiques sont des crapules, les femmes sont romantiques, les Espagnols sont des gens fiers, etc.

source qui donne une information, l'individu se forge une première impression en accord avec sa classe d'appartenance. Si les informations dont il dispose confortent cette impression, il y a confirmation de l'impression et le processus de formation d'impression s'arrête là (c'est précisément ce que nous recherchons en termes de diffusion de rumeur). S'il n'y a pas de congruence entre l'impression initiale et les informations disponibles, il y a recatégorisation à un niveau inférieur. Par exemple, si je trouve ma boulangère en train de lire une revue sur les mathématiques quantiques, je risque de la regarder différemment la prochaine fois que j'irai acheter une baguette.

S'il y a incohérence entre l'impression catégorielle et les informations disponibles alentour, l'individu va chercher des informations de plus en plus individualisantes, sinon il s'en tiendra à sa première impression correspondant au stéréotype.

Nous nous simplifierons considérablement l'existence en termes de diffusion rumorale en présentant à nos futurs propagateurs un pré-codage identifiable sans effort majeur, n'appelant pas à une réflexion particulière.

Activer un stéréotype peut déclencher un mode de pensée mais également des comportements. Cela peut même augmenter les capacités intellectuelles. En 1998, l'expérience intitulée « Comment gagner au Trivial Pursuit[1] » est à cet égard révélatrice. Dans un premier temps, on a demandé aux participants de décrire soit la journée typique d'un professeur (stéréotype associé au concept d'intelligence), soit de décrire la journée typique d'un hooligan (stéréotype associé au concept de bêtise). Ensuite, les expérimentateurs ont demandé aux participants de répondre à une soixantaine de questions de culture générale issues du jeu Trivial Pursuit. Les performances des individus dont on a activé le concept d'intelligence seront nettement supérieures.

---

1. A. Dijksterhuis et A. Van Knippenberg, « The relation between perception and behavior, or how to win a game of Trivial Pursuit », *Journal of Personality and Social Psychology*, vol. 74, 1988, p. 865-877.

Vous voyez que notre recherche sur la rumeur peut nous emmener loin…

La crédibilité de la source

De manière logique, la crédibilité de la source sera un point important, en raison de son pouvoir de persuasion.

La crédibilité repose sur trois aspects :

- la compétence de la source. Son statut social, sa profession, son expertise, sa compréhension de la question relative à la rumeur sont des facteurs d'impact sur le receveur de la rumeur. Nous choisirons une source reconnue pour sa notoriété. S'en remettre à l'expertise de la source consiste à mettre l'auditeur en approche heuristique de l'information. Il se met en mode d'économie cognitive et se dit que les experts sont dignes de confiance. Le poids de l'argumentation impactera moins… Le choix d'une source experte mettra l'auditeur en traitement de l'information heuristique : « Je peux faire confiance donc je me mets en approche cognitive minimale » (autrement dit, je ne me foule pas à réfléchir) ;

- l'honnêteté perçue de la source. Ce point, très largement négligé dans le choix de la source, est une caractéristique plus importante que la compétence elle-même. À ce titre, une source affichant un message contraire à ses propres intérêts ou en opposition aux croyances de son auditoire aura une capacité d'influence nettement plus grande qu'une source défendant ses intérêts. Également, une source cherchant à tout prix à persuader sera moins influente qu'une source perçue comme objective. On comprend la difficulté du politique…

- l'autorité de la source. Cette autorité génère une crédibilité facile à comprendre.

L'homme qui grandit à la vitesse de son titre

L'EXPÉRIENCE

Aux États-Unis, dans une série de classes d'élèves, un individu est présenté comme un étudiant, dans une autre comme préparateur des cours du professeur, dans une autre encore lecteur des cours, dans une quatrième comme assistant du professeur, dans une cinquième comme un professeur titulaire[1]. Dans chaque classe, on demandera à l'auditoire d'évaluer la taille de l'individu.

L'individu grandissait aux yeux des élèves de 1 à 2 centimètres par classe, c'est-à-dire qu'en tant que professeur titulaire, il avait 8 centimètres de plus qu'en tant qu'étudiant.

Un autre exemple pour illustrer le propos : nous sommes le vendredi 9 janvier 2004. Une rumeur apparaît selon laquelle le saumon d'élevage européen serait plus cancérigène que le saumon sauvage américain. Cette étude, commandée par le Pew Charitable Trusts (PCT), est parue dans le journal *Science* dont le propriétaire est l'AASS, le plus grand éditeur scientifique mondial. Cette « information » sera relayée immédiatement par le journal *Nature*. Ainsi, les deux plus grands journaux scientifiques du monde ont relayé simultanément une étude qui a coûté 1 500 000 dollars à un lobbyiste reconnu. Conséquence : une chute de 50 % dans la production de saumon de certains pays producteurs européens. On constate que si la rumeur est généralement peu coûteuse, il y a des exceptions.

Étonnamment, on trouvait à l'époque au comité d'administration de PCT, des hommes politiques d'Anchorage dont l'électorat dépendait lourdement de la pêche au saumon sauvage.

Le choix de cette source par rapport à son autorité coule de source.

Pouvoir de la source

Les sources de pouvoir ont un fort impact sur l'opinion publique de la cible. Votre capacité de nuisance est un facteur déterminant en termes d'écoute. Cela n'est pas un scoop !

© Groupe Eyrolles

---

1. Cette hiérarchie académique est celle des États-Unis.

Heilman[1] a montré qu'une source faisant preuve d'une capacité à punir toutes réponses déviantes et non conformes à la cible était perçue comme influente.

Dion et Stein[2] ont démontré qu'un homme a plus d'influence qu'une femme sur l'opinion des hommes, et également celle des femmes. Ce constat est dû au fait que les hommes, historiquement, noyautent les postes à haute responsabilité.

L'hypothèse de Terman[3] d'une influençabilité supérieure chez les femmes que chez les hommes a d'ailleurs été validée.

La beauté est également un élément sur la capacité d'influence. On voit ainsi que la beauté d'une femme accroît son impact sur les opinions masculines quand ils sont peu stressés. Modérément surprenant.

Attractivité de la source

L'attractivité de la source repose sur trois facteurs : la familiarité, la similarité et l'aspect sympathique.

La familiarité

Par nature, l'homme n'aime pas ce qu'il ne connaît pas et la nouveauté est source de méfiance.

Dans la mesure du possible, pour lancer notre rumeur, nous choisirons une source avec laquelle l'auditoire est familier et surtout un genre de rumeur qui a déjà fonctionné.

La similarité

Le sentiment d'appartenance est présent dans bon nombre de techniques, notamment dans la programmation neuro-linguistique (PNL), et ses techniques de miroir verbal et non verbal. N'importe

---

1. Madeline E. Heilman, « Oppositional behavior as a function of influence attempt intensity and retaliation threat », *Journal of Personality and Social Psychology*, vol. 33(5), mai 1976, p. 574-578.
2. K. K. Dion et S. Stein. Physical attractiveness and interpersonal influence », *Journal of Experimental Social Psychology*, vol. 14, 1978, p. 97-108.
3. L. M. Terman et C. C. Miles, *Sex and Personality*, New York, McGraw-Hill, 1936.

quel bon commercial joue sur cette fibre. Le concessionnaire de voitures sait qu'il ne faut pas s'adresser de la même manière à tous les clients et qu'il faut composer avec les différents niveaux sociaux, éducatifs et avec leurs préférences. La vente en dépend. Une source similaire à la cible a plus d'impact persuasif qu'une source différente de la cible. Nous n'aimons que les gens « comme nous » et nous choisirons notre source de rumeur en conséquence.

L'aspect sympathique

Une source a plus d'impact persuasif si elle est agréable et sympathique. Cela est particulièrement vérifié quand la source défend une position indésirable.

Consécutivement, nous veillerons à trouver ces trois aspects d'attractivité, de similarité et de sympathie dans le choix de notre source.

Il faudra comprendre le principe de propagation de la rumeur et le partage social qui va avec.

Certains paramètres comme la confidentialité de notre rumeur, la gamme d'âge, le niveau éducatif de notre cible et le processus de partage social (primaire, secondaire et tertiaire) seront des aspects analysés.

LA PROPAGATION : RANDONNÉE EN TERRAIN MINÉ

Il s'agit maintenant de considérer l'aspect confidentiel de la prise de connaissance de la rumeur et du partage social dont elle va faire l'objet.

Confidentialité et partage social

Bernard Rimé[1] a fait ce constat en étant témoin d'un accident sur la voie publique. À d'autres époques, assister à un accident violent dans

© Groupe Eyrolles

---

1. Bernard Rimé, *Le Partage social des émotions*, Presses universitaires de France, 2005.

la rue était un prétexte à communiquer entre les témoins de la scène. Aujourd'hui, chaque témoin pianote sur son téléphone mobile pour appeler l'individu le plus proche et commence la conversation ainsi : « Tu ne devineras jamais ce que je viens de voir… »

C'est vers le cercle intime que nous propageons le plus volontiers. Or, cette intimité et la représentation sociale qui vont avec sous-tendent une confidentialité. C'est la raison pour laquelle il y a souvent dans la rumeur un aspect discret voire secret, teinté de « Ne le dites à personne ». Cette approche est contradictoire avec la notion de rumeur qui, par essence, doit être dite à tout le monde !

┃ *Surtout ne le dites à personne !*

L'EXPÉRIENCE

Petronio et Bantz[1] ont distribué à 400 étudiants une variété de scénarios à caractère confidentiel. Trois niveaux de confidentialité sont établis : faiblement – moyennement – fortement confidentiel. Certains étudiants sont placés comme émetteurs du scénario et d'autres comme récepteurs. Dans certains cas, l'expérimentateur fait la recommandation explicite du caractère confidentiel et dans d'autres cette recommandation n'est pas faite :

- placés comme émetteurs, 30 % des participants s'attendaient à ce que la confidentialité de leurs scénarios ne soit pas respectée et ce, quel que soit le niveau de confidentialité attribué par l'expérimentateur ;
- pour les récepteurs, ils étaient 43 % à ne pas compter respecter la confidentialité de ce qu'ils entendaient dans un contexte de scénario hautement confidentiel. Ce chiffre passe à 46 % dans un contexte moyennement confidentiel et à 25 % dans un cas de consigne faiblement confidentielle.

Différentes expériences de ce type ont eu lieu et en fait, le taux de violation de la confidentialité obtenu est nettement plus élevé que les attentes des protagonistes car il oscillait entre 60 et 75 %. Plus on insiste sur le caractère confidentiel et plus les participants violent le secret.

---

1. S. Petronio et C. Bantz, « Controlling the ramification of disclosure : "Don't tell anyone but…" », *Journal of Language and Social Psychology*, vol. 10, 1991, p. 263-269.

Il s'agit donc d'entretenir ce secret dans nos rumeurs pour provoquer un bon taux de diffusion. Nous garderons à l'esprit ce comportement de l'auditeur inversement proportionnel à la consigne de se taire. Surtout, nous allons insister sur le fait qu'il est important « que cela reste entre vous et moi ». Ainsi, nous augmentons les chances que notre rumeur ait de beaux jours devant elle.

À qui en avez-vous parlé en premier ?

Lorsqu'une personne a vent d'une rumeur qui la bouleverse, vers qui va-t-elle se tourner en priorité pour en parler ?

Les variables d'âge et de sexe impactent très fortement la réponse à cette question.

L'étude intitulée « À qui en avez-vous parlé en premier lieu ?[1] » montre l'influence de l'âge dans le partage social dans un contexte émotionnel.

Chez les adolescents, les échanges sont pour les deux tiers d'ordre familial, aussi bien pour les jeunes filles que pour les garçons. Le tiers restant est polarisé vers les amis.

Chez les jeunes adultes, la distribution est beaucoup plus équilibrée. Les hommes se détournent de la famille pour s'orienter vers le partenaire intime. Les amis comme partage social représentent sensiblement la même proportion que chez les adolescents.

C'est dans cette gamme d'âge que la différence entre les sexes apparaît.

C'est dans la classe d'âge des 40-60 ans que la différence entre les sexes est la plus présente. L'équilibre des trois tiers caractéristiques des jeunes adultes disparaît pour aboutir à des résultats inverses des adolescents. Soulignons que l'adolescent (12 à 17 ans) n'est pas nécessairement en couple.

On passe donc d'une prépondérance de la famille dans les jeunes

---

1. Bernard Rimé, *Le Partage social des émotions*, op. cit.

années à une domination du compagnon ou de la compagne pour les années de maturité. Cette caractéristique, valable pour les deux sexes, est encore plus marquée chez les hommes. La rumeur, comme tout partage social, est multidimensionnelle et répétitive, sans être exclusive. En parler à sa/son compagne/compagnon n'interdit pas d'en parler aussi à sa famille et à ses amis ; ainsi le message se propage-t-il dans des directions différentes.

De cette étude concernant l'influence de l'âge sur la diffusion sociale ressortent plusieurs faits remarquables :

- l'influence de la famille s'estompe lors du passage de l'adolescence à l'âge adulte ;
- cette influence décroît davantage chez les hommes. Pour les femmes, ce lien est entretenu par leurs enfants ;
- plus l'homme avance en âge et plus son réseau social s'appauvrit, alors que celui de la femme reste varié. Le partage social de l'homme vieillissant est dominé par la compagne ; pourtant, à la question « À combien de reprises en avez-vous parlé ? », il n'y a aucune différence entre les hommes et les femmes. Ces résultats tendent à montrer que les hommes parlent du même moment émotionnel de manière itérative à leur compagne.

Ce dernier point renforce le vieux cliché qui incite à privilégier les femmes pour notre propagation rumorale. Ce stéréotype se vérifie notamment pour des adultes d'âge mûr : la richesse du réseau social féminin à ce stade de la vie devient un atout exploitable.

Établir notre cible de diffusion en tenant compte du sexe et de l'âge aura donc son importance. Nous adapterons la cible en fonction de la nature émotionnelle de notre rumeur et les individus à qui cette dernière est plus spécifiquement destinée.

L'évocation d'une émotion passée

Ce qui va déclencher la rumeur, c'est souvent la conjonction de deux éléments : la ré-évocation d'une émotion passant par l'intermédiaire d'un langage socialement partagé – le rappel autobiographique – et la présence d'un partenaire vers qui cette ré-évocation est orientée.

| *Le taux de propagation*[1]

L'EXPÉRIENCE

On demande à 913 participants âgés de 12 à 72 ans de se remémorer une expérience émotionnelle de colère, de joie ou de peur, et de la décrire en détail. Ensuite, ils remplissent un questionnaire descriptif de la diffusion de cette émotion. À la question « Avez-vous parlé de cette expérience à quelqu'un ? », le taux de partage social, c'est-à-dire le ratio de gens qui vont parler de cette expérience à quelqu'un, est particulièrement élevé puisqu'il oscille entre 88 et 96 %. Ces résultats conduisent à penser que la diffusion d'une émotion est la conséquence directe de son ressenti, peut-être même une composante.

Les participants devaient ensuite répondre à la question « Si vous en avez parlé, combien de temps après l'événement était-ce ? », ceci afin de mesurer le temps écoulé entre l'expérience émotionnelle et la diffusion. Les réponses possibles étaient : « le jour même », « la même semaine », « le même mois », « plus tard ». La diffusion de l'émotion a eu lieu le jour même dans 60 % des cas. Ce chiffre se retrouvera dans bon nombre d'expériences similaires.

Ensuite, à la question « Combien de fois avez-vous parlé de ce moment émotionnel ? », avec comme réponses possibles « à une seule reprise », « à plusieurs reprises », « à de nombreuses reprises », la réponse dominante sera de 62 à 84 % pour le choix « à plusieurs reprises ».

Cette expérience montre également que les aînés propagent plus fréquemment et dans des délais plus courts que leurs cadets. Ce résultat est surprenant, car on aurait pu penser que les gens plus âgés auraient un comportement plus détaché vis-à-vis de l'émotion.

De la propagation primaire et secondaire

Lors d'événements à fort contenu émotionnel (comme la mort d'un patient en soins intensifs, dans le contexte d'un service d'hôpital

---

1. *Idem.*

comprenant 133 infirmiers et aides soignants[1]), on a constaté des taux de partage globaux de 97 % et des taux de partage effectué le jour même de 86 % ; un tiers de ces partages ont lieu dans l'heure même.

Voilà des vitesses de propagation devant lesquelles l'entreprise ou la personne concernée par la rumeur ne peuvent rien et ce, quelle que soit la compétence de ses gestionnaires de crise.

Quand un auditeur prend connaissance d'une rumeur, il intègre *de facto* le voltage émotif qui va avec. Le simple fait d'en prendre connaissance lui fait ressentir également cette émotion. Ce ressenti le poussera à verbaliser son émotion et à propager la rumeur. Il passe du statut d'auditeur à celui de locuteur. C'est ce que Rimé appelle le partage social secondaire de l'émotion ; et l'on ne sera pas surpris d'apprendre que la fréquence du partage social secondaire est directement liée à l'intensité émotive initiée au moment de l'écoute primaire. En moyenne, la propagation secondaire se fait trois ou quatre fois avec trois ou quatre personnes différentes et croît linéairement avec l'intensité de l'émotion primaire.

D'après les études réalisées sur cet aspect de la diffusion, il est fréquent d'obtenir des propagations de l'ordre de 80 à 90 % de partage secondaire. Ce partage secondaire a généralement lieu le jour même et s'adresse à deux ou trois cibles.

Et le partage tertiaire ? Si un individu X ressent une forte émotion après avoir entendu une rumeur, on sait qu'il aura tendance à diffuser cette rumeur vers un individu Y. On peut anticiper que Y va également en parler à Z. Une simple étude sur les sources permet de constater que nous sommes dans un mode de communication de proche en proche. Dans 92 % des cas, Y est un proche de Z. Dans 84 % des cas, la personne X avec qui Y avait partagé cette émotion avec Z est un proche de Y.

Bernard Rimé s'est posé la question de savoir si Z a lui-même diffusé autour de lui : en d'autres termes, le partage tertiaire a-t-il eu lieu ? En fait, cette diffusion tertiaire a eu lieu dans 64 % des cas. En

---

1. *Idem.*

moyenne, les destinataires de la première propagation entreront en propagation secondaire vers trois ou quatre cibles. Un tiers d'entre eux entreront en partage secondaire de la rumeur dans l'heure qui suivra le partage primaire[1].

Ces taux de diffusion élevés montrent la bonne santé de notre rumeur.

Initiation et cibles éduquées

Pour revenir aux idées reçues, nous avons pour habitude de penser que la rumeur est l'apanage des gens modestes. La concierge serait le vecteur le plus efficace… Or il n'en est rien. C'est même l'inverse : plus les gens sont éduqués, mieux ils propagent.

**Taux de pénétration de rumeur
en fonction du niveau socioprofessionnel**

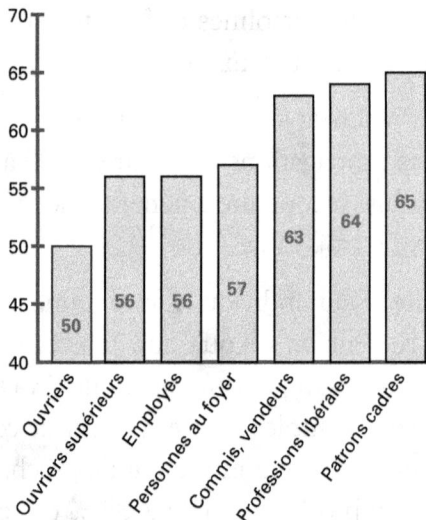

Source : F. H. Allport. et M. Lepkin : « Wartime rumors of waste and special privilege : why some people believe them », *Journal of Adnormal and Social Psychology*, 1945.

En abscisses, le taux de pénétration de la rumeur. En ordonnées, la classification socioprofessionnelle.

---

1. *Idem.*

Nous avons donc un taux de pénétration de 15 % supérieur dans les classes sociales tertiairement éduquées. Parmi les meilleurs propagateurs, nous trouvons les docteurs (en médecine et autres, c'est-à-dire les détenteurs d'un doctorat) et surtout les réseaux de grandes écoles, toutes écoles confondues.

À privilégier donc, des cibles issues des écoles de classe A, B ou C – les écoles d'ingénieurs[1]. Bien évidemment, les commerciaux ne sont pas en reste et nous garderons en mémoire les diplômés de l'Essec, HEC et autre ESCP. Nous serons d'autant plus attentifs aux commerciaux qu'ils sont très présents dans le management. Dans le monde de l'administration, les énarques et les inspecteurs des finances ne seront pas à négliger bien qu'ils soient passés de mode. Si d'aventure, la mode des avocats apparaissait dans le monde politique, notre rumorocrate s'adapterait…

L'intérêt de ces diplômés en termes rumoraux est qu'ils partagent une logique, voire un formatage commun. L'équation est simple :

partage de valeurs + uniformité de réflexion =
vous-donnez-toutes-ses-chances-à-votre-rumeur.

Le sentiment d'appartenance et la grégarité sont des valeurs sûres en termes de diffusion. De plus, certaines professions sont noyautées par les diplômés de certaines écoles – par exemple, les centraliens sont très présents dans le monde de la finance.

Les explications étayant ce phénomène sont nombreuses. L'une d'entre elles consisterait à penser que les individus supérieurement éduqués ont développé une méfiance vis-à-vis du discours officiel, les poussant à s'alimenter par leurs propres réseaux d'information, ce qui les conduirait de fait à plus propager. Pour en revenir à notre concierge, elle n'est pas forcement crédible aux yeux d'un médecin ou d'un avocat. Seule l'information que je reçois de mes pairs a une forte valeur ajoutée. Nous sommes ici pour nous conforter les uns les autres.

---

1. La classe A regroupe l'X, Centrale Paris, Ponts, Sup Aéro, Supélec, etc. Pour la classe B, nous parlons des Ensi, tels que l'Ensam et pour la classe C, les ENI, écoles universitaires, etc.

Tout groupe exposant un partage de valeurs communes et/ou chez qui l'on pourra apercevoir un processus de dé-individuation sera à privilégier pour notre propagation de rumeur. Certains sont discrets (les francs-maçons), d'autres le sont moins (les supporters des clubs de football). Les francs-maçons privilégient le rituel sur la compréhension : un lieu clos, le temple maçonnique, additionné d'habillement particulier (les décors) sont autant de signes d'engagement du soi collectif. Dans le cas des supporters, l'adhésion à un groupe avec des codes vestimentaires apparents relève de la même logique – de même que les écoles et les professions « à uniforme ». Le décryptage par l'habillement est très pratique : il se voit tout de suite et n'appelle à aucune analyse !

Ce mimétisme a été analysé notamment par les zoopsychologues ; il est très présent chez les sauterelles et les criquets. En effet, selon que l'insecte vit isolément ou en groupe, il développera des caractéristiques physiologiques et physiques différentes. On observe un « effet de groupe » pendant lequel l'insecte vivant isolément ou en groupe développera des changements de couleur, de taille et de forme de certains organes. Les criquets migrateurs (acridiens) sont verdâtres quand ils sont seuls et deviennent noirs et rouges en groupe. Des effets comparables peuvent être observés chez des humains qui développent également des signes extérieurs de ressemblance : habillement (jean sur les fesses), langage (argot), toilette (coupe de cheveux), etc.

Dans le monde de la finance, la loi du caméléon impose un costume gris anthracite et une cravate rouge. Cette cravate rouge devient simultanément identitaire et facteur d'intégration. Les opérateurs des salles des marchés sont dispensés de cravate car ils ne sont pas en contact avec la clientèle ; mais les responsables des lignes métiers telles que fusions-acquisitions, *coverage* (couverture client), *equity capital market* (marchés des capitaux), devront porter une cravate. Les règles sont précises et une mauvaise interprétation du code peut être fatale. Porter des chaussures marron fera de vous un sujet de rigolade et on risque de vous demander pourquoi vous voulez partir à la campagne un mardi. Le *dress code* ne doit jamais être outrancier mais soigné sans jamais être m'as-tu-vu. Les voitures bling-bling sont mal vues, mais les montres à 30 000 euros sont très bien perçues. Si les hommes ont droit au rouge, cette frivolité est interdite aux femmes. Elles ont droit au chemisier blanc, à jabot de préférence car le décolleté ou toute manifestation de leur féminité est interdite. Le tailleur ou le costume noir est incontournable car considéré comme seule preuve de compétence et de professionnalisme. Mesdames, ne défaites jamais votre chignon dans ce milieu-là car votre carrière risque de s'arrêter brutalement.

Un sentiment d'appartenance aiguë donne à ces groupes un fort degré de cohérence et induit un comportement d'adhésion à certaines normes.

On voit poindre la pression normative de ce contexte. Une norme a une fonction essentielle, celle de lever les ambiguïtés. Or les ambiguïtés sont mal supportées : face à une situation inédite, nous agissons par analogie, nous tentons d'apprivoiser le nouveau. Seulement quelquefois, il n'y a pas d'analogie possible. Nous ne savons plus quoi faire ni penser, alors nous imitons les autres qui eux-mêmes sont dans le même cas. C'est l'ignorance plurielle.

Et tout le monde risque de porter des chaussures marron.

Ces manifestations de conformisme récurrent seront utiles à identifier dans notre contexte. Toute forme de groupe est globalement à encourager et à sélectionner par rapport à notre rumeur : groupe ethnique, associations diverses et variées, activités sportive, religieuse, politique, syndicale, sexuelle, anciens élèves, etc. De manière rationnelle, le choix de la rumeur correspondra aux centres d'intérêt du groupe concerné.

Quelques éléments sur le fonctionnement de notre cerveau

L'émotion est un point crucial dans le déclenchement de notre rumeur. Nous avons une demi-douzaine d'émotions de base : si notre rumeur arrive à en toucher une, on met beaucoup de chances de notre côté.

Succintement, comment fonctionne notre cerveau ?

Comprendre cette architecture nous aidera dans la perception de la rumeur.

Très schématiquement, le cerveau se divise en trois :

- le cerveau reptilien encore appelé cerveau primitif. Il est avant tout chargé de l'homéostasie[1]. Il assure les fonctions régulatrices vitales et essentielles telles que le rythme cardiaque, la digestion, le sommeil et tout ce qui relève de l'instinct de conservation dépend de lui. Il ne pense pas et n'apprend pas, bien qu'il ait une mémoire à court terme ;

- le cerveau limbique ou paléo-mammalien. Apparu il y a 65 millions d'années avec les premiers mammifères, il se consacre aux comportements instinctifs. Il est actif dans le domaine émotionnel et il est à l'origine d'émotions telles que l'agressivité, la tristesse, la peur ou le plaisir. Il est le siège de la formation de la mémoire. Ses principales composantes sont l'hippocampe, impliqué dans la mémoire à long terme et l'amygdale, à l'origine de la peur et de l'agressivité. C'est le fonctionnement de ce cerveau limbique qui retiendra notre attention pour le déclenchement des rumeurs ;

- le néocortex ou néo-mammalien, troisième et ultime étape du développement du cerveau humain. C'est là que se situeraient le raisonnement logique, l'anticipation des actes, etc.

Au cœur de notre cerveau limbique se trouve l'amygdale. C'est ici que naissent nos sentiments primordiaux comme la peur, la haine, la tristesse, la joie, la colère, etc. Ce cerveau émotionnel est la base de l'inconscient alors que le cortex et le néocortex sont la base de la pensée, de l'abstraction et du langage. L'amygdale gère tout l'affect et tout le système émotif de l'individu.

L'hippocampe, quant à lui, est chargé de la mémoire à long terme ; il a également pour rôle de « calmer » l'amygdale. Si nuitamment, dans

---

1. La capacité que peut avoir un système quelconque à conserver son équilibre de fonctionnement en dépit des contraintes qui lui sont extérieures.

une rue sombre, vous entendez des bruits de pas qui se rapprochent derrière vous, votre amygdale sera fort active. Si en arrivant chez vous sain et sauf vous n'entendez plus rien, c'est que l'hippocampe est intervenu.

En cas de stress dû à un danger, la réflexion diminue les réflexes de survie et

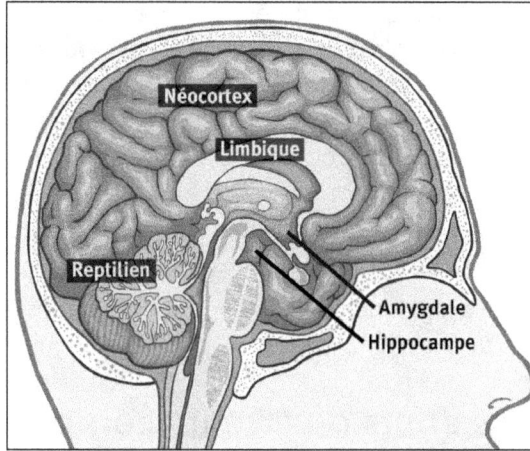

Source : Patrick Georges et Michel Badoc, *Le Neuromarketing en action*, Eyrolles, 2010.

c'est la raison pour laquelle l'amygdale « débranche » le cortex préfrontal, lui-même siège de la pensée consciente. Heureusement, toute prise de contrôle de l'amygdale n'est pas forcément désagréable. Une histoire qui nous fait éclater de rire répond à la même logique.

Comment notre rumeur pourra-t-elle activer le cerveau limbique ? Il s'agira de faire appel à une émotion première. Quand les émotions prennent le pouvoir, elles ne le font pas à moitié.

Paul Ekman[1], de l'université de San Francisco, a identifié quatre émotions fondamentales. Fondamentales car elles sont reconnues par les cultures du monde entier y compris par celles de tradition orale, des cultures sans écriture dont certaines vivent comme à l'âge de pierre en Nouvelle-Guinée. Il s'agit de la peur, de la colère, du plaisir et de la tristesse. En termes de rumeur, l'expérience permet d'ajouter la surprise, le dégoût et surtout la haine. La haine de l'autre est, encore une fois, une valeur avec laquelle on n'est jamais déçu…

« Qu'est-ce qui m'a pris d'agir ainsi ? » se demande-t-on après coup. Cela montre la lenteur du cerveau rationnel en comparaison du cerveau émotionnel. L'action enclenchée par l'esprit émotionnel se joint d'un très fort sentiment de vérité et cette certitude est fondée sur une première impression. L'analyse n'a rien à faire ici. Ce mode de perception se soucie peu de la précision et favorise la vitesse – nous sommes en mode « survie ». La rumeur fait la même chose. Selon Paul Ekman, les

1. Paul Ekman, *Emotions Revealed: Recognizing Faces and Feelings to Improve Communication and Emotional Life*, Time Books, 2003.

émotions se saisissent de nous bien avant que nous ayons conscience d'elles. L'amygdale compare nos souvenirs avec les événements présents, en procédant par association. Même si ces éléments sortis du passé n'ont qu'un lointain rapport avec la rumeur, ils pallieront le manque de précision ou même les invraisemblances souvent présents dans les rumeurs. Il sera donc utile que l'amygdale perçoive un embryon de signification ou de rappel quelconque pour l'aider à tirer une conclusion immédiate n'appelant à aucune vérification des faits.

Nous donnerons, par ce processus, toutes ses chances à notre bébé-rumeur et nous le rapprocherons des fonts baptismaux.

Les effets ou erreurs commises de manière systématique

Les effets sont des biais cognitifs qui influent sur une prise de décision ou un comportement face à une situation. Il s'agit d'une faille dans le traitement de l'information disponible. Ils nous concernent tous et ont leur utilité en termes de rumeur…

L'« effet Barnum » : il y en aura pour tout le monde !

Chacun doit trouver un os à ronger dans une rumeur.

C'est ce que l'on appelle l'« effet Barnum », d'après Phineas Taylor Barnum, créateur du cirque éponyme. Barnum fut un précurseur : il inventa d'énormes chapiteaux sous lesquels se déroulaient de nombreuses scènes de cirque simultanément (voltige, dressage d'animaux et autres scènes de cow-boys). Il partait du principe qu'il fallait quelque chose pour chacun des spectateurs.

L'« effet Barnum » nous dit cela : pour que notre rumeur « prenne », un nombre important de protagonistes doit s'y reconnaître.

En 1948, Bertram Forer élaborera pour ses étudiants un test de personnalité tiré d'un horoscope. « Vous avez besoin d'être aimé et admiré, et pourtant vous êtes critique avec vous-même. Vous avez certes des points faibles dans votre personnalité, mais vous savez généralement les compenser. Vous avez un potentiel considérable que vous n'avez pas encore utilisé à votre avantage, etc. Par moments, vous êtes très extraverti, bavard et sociable, tandis qu'à d'autres vous êtes introverti, circonspect et réservé. Certaines de vos aspirations tendent à être assez irréalistes[1]. »

Forer a demandé à chacun des étudiants d'évaluer la pertinence de l'horoscope par rapport à eux-mêmes en notant de 0 à 5 (5 étant une pertinence optimale).

La moyenne obtenue fut de 4,26. Dans la présentation de la rumeur, adoptez « l'effet Barnum » pour qu'un nombre important d'individus y trouve quelque chose qui lui corresponde.

Ce résultat corrobore le fait que le choix de notre rumeur ne devra pas être trop décalé par rapport au groupe ciblé, ceci afin de permettre que le plus grand nombre possible y trouve son compte.

Ces études ont approfondi ces expériences et montreront que les individus en forte quête d'approbation et de reconnaissance sociale ainsi que les personnes excessivement autoritaires sont particulièrement sensibles à l'effet Barnum. Les politiciens ne peuvent pas être ignorés…

L'« effet symbole » : ne rien imposer, suggérer

Dans la mesure du possible, nous essaierons de mettre dans notre rumeur une forte dose de symbolisme.

Un symbole est la représentation concrète d'une notion abstraite. Il est chargé de nombreuses significations qui dépassent largement son apparence ; comme pour l'« effet Barnum », chacun va piocher ce qui l'intéresse.

Attribuer une image abstraite à une idée, à quelqu'un, à quelque chose offre l'avantage d'être appropriable par le plus grand nombre avec une économie d'effort. Le symbole est très pratique à différents niveaux. Il n'impose rien, il suggère – la rumeur ne fait rien d'autre.

---

1. Bertram R. Forer, « The fallacy of personal validation : A classroom demonstration of gullibility », *Journal of Abnormal and Social Psychology*, 44, 1949, p. 118-123.

Il véhicule une forme d'universalité dans sa représentation. Chacun, en fonction du moment, de sa culture et de ses états d'âme, y prendra ce qu'il est capable d'y prendre. Et, surtout, il rassure. « Le symbolisme est le fruit de notre incapacité ou de notre refus à accepter le hasard[1]. »

Prenons l'exemple de la sempiternelle rumeur des prélèvements d'organes dans les pays du tiers-monde : premier signe rumoral, l'organe prélevé est en double (reins, œil, etc.) car un prélèvement de cœur, ce n'est plus seulement un prélèvement d'organe, c'est aussi un meurtre. Outre la somme de technicité médicale impossible à appliquer dans quelques favelas brésiliennes, la symbolique rumorale est importante ; elle est l'incarnation suprême de l'exploitation du pauvre par le riche. Dans ce cas, la symbolique rejoint l'idéologie. D'où l'intérêt des idéologues déjà mentionné.

Ce genre de symbole est aussi affectif que puissant et symbolise toute les luttes sociales.

Plus un symbole est puissant, moins il a besoin d'être argumenté ; l'émotion aidera à faire déglutir ce que la réflexion eût arrêté !

L'« effet de vérité » ou de réitération

Dans notre volonté de faire le tri entre les signaux à caractère de « véracité » et ceux qui ne le sont pas, il pourra paraître utile de déterminer s'il existe des repères qui accentuent ces signaux.

Plusieurs études ont montré qu'un message régulièrement répété est perçu comme plus véridique qu'un message auquel on est exposé une seule fois. Ce phénomène, appelé « effet de réitération », a été largement observé dans un contexte de culture générale, tel que, par exemple, n'importe quelle question issue du jeu Trivial Pursuit. Cet effet est-il observable sur le processus de la rumeur ? C'est la question que Hess et Hagen[2] se sont posée.

---

1. Nassim Nicholas Taleb, *Le Hasard sauvage*, Les Belles Lettres, 2008.
2. N. H. Hess et E. H. Hagen, « Psychological adaptations for assessing gossip veracity », *Human Nature*, vol. 17(3), 2006, p. 337-354.

De la véracité du potin

L'EXPÉRIENCE

Hess et Hagen ont étudié l'effet de réitération en posant comme hypothèse de départ : ce qui est applicable dans le cas d'une question de culture générale (« la tour Eiffel fait 300 mètres de haut ») ne l'est pas dans le contexte rumoral (« Tommy Hilfiger a dit qu'il ne voulait pas que ses vêtements soient portés par des Juifs et des Arabes »). L'hypothèse sous-jacente étant que les individus développent une résistance à une manipulation grossière reposant sur un simple effet de répétition.

52 hommes et 135 femmes (n = 187) ont participé. Pour éviter le biais d'endogroupe, les rumeurs se sont situées à l'extérieur du groupe et concernaient des vedettes du show-biz : la santé, les relations sexuelles et les éventuelles grossesses, les hauts et les bas de carrière des stars. Ces rumeurs sont appropriables sans effort, comme il se doit (exemple : « Jennifer Lopez a dit qu'elle était plus sexy que Jewel »). En tout, seize rumeurs sont lancées.

Dans un premier temps, les participants prennent connaissance de huit rumeurs et les évaluent sur une échelle de 10 points, allant de « extrêmement inintéressant » à « extrêmement intéressant ». Ensuite, ils prennent connaissance des seize rumeurs et les évaluent sur leur caractère « digne de confiance » sur une échelle de 10 points allant de « définitivement faux » à « définitivement vrai ». Parmi les seize, huit rumeurs ont un caractère nouveau et les huit autres ont un caractère connu car déjà évaluées pour le degré d'intérêt qu'elles ont provoqué.

Voici les résultats :

- l'effet de réitération affecte les participants qui ont montré un faible intérêt pour nos rumeurs ;
- le postulat de départ selon lequel l'effet de réitération ne concernerait pas les rumeurs se révèle faux essentiellement dans le cas des participants montrant peu d'intérêt pour la rumeur et également faux pour ceux qui attribuent une forte véracité à la rumeur.

© Groupe Eyrolles

L'effet de réitération est très proche de ce biais cognitif appelé « heuristique de disponibilité ». Celui-ci désigne un mode de raisonnement qui se fonde principalement sur les informations immédiatement disponibles dans notre cerveau. Par exemple, au journal télévisé de tous les jours, si l'on explique qu'Internet est un repère de hackers, de pédophiles ou d'extrémistes et que l'on montre des exemples pour étayer le propos, lorsque arrivera le moment social où l'on demandera à l'individu son avis sur ce qu'il pense d'Internet, une multitude d'exemples lui viendront à l'esprit pour expliquer qu'Internet est un repère de pirates et de pédophiles (CQFD).

La répétition génère un sentiment d'autorecoupement et donc d'autovalidation. Si nous entendons dix fois une rumeur, un sentiment de véracité pointera le bout de son nez.

L'« effet de primauté et de récence »

> « Méfiez-vous de votre première impression, c'est généralement la bonne. »
>
> Talleyrand

Il en va des rumeurs comme des plaisanteries, plus elles sont courtes, meilleures elles sont. Nous ferons le plus simple possible, pour donner à notre rumeur les chances d'être le plus facilement appropriables par l'auditeur. Une rumeur incomprise a une faible espérance de vie : nous sommes ainsi faits, nous rejetons ce que nous ne comprenons pas.

Quelquefois cependant, la nature de la rumeur que nous voulons lancer est telle qu'il est difficile de faire simple. Dans ces cas heureusement peu fréquents, nous garderons à l'esprit deux biais cognitifs mis en évidence par Salomon Asch[1] : l'effet de primauté et l'effet de récence.

Voyons de quoi il retourne.

L'effet de primauté

L'information reçue en premier s'inscrira mieux dans la mémoire que celle reçue ensuite. Asch, lors de ses expériences, demandera aux participants de mémoriser une liste de mots et constatera qu'ils peinent à se souvenir des mots énumérés en milieu de liste. En revanche, ils mémorisent mieux ceux du début.

© Groupe Eyrolles

---

1. Salomon Asch, *Social Psychology*. Englewood Cliffs, N. J., Prentice-Hall, 1952.

L'effet de récence

Proche de l'effet de primauté, l'effet de récence constate que les participants mémorisent mieux les noms « récents », c'est-à-dire ceux qu'ils ont lus en dernier car ils sont en fin de liste (toujours en comparaison avec ceux situés au milieu).

L'effet de primauté semble cependant primer sur celui de récence. Postman et Phillips[1] ont ainsi présenté une liste de mots dont les sujets doivent se rappeler. Ensuite, il leur est demandé de la reproduire dans l'ordre qu'ils désirent. Encore une fois, les mots du milieu de liste peinent à trouver leur place dans les mémoires. Quand le rappel a lieu immédiatement, les mots en début et en fin de liste sont les premiers dont les participants se souviennent. Quand le rappel a lieu après trente secondes, seuls les mots en début de liste seront susceptibles d'être remémorés.

Cela nous dit que lorsque nous ferons le récit de notre rumeur, il faudra soigner l'introduction et la chute – et encore plus l'introduction ! L'importance de la première impression n'est plus à démontrer. Différentes études ont montré que l'impression que nous avons de quelqu'un est formée dans les trente premières secondes de la rencontre. Cette impression ne changera plus dans les quinze minutes ni dans les six mois qui suivent. Un auditoire constitué d'individus assistant à une conférence évaluera le conférencier en moins de trente secondes avec un taux d'exactitude de 80 %.

Le milieu de notre rumeur a de fortes chances d'être oblitéré, surtout s'il est complexe.

LE PROFIL DU BON PROPAGATEUR

À quel type de personnalité s'adresser pour propager efficacement notre rumeur ?

---

1. Leo Postman et Laura W. Phillips, « Short-term temporal changes in free recall », *Quarterly Journal of Experimental Psychology*, vol. 17(2), 1965.

Attardons-nous un moment sur deux aspects psychologiques que sont la sociotropie et l'autonomie[1]. Il s'agit de deux dimensions que nous avons en nous, partant du principe que l'une domine toujours l'autre.

Nous entendons par sociotropie un trait psychologique qui fait qu'une personne est dépendante de ses relations avec les autres. En termes de valeurs, le sociotrope accorde une large part à l'approbation, au partage et à l'empathie. Les individus fortement sociotropes sont à la recherche permanente de l'approbation des autres.

Par opposition, l'individu autonome favorise la liberté, l'indépendance, le développement de soi et l'atteinte d'objectifs personnels.

Le postulat est le suivant : lorsqu'un des deux aspects domine largement l'autre, l'individu serait vulnérable à la dépression par rapport à la nature de l'événement qui le frappe. Le sociotrope serait plus fragile et altéré par la perte d'un proche, et l'autonome serait plus atteint par un échec professionnel par exemple.

Peut-on entrevoir un profil type du bon propagateur ?

Le locuteur initial : notre point de départ

Faire croire que tout dépend de lui serait abusif – ce qui fait la rumeur, c'est avant tout un groupe. Le locuteur initial est donc une condition nécessaire, mais non suffisante, pour que notre rumeur fonctionne.

Les individus ont des spécificités avec des besoins cognitifs différents. Les études sur les besoins cognitifs des individus se comptent par centaines et elles démontrent que ceux qui ont un fort besoin d'intellectualisation réfléchissent plus que les autres. Ils analyseront davantage la qualité argumentaire du discours et seront donc plus critiques. Ils rentreront dans les détails. Ils différencieront plus spontanément les arguments forts et les arguments faibles. Vous le pressentez, nos « intellectuels » ne sont pas à privilégier en termes de propagation.

© Groupe Eyrolles

---

1. T. Sato et M. A. Gonzalez, « Interpersonal patterns in close relationships: The role of sociotropy–autonomy », *British Journal of Psychology,* 100(2), 2009, p. 327-345.

Nous avons vu que les gens éduqués étaient à privilégier. Les individus éduqués ne sont pas nécessairement intellectuellement exigeants.

Par ailleurs, les exigences cognitives ne sont qu'une variable parmi beaucoup d'autres. Le niveau éducatif, l'âge, l'humeur, l'estime de soi, le niveau d'anxiété, l'ordre de naissance, les attitudes, le niveau d'implication, les caractéristiques du message, sa formulation, la crédibilité de la source, etc. sont des constituantes tout aussi importantes.

Les anxieux : du pain bénit pour la rumeur ?

Les anxieux chroniques ont une vision du monde qui leur est propre. Leur perception (physique et intellectuelle) n'est pas la même que celle d'individus plus sereins. Des sujets mis en situation d'anxiété situationnelle élevée sélectionnent des sources d'information différentes de celles choisies par des sujets à faible niveau d'anxiété.

Une étude sur le champ visuel du karatéka[1] montre que plus l'anxiété augmente lors d'un combat, plus le champ visuel se concentre sur les poings et bras de l'adversaire. Ce même champ visuel se détache de la tête et du torse, qui sont initialement les zones les plus surveillées. Qu'elle soit chronique ou situationnelle, l'anxiété influe sur le traitement de l'information. Beck[2] a souligné que les anxieux étaient plus prompts que les autres à percevoir comme menaçantes les informations à caractère ambigu.

Nous veillerons à garder à l'écart les asociaux pathologiques qui sont généralement peu propagateurs.

De plus, on peut être anxieux de nature et de bonne humeur ponctuellement. Les deux cohabitent très bien.

Quelle est la relation entre le besoin d'affiliation et le niveau d'anxiété ?

---

1. A. Mark Williams et David Elliott, « Anxiety, expertise, and visual search strategy in karate », *Journal of Sport & Exercise Psychology*, vol. 21(4), décembre 1999, p. 362-375.

2. Aaron T. Beck, « Cognitive therapy : A 30-year retrospective », *American Psychologist*, vol. 46(4), avril 1991, p. 368-375.

Schachter a travaillé sur le besoin de contacts sociaux corrélé au niveau d'anxiété des individus.

Le point soulevé était : recherche-t-on un lien social avec n'importe quel individu ou un genre d'individu particulier ? Le choix affiliatif est-il directionnel ? Schachter laissera le choix aux anxieux au sein de ses expériences de choisir entre une affiliation vers quelqu'un d'extérieur et une affiliation vers un autre anxieux qui, en plus, souffre de la même cause d'anxiété. De manière peu étonnante, le besoin d'affiliation est résolument directionnel : l'anxieux recherche l'anxieux avec les mêmes causes d'anxiété. Diverses explications sont données, la recherche commune de moyens pour réduire l'anxiété, la réassurance mutuelle, l'autoévaluation, etc. L'anxiété engendre l'isolement, et l'anxieux va rechercher l'affiliation dans un but de soulagement.

Sur cet aspect, le processus de déformation étudié par bon nombre de chercheurs ne semble pas, à notre connaissance, avoir jamais pris en compte la nature anxieuse ou optimiste du propagateur et la déformation informationnelle afférente. La mémoire du pessimiste/dépressif semble ne sélectionner principalement que les aspects négatifs. De là à penser qu'il faudrait néanmoins leur réserver un type de rumeur et le rappel mémoriel adéquat[1]…

Les optimistes en revanche embellissent facilement leurs souvenirs. Si vous faites propager une rumeur par un optimiste, attendez-vous à ce qu'elle soit déformée en agrémentant les choses. D'une scène dont il fut le spectateur, il devient le héros salvateur, et un bourricot se transforme vite en cheval de course !

Un lien fort entre anxiété et besoin d'affiliation

On l'a vu, certaines personnes sont plus exploitables que d'autres en termes de propagation – et notamment les personnes manquant de confiance en elles. Elles ont tendance à se comparer avec leurs

---

1. Mnésie dysphorique ou euphorique ? Pour utiliser un vocabulaire technique. La mnésie étant la capacité de conserver et de se rappeler des états de conscience passés et de ce qui s'y trouve associé. « Dysphorique » étant le contraire d'« euphorique ».

semblables, soit qu'ils partagent leur avis, soit qu'ils se trouvent dans le même état. Les individus mis en situation stressante commune sont mutuellement attirés les uns vers les autres.

La peur, le stress, l'anxiété génèrent une grégarité. La grégarité génère une tendance affiliative. Cette tendance est propice au développement des rumeurs.

L'anxiété est-elle une condition inséparable de la grégarité ? Les expériences ont tendance à confirmer qu'elle en est une forte composante.

En 1959, Stanley Schachter fera une étude sur ce sujet[1]. Afin de capter l'attention du lecteur, il ne sera pas exagéré de dire que cette série d'expériences est la clé de voûte de ce livre.

« La misère aime une compagnie misérable » (Stanley Schachter)

On réunit deux groupes constitués de cinq à huit étudiantes. On présente à ces groupes le docteur Grégor Zilstein, du service de neurologie et psychiatrie de la faculté de médecine. Ce dernier explique aux jeunes filles qu'elles vont participer à une expérience étudiant les réactions aux chocs électriques. Le premier groupe est volontairement exposé à une situation de forte anxiété. Zilstein s'exprime en ces termes : « Ce que nous demanderons à chacune d'entre vous est très simple. Nous voudrions vous donner une série de chocs électriques. Maintenant, je me dois d'être complètement honnête avec vous et de vous dire ce qui vous attend exactement. Les chocs feront mal. Ils seront douloureux. Comme vous pouvez l'imaginer, si, dans une recherche de ce genre, nous devons en apprendre un tant soit peu qui soit susceptible d'aider l'humanité, il faut que nos chocs soient intenses. Nous comptons placer une électrode sur votre main, vous brancher à un appareil comme celui-ci *[Zilstein montre des appareils derrière lui, pleins de fils électriques menaçants]*, vous donner une série de chocs électriques et enregistrer diverses mesures telles que votre pouls, votre pression sanguine, etc. À nouveau, je tiens à être honnête avec vous et à vous prévenir que ces chocs seront fort douloureux, mais, bien sûr, ils n'entraîneront pas un dommage permanent. »

L'EXPÉRIENCE

1. Stanley Schachter, *The Psychology of Affiliation: Experimental Studies of the Sources of Gregariousness*, University Press, 1974.

Le second groupe, lui, est soumis à un taux de faible anxiété. Voici comment Zilstein explique l'expérience : « Je vous ai demandé de venir aujourd'hui afin de servir de sujets dans une expérience qui a trait aux effets des chocs électriques. Je m'empresse d'ajouter : ne vous laissez pas troubler par le terme de choc ; je suis certain que l'expérience vous sera agréable. Ce que nous aimerions que vous fassiez est très simple. Nous voudrions vous donner à chacune une série de chocs électriques très légers. Je vous assure que ce que vous ressentirez ne sera en aucune façon douloureux. Cela ressemblera plus à un chatouillement ou à un fourmillement qu'à quelque chose de déplaisant. Nous placerons une électrode sur votre main, nous vous donnerons une série de chocs très légers, et nous mesurerons des choses telles que votre pouls, votre pression sanguine, mesures avec lesquelles, j'en suis sûr, vous êtes toutes familiarisées par vos visites chez votre médecin de famille. »

Au moment de commencer l'expérience, on informe les jeunes filles qu'il y aura quelques minutes de retard et qu'il faut attendre qu'une salle se libère. Pour les faire patienter, Zilstein leur fait remplir un questionnaire dans lequel on leur demande si elles préfèrent attendre seules, en groupe ou si cela n'a aucune importance. Dans cette expérience, seules comptent les réponses au questionnaire car les chocs électriques n'auront jamais lieu.

Les résultats seront les suivants : 63 % des participantes que l'on a conditionnées à l'anxiété préfèrent l'attente en groupe, contre 33 % des participantes mises dans un contexte faiblement anxiogène. Si on leur propose d'attendre avec un groupe qui ne recevra pas de chocs électriques (aucune anxiété), alors la grégarité disparaît et les sujets préfèrent attendre seuls. Désir d'être avec l'autre, oui ! Mais pas n'importe quel autre et cet autre doit partager mon inquiétude. L'anxiété attire l'anxiété et provoque un besoin d'affiliation. Les participantes sont dans une situation inconnue dont elles ne savent que penser et qui entraîne de leur part une comparaison sociale.

Leon Festinger expliquera ce besoin d'évaluer ses propres opinions par rapport aux autres principalement quand les critères « objectifs » sont absents.

Au fait, comment mesure-t-on l'affiliation ? Comment mesure-t-on l'anxiété ?

L'échelle pour mesurer le besoin d'affiliation sera la suivante :

- Je préfère de beaucoup être seule
- Je préfère être seule
- Ça n'a pas d'importance, ça m'est égal
- Je préfère être avec les autres
- Je préfère de beaucoup être avec les autres

Dans le même ordre d'idée, une échelle de 6 niveaux sera appliquée pour mesurer le degré d'anxiété :

- Je suis extrêmement mal à l'aise
- Je suis très mal à l'aise
- Je suis mal à l'aise
- Je suis un petit peu mal à l'aise
- Je me sens relativement calme
- Je me sens complètement calme[1]

Vous avez des frères et sœurs ? Seriez-vous l'aîné ?

L'EXPÉRIENCE

Le rang de naissance va jouer également sur notre besoin affilatif. Les aînés de fratrie auraient une plus grande dépendance affiliative.

Au sein du couple, les rapports parents/enfants vont évoluer au fur et à mesure de l'arrivée des enfants. Statistiquement, l'enthousiasme parental s'émousse au fil des naissances ; le plaisir d'attendre un enfant est inversement proportionnel au rang de naissance.

1. Nous étions en 1959 ; aujourd'hui, d'autres échelles existent. Pour le lecteur intéressé, 3 échelles dominent :
• Hamilton Anxiety Scale (HAM-A), la plus connue. Les symptômes sont l'état dépressif, des plaintes musculaires somatiques, des plaintes sensorielles somatiques, des symptômes cardiovasculaires, respiratoires et gastro-intestinaux. Les difficultés intellectuelles sont également prises en compte ;
• Hopkins Symptom Checklist (SCL-90). Contrairement à l'échelle Hamilton, c'est le patient qui s'autoévalue. 90 points sont passés en revue dont 83 qui se sous-divisent en 9 catégories. Les symptômes sont la somatisation, la dépression, la colère, des symptômes psychotiques, la paranoïa, les symptômes compulsifs et la sensitivité personnelle ;
• Hospital Anxiety Depression Scale (HAD). L'anxiété et la dépression sont traitées séparément dans différentes catégories. De 0 à 3, vous n'êtes pas concerné, un score de 7 et moins, vous êtes considéré comme normal, entre 8 et 10 vous êtes légèrement affecté, entre 11 et 14, un suivi sera judicieux, au-dessus de 15 les symptômes sont classés sévères.

Comparaison du comportement parental envers l'aîné, le puîné et le benjamin

Échelles	Aîné	Puîné	Benjamin
Ratio fondé sur le plaisir de la mère à l'annonce de la grossesse	58	40	10
Ratio fondé sur le plaisir du père à l'annonce de la grossesse	55	49	15
Pourcentage d'enfants nourris au sein	55	43	26
Durée moyenne de nutrition au sein (en mois)	4	2,1	1,7

Source : Sears, Maccoby and Levin, *Pattern of child rearing*, 1957.

Malgré l'ancienneté de l'expérience et une sexualité plus libérée aujourd'hui, ces chiffres sont encore d'actualité. La baisse de motivation des parents est toujours constatée.

Les parents à la naissance de leur premier enfant lui accorderont une attention qu'ils n'accorderont à aucun autre enfant à suivre. La mère sera plus attentive car moins compétente – et elle n'aura que lui à s'occuper. Les aînés auront une éducation plus permissive et des punitions physiques plus fréquentes. Les parents seront avec l'aîné plus laxistes car moins expérimentés dans un premier temps et plus répressifs par contrecoup. Ils seront plus équilibrés avec les enfants suivants. Les puînés auront une éducation plus constante, moins permissive et moins de punitions physiques. Cette insécurité engendre une surprotection du premier-né. Voilà pourquoi les aînés (et les enfants uniques) ont un plus grand besoin d'affiliation que les puînés.

Cette peur est récurrente chez tous les parents vis-à-vis de leur premier enfant sans exception.

Schachter a tiré deux conclusions principales de ces résultats :

- à situations anxiogènes égales, les premiers-nés expriment une anxiété et une peur supérieures aux puînés ;
- toujours à anxiété égale, le besoin d'affiliation des premiers-nés sera supérieur à celui des puînés. Ils recherchent davantage la présence d'autrui.

> Une double qualité « rumorale » apparaît en ce qui concerne les premiers-nés : plus d'anxiété et une meilleure capacité/volonté à se lier à ses semblables. Cette caractéristique affiliative diminue avec le rang de naissance dans la fratrie.
>
> C'est-à-dire que le second est moins affiliatif que le premier, le troisième moins que le second, le quatrième moins que le troisième, etc.
>
> Toujours dans notre volonté de propager une rumeur, nous porterons une attention particulière aux aînés et autres enfants uniques dans la mesure où le contexte le permet.

À ce stade des expériences, il est clair que la manipulation de l'anxiété a été faite sur la peur physique. Qu'en est-il des autres formes d'anxiété ? Celles communes à la plupart d'entre nous comme celles qui nous sont propres (peur du chômage, du vide, de la prise de parole en public, etc.). À l'heure actuelle, on peut raisonnablement penser que toutes les origines d'anxiétés confondues appellent à une réassurance sociale et à un besoin informationnel stimulant la démarche affiliative de l'anxieux. Et consécutivement à la diffusion de nos rumeurs.

Pas le temps de déjeuner

Dans le milieu de l'entreprise, il existe un moment privilégié : le repas de midi. Pendant une petite heure, la vie de l'entreprise va se ponctuer au gré de la pause-déjeuner des employés.

Si le rapport entre la prise du déjeuner et la propension à diffuser une rumeur ne saute pas aux yeux immédiatement, il existe cependant !

Dans une série d'expériences, Schachter[1] a manipulé la faim de ses protagonistes. Voilà comment il s'y est pris :

Trois conditions expérimentales :

* grande faim : les participants ne se nourrissent pas pendant 20 heures ;

---

1. Stanley Schachter, *The Psychology of Affiliation. Experimental Studies of the Sources of Gregariousness*, Stanford (Calif.), Stanford University Press, 1959.

- moyenne faim : les participants ne se nourrissent pas pendant 6 heures ;
- petite faim : les participants ne se privent pas du tout de nourriture.

Tous les participants de sexe masculin sont étudiants à l'université du Minnesota. Ils sautent le nombre de repas approprié en fonction de la condition expérimentale à laquelle on les assigne.

Avant de commencer, on les informe qu'ils participent à un protocole médical pour évaluer les conséquences de la privation de nourriture sur l'audition et sur la vision. Ce protocole est utile à différents niveaux : d'abord pour les pays qui souffrent de malnutrition, mais également pour les militaires car les soldats, lorsqu'ils sont en conditions de survie, peuvent ne pas avoir accès à de la nourriture pendant de longues périodes de temps.

Il est expliqué aux participants que ces tests sont hautement techniques et peu compréhensibles pour le non-spécialiste.

Les participants choisissent librement l'expérience à laquelle ils veulent collaborer. Deux de ces tests réclament que le protagoniste soit immédiatement mis en contact avec d'autres personnes pendant 10 minutes après l'expérience et les deux autres réclament un isolement des participants après la réalisation du test.

Évidemment, la mesure de la tendance affiliative en fonction du « degré de faim » est au centre de l'expérience.

Les résultats seront les suivants :

Relation entre faim et affiliation

Test	Ratio de participants préférant être :	
	Ensemble	Seuls
Grande faim	14	7
Moyenne faim	7	13
Petite faim	6	14

Source : Stanley Schachter, *The Psychology of Affiliation…*, op. cit.

Il résulte que la faim présente des rapports très proches avec l'anxiété. Elle semble encourager également la tendance affiliative. Dans la colonne de gauche, se trouvent les participants ayant choisi les tests après lesquels il fallait être « ensemble », donc ressentant le besoin affiliatif. Ce sont les participants les plus affamés qui choisissent ces mêmes tests.

Dans la colonne de droite, on constate que plus les participants sont rassasiés, moins ils recherchent le contact avec les autres.

Les raisons exprimées par les participants de leur choix de test sont de deux types :

- des motivations de type social ou antisocial telles que : « J'ai choisi ce test car je voulais en parler avec quelqu'un qui aurait pu m'en apprendre plus » ou bien : « J'ai choisi ce test car je ne voulais pas rester avec un étranger pendant 10 minutes » ;
- ou des motivations reposant sur la nature du test lui-même : « J'ai choisi ce test parce que je ne savais pas ce qu'était la redondance binoculaire et j'étais curieux de l'apprendre », ou bien : « J'ai lu des papiers toute la matinée et je voulais écouter quelqu'un pour changer », etc.

Raisons des choix dans l'expérience faim-affiliation

	Ratio de participants choisissant de rester ensemble pour :		Ratio de participants choisissant de rester seuls pour :	
	Raisons sociales	Raisons de modalité	Raisons sociales	Raisons de modalité
Grande faim	12	1	1	6
Moyenne faim	5	2	4	9
Petite faim	3	3	8	6

Source : *Idem.*

Pour ceux qui se posent la question de savoir si la variable « ordre de naissance » a été ajoutée à celle de la manipulation de la faim, la réponse est positive – cela afin de savoir si les premiers-nés affamés seraient des cibles de choix en termes de propagation de rumeur… Créer du besoin d'affiliation sur du besoin d'affiliation pourrait être une bonne idée ! Mais les résultats des expériences ne confirment rien de significatif dans ce sens ; à garder sous le coude pour le moment.

Ce lien entre tendance affiliative et hypoglycémie est donc à exploiter. Étant éloignés du petit déjeuner, le milieu d'après-midi et la fin de journée représentent le moment de glycémie la plus basse. Nous garderons ce timing à l'esprit dans nos déclenchements de rumeurs.

Nous serons attentifs à cibler les individus qui n'hésitent pas à sauter des repas au sein de l'entreprise pour bien diffuser notre rumeur. Ils sont aisés à identifier. La gent féminine serait sociologiquement la plus nombreuse à sauter le repas de midi, prétextant des courses à faire… Cette observation s'inscrit dans le sens du lieu commun qui nous annonce que les femmes propageraient les rumeurs mieux que les hommes.

Beau ou gentil ?

Cette question concerne toujours notre locuteur initial, celui qui répand la rumeur dans ses prémisses – c'est-à-dire à un moment où elle est fragile (et donc, autant mettre toutes les chances de notre côté).

À un stade avancé, notre rumeur se répandra indifféremment du sexe, de la gentillesse de l'interlocuteur ou du stress ambiant.

Rumeur à propager entre gens de sexe opposé

Dans notre choix du locuteur initial, aura-t-on plus d'influence si l'on fait appel à quelqu'un du même sexe ou si l'on fait appel à quelqu'un du sexe opposé ? De manière connexe, aura-t-on plus d'influence si l'on fait appel à quelqu'un de sexuellement attractif ou si l'on fait appel à quelqu'un faisant preuve de gentillesse et d'amabilité ?

On l'a vu, les recherches concernant la volonté d'affiliation se sont concentrées sur la relation des individus qui recherchent des liens affiliatifs vers d'autres individus ayant les mêmes causes de stress. Ou bien encore, on a observé une tendance à réduire l'incertitude cognitive en s'affiliant vers des individus qui ont vécu des situations de stress similaires – un rapprochement avec des individus ayant eu une expérience de menace comparable ou étant passé par un registre émotif similaire. Dans ce second cas, il n'y a pas similarité directe dans le lien affiliatif, mais une volonté d'apprentissage « de quelqu'un qui est déjà passé par là ».

Du point de vue de l'évolution, la recherche d'un partenaire attractif a pour finalité une bonne santé générale et, plus spécifiquement, une bonne santé génétique. Y aurait-il des traits qui seraient recherchés par tous les individus dans leur quête affiliative ? La beauté physique semble la caractéristique la plus recherchée, par les hommes comme par les femmes – mais les hommes la recherchent encore plus que les femmes.

Mais qu'en est-il pour notre propagateur initial de rumeur ?

L'EXPÉRIENCE

Être beau et gentil, c'est mieux qu'être moche et méchant, non ?[1]

174 participants (81 hommes et 93 femmes), placés dans une situation de faible stress et dans une situation de fort stress. Ensuite, on leur laissera le choix de s'affilier vers l'une de ces quatre cibles :

* quelqu'un à la fois de beau et gentil ;
* quelqu'un de beau et méchant ;
* quelqu'un de laid et gentil ;
* quelqu'un de laid et méchant.

Le but de cette expérience est de vérifier notre postulat de départ (une personne belle et gentille attirerait plus d'affiliations qu'une personne laide et méchante), et d'essayer de distinguer les motifs d'affiliation entre finalité sexuelle et reproductive et la recherche de protection personnelle, particulièrement dans un contexte anxiogène[2].

1. Norman P. Lia, Rose A. Halterman, Margaret J. Cason, George P. Knight, Jon K. Maner, « The stress-affiliation paradigm revisited : Do people prefer the kindness of strangers or their attractiveness ? », *Personality and Individual Differences*, vol. 44(2), janvier 2008, p. 382-391.
2. *Idem.*

Les résultats

Nous sommes face à deux aspects à analyser : beau/laid et gentil/méchant, croisés avec deux variables :

- le sexe (mâle et femelle) ;
- le stress (faible et fort).

La préférence d'affiliation est calculée à partir des choix d'affiliation. Échelle de 0 à 3.

Le résultat est probant ; quelles que soient les conditions de stress, notre postulat de départ se vérifie : la combinaison attractif/gentil remporte le plus de succès et la combinaison laid/méchant le moins.

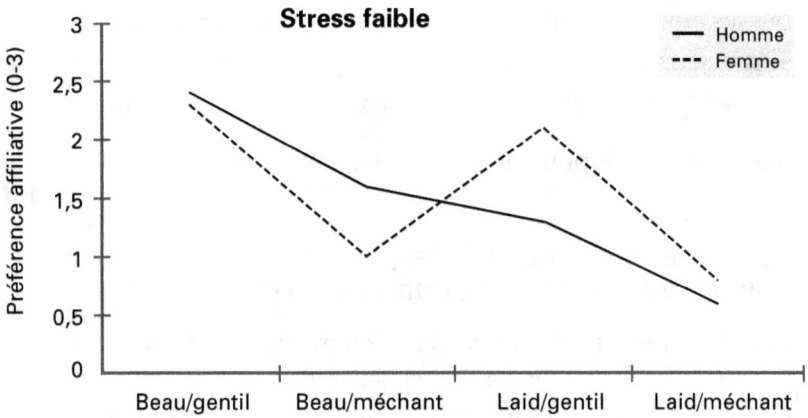

Stress faible

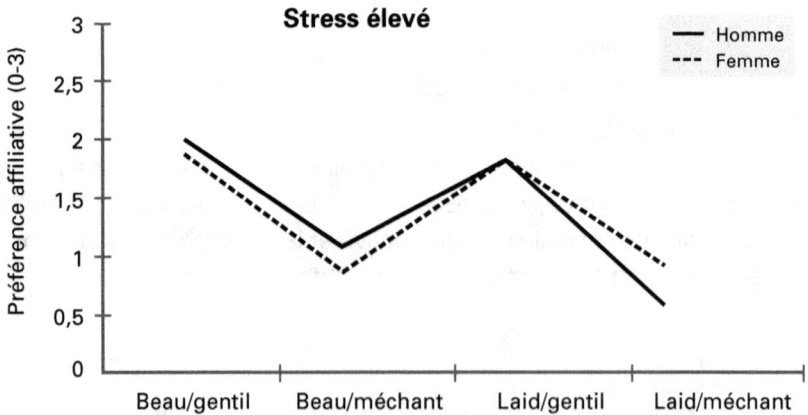

Stress élevé

Étude 1 – Préférences d'affiliation des hommes et des femmes pour le sexe opposé sous conditions de stress faible et fort

Plus surprenant, les résultats obtenus avec les combinaisons « du milieu » attractif/méchant et laid/gentil. Pour les hommes placés en condition de stress faible, 22 préféreront s'affilier avec de belles femmes et 15 préféreront s'affilier avec des femmes gentilles. Toujours pour les hommes mais placés cette fois en contexte de forte anxiété, les résultats sont inversés. Parmi eux, 11 choisiront des femmes attirantes et 33 des femmes gentilles.

Pour les femmes placées en contexte de faible anxiété, 11 d'entre elles se dirigeront vers l'homme beau, 35 d'entre elles préféreront l'homme gentil sur l'homme beau. Pour les femmes placées en fort stress, les ratios restent les mêmes, 11 s'affilieront au bel homme et 36 privilégieront le gentil. Quel que soit le niveau de stress, la divergence statistique pour les femmes est négligeable. Qu'elles soient placées en stress faible ou fort ne change rien à leur démarche affiliative : elles préfèrent les gentils.

Il ressort que les hommes s'affilient de préférence aux belles femmes et que les femmes s'affilient de préférence aux hommes gentils. Les priorités ne sont donc pas les mêmes. Également singulier, en condition de stress les hommes n'hésitent pas à laisser tomber la beauté pour la gentillesse. De là à dire que la logique reproductive s'efface pour faire place à une logique de réassurance et de sécurité, il n'y a qu'un pas facile à franchir.

Conclusion : en termes rumoraux, quel que soit le niveau d'anxiété, favorisez les hommes gentils avant les hommes beaux pour convaincre un auditoire féminin. Pour les hommes, s'ils sont en contexte peu stressant, envoyez un mannequin à la jambe longue répandre votre rumeur, et une femme douce et gentille s'ils sont en condition anxieuse. Vous leur permettrez de régresser tranquillement et vous optimiserez votre rumeur.

Rumeur à propager entre gens du même sexe

Notre première étude ne tenant compte que des individus de sexe opposé, cette expérience a été logiquement reproduite entre participants du même sexe. Il s'agit cette fois de déterminer les tendances affiliatives et les propagations rumorales entre individus de sexe identique. La volonté de reproduction a été naturellement éliminée en termes de motivation entre personnes du même sexe.

Les femmes apaisent, est-ce vraiment nouveau?

L'EXPÉRIENCE

Participent 138 candidats, 64 hommes et 74 femmes. Les conditions sont les mêmes que pour l'étude 1, à l'exception que les cibles sont de sexe identique que le propagateur.

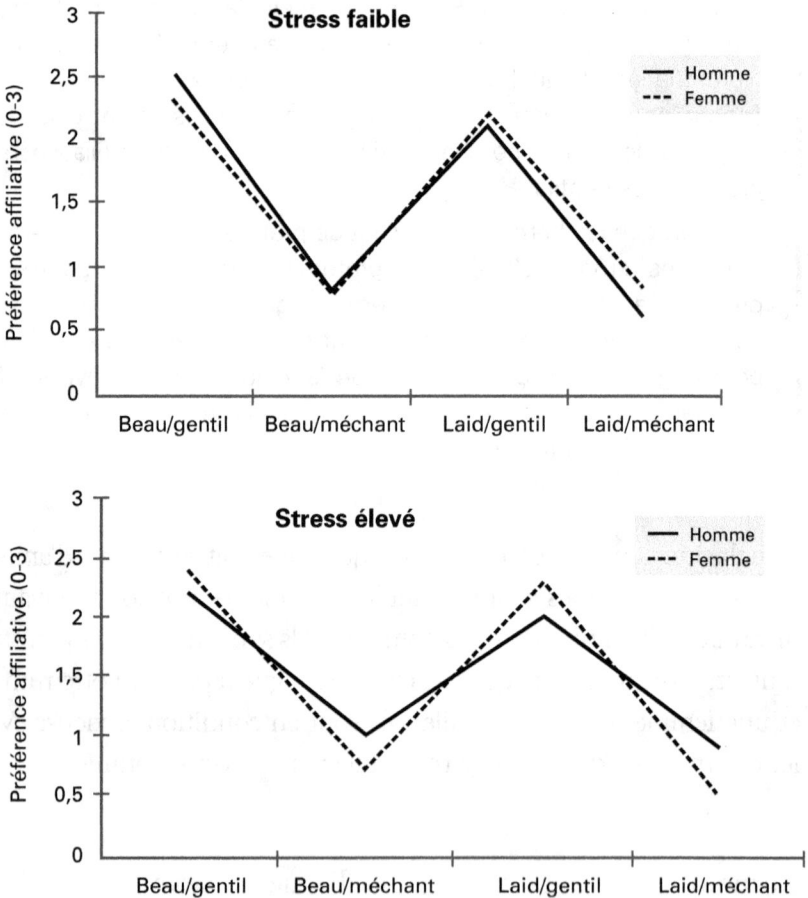

Source: Norman P. Li, Rose A. Halterman, Margaret J. Cason, George P. Knight, Jon K. Maner, « The stress-affiliation paradigm revisited… », *op. cit.*

> *Étude 2 – Préférences d'affiliation des hommes et des femmes pour le même sexe sous conditions de stress faible et fort*
>
> On constate que les préférences affiliatives des hommes envers d'autres hommes ne varient pas de manière significative dans les deux conditions de stress, ce qui est une différence majeure avec l'étude 1. En condition de faible stress, les hommes ne favorisent plus la beauté pour le même sexe qu'eux ; et en situation hautement stressante, ils maintiennent une affiliation « gentille » avec les autres hommes comme ils l'ont fait dans l'étude 1 à l'égard des femmes gentilles. Le désir de réassurance semble bien présent.
>
> Les femmes, quant à elles, favorisent systématiquement les conditions de gentillesse dans leur affiliation envers le même sexe et ce, quelles que soient les conditions de stress. Il a d'ailleurs été montré que, parmi un large nombre d'espèces dont l'espèce humaine, les femelles montraient un comportement familial et amical envers les autres femelles dans un contexte fortement angoissant.

Ces deux études suggèrent que les tendances affiliatives seraient favorisées par certains traits tels que la gentillesse, l'amabilité ou l'attraction physique.

Il ressort que les plus fortes préférences d'affiliation sont provoquées par les gens beaux et gentils, ce qui n'est pas vraiment une surprise. Il faudra néanmoins favoriser la gentillesse sur la beauté pour provoquer cette affiliation, sauf si l'on a affaire à des hommes placés sous conditions de faible stress. Encore une fois, les conditions fortement anxiogènes sont à sélectionner en priorité pour répandre notre rumeur.

Les individus à fort besoin affiliatif comprennent les relations sociales plus vite que les autres. Ils engagent plus de dialogue et d'interactions avec les autres. Par exemple, ces individus passent plus de coups de téléphone et écrivent plus de lettres. Il a été montré l'importance des individus pour ces personnes fortement affiliatives : ils auront tendance à négliger l'avis de l'expert pour privilégier l'avis d'un ami. Quand l'expérimentateur leur demande un feed-back sur leur groupe de travail par exemple, ils parlent essentiellement de la qualité de l'entente du groupe au détriment du but à atteindre. Ils propagent mieux, tout simplement.

Des limites sont à noter. Beaucoup d'expériences de sociologie se déroulent dans les facultés, où le contexte et l'âge des participants induisent une pression sexuelle plus évidente que dans le contexte professionnel. Seulement deux traits de personnalité ont été étudiés et on peut supposer que d'autres traits seraient à prendre en considération tels que le caractère « digne de confiance », la similarité, l'intelligence, la capacité d'acceptation, etc.

Néanmoins, cette approche de gentillesse dans la volonté d'affiliation est innovante et pourra nous être utile.

Psychologie du propagateur

À ce stade, il sera utile de faire un « *profiling* » du bon propagateur.

Vaut-il mieux un individu sûr de lui ou au contraire plus fragile ? Vaut-il mieux qu'il soit de bonne ou de mauvaise humeur ? Vaut-il mieux une rumeur claire ou ambiguë ? Faut-il faire des choix sur le sexe de notre propagateur ? Ce sont autant de questions que nous allons nous poser.

Estime de soi et propension à propager

Vaut-il mieux avoir affaire à des individus ayant une faible ou forte estime de soi en termes d'affiliation ?

Le rôle de l'estime de soi dans la démarche affiliative a été étudié et mérite d'être mentionné, même si ce trait n'appelle pas à ce que l'on s'y attarde démesurément[1].

---

1. Comme l'anxiété, l'estime de soi se mesure et un certain nombre d'échelles sont à notre disposition. Voici les principales :
• Tennesse Self-Concept Scale (TSCS). Développée par Fitts, c'est probablement la plus utilisée. L'individu s'autoévalue avec 90 questions (moitié-moitié pour l'aspect positif-négatif). Sont passés en revue le soi physique, le soi éthique/moral, le soi personnel, familial et social. Certains aspects sont mélangés au MMPI (Minnesota Multiphasic Personality Inventory) ;
• Coopersmith Self-Esteem Inventory. Plutôt destiné aux enfants de plus de 9 ans. Cet inventaire a une réputation de fiabilité ;
• Rosenberg Self-Esteem Scale. Échelle du type Guttman avec 4 réponses possibles allant du « fortement d'accord » au « fortement en désaccord ». Elle a le mérite de la simplicité pour une utilisation facile de l'administration.

Dans les expériences qui vont suivre, le postulat retenu est que des similarités d'opinions et de croyances sont nécessaires pour des relations interpersonnelles.

Brockner et Lloyd[1] ont mené une première expérience dans laquelle ils étudient la tendance affiliative entre individus ayant un niveau d'estime d'eux-mêmes similaire. Puis une autre expérience, dans laquelle les individus avaient des niveaux d'estime d'eux-mêmes radicalement différents. Le résultat fut que les participants à estime similaire s'apprécient d'avantage, et ce, de manière significative.

Abloff et Hewitt[2] ont montré que les personnes à haute estime d'elles-mêmes montraient une préférence pour le même niveau d'estime mais pas pour un niveau supérieur. Dans cette expérience, les participants à faible estime d'eux-mêmes montraient de l'attirance vers des individus à haute estime.

Des résultats différents, voire contradictoires.

Comment l'estime de soi impacte-t-elle le degré d'ouverture au message ? Lors de notre propagation, une fois le message accepté, commence la phase dite d'ouverture. McGuire va longuement étudier certains aspects – dont l'estime de soi – en termes de traitement du message reçu. La réception du message et l'ouverture au message sont dissociés dans la logique de McGuire. En finalité, les récipiendaires à forte estime d'eux-mêmes ont un faible degré d'ouverture au message. Ils sont ancrés dans leurs certitudes et leurs propres opinions et sont dans une logique « pleins d'eux-mêmes ». Les receveurs à faible estime d'eux-mêmes sont également peu ouverts. Souvent renfermés et en retrait social, ils semblent mal recevoir l'information. D'après les résultats de McGuire, ce sont les individus s'estimant modérément qui reçoivent le mieux le message. En fait, chez eux, les processus de réception et d'ouverture s'équilibrent.

© Groupe Eyrolles

---

1. Joel Brockner et Kathy Lloyd, « Self-esteem and likability: separating fact from fantasy », *Journal of Research in Personality*, vol. 20(4), décembre 1986, p. 496-508.
2. Richard Abloff and Jay Hewitt, « Attraction to men and women varying in self-esteem », *Psychological Reports*, vol. 56, 1985, p. 615-618.

La théorie de la congruence nous explique la manière dont les individus se présentent en fonction des idées qu'ils ont d'eux-mêmes. Jones a montré que chaque individu essayait d'établir une approche stable et constante de lui-même. De fait, on constate que les individus ont tendance à attirer ceux qu'ils perçoivent de la même manière qu'eux.

Cette théorie semble se vérifier pour les personnes à estimes d'elles-mêmes comparables, et fonctionne moins pour celles à haute et basse estime. Il est établi qu'une similarité de croyances est un facteur de rapprochement interpersonnel. En 1983, Brockner, Loyd et Paulsen[1] seront les auteurs d'une expérience dans laquelle ils créeront des paires de participants en fonction d'un niveau similaire d'estime d'eux-mêmes. Par la suite, ils créeront des paires de participants en fonction de niveaux radicalement différents (haut et bas). Il a été montré que les paires à niveaux d'estime similaires s'appréciaient significativement plus que les paires à niveaux d'estime différents.

Dans leur expérience, Abloff et Hewitt exposent que les individus à faible estime d'eux-mêmes recherchent l'affiliation vers d'autres ayant une estime d'eux-mêmes supérieure à la leur. Les participants à haute estime d'eux-mêmes avaient une préférence pour ceux qui exhibaient une estime égale et non pas supérieure à la leur. Nous revenons à la théorie de la comparaison sociale fondée sur la perception de soi et des autres. Cette comparaison peut se faire aussi bien vers le haut que vers le bas. Wills[2] a expliqué que cette comparaison vers le bas n'est possible que par une approche péjorative d'une personne d'un statut inférieur. Il développera le fait qu'un individu à faible estime de lui-même voyant son estime menacée aura tendance à se servir d'une comparaison sociale vers le bas.

Paradoxalement, les groupes de basse estime semblent moins péjoratifs envers les autres que ceux de haute estime.

---

1. J. Brockner, K. Lloyd, et J. Paulsen, « The effects of self-esteem and self-consciousness on interpersonal attraction», *Personality and Social Psychology*, 1983.

2. Thomas Ashby Wills, « Similarity and self-esteem in downward comparison. Social comparison : contemporary theory and research » *in* Jerry M. Suls et T. A. Wills (dir.) *Social Comparison : Contemporary Theory and Research*, Hillsdale, NJ, England: Lawrence Erlbaum Associates, Inc, xv, 1991, p. 51-78.

Globalement, comparés aux groupes à basse estime, les groupes à haute estime ont plus souvent recours à une comparaison sociale vers le haut. Ceci dans un but d'autoamélioration.

Le rôle de l'estime de soi est définitivement une composante importante dans le choix des individus auxquels s'affilier. Ce qui ne ressort pas clairement, c'est la capacité des personnes à s'affilier avec d'autres à estime d'eux-mêmes comparable, supérieure ou inférieure.

Pour conclure, on peut avancer prudemment et comme hypothèse de travail qu'à niveau d'estime de soi moyen, l'individu aura tendance à s'affilier à une position comparable. Un groupe à haute estime de lui-même aura tendance à s'affilier vers le haut et un groupe à faible estime de lui-même aura tendance à le faire vers le bas. C'est une tendance globale, mais les contradictions existent.

On pourra coupler cette approche avec celle sur la problématique des communications descendantes. Avec un autre postulat, qui lui aussi aura ses exceptions : plus on monte en hiérarchie et plus les individus sont sûrs d'eux-mêmes.

État affectif et propagation

Quel état affectif favorise le mieux la propagation de notre rumeur ?

Nous privilégierons un interlocuteur dans un état émotionnel positif pour lui parler de notre rumeur. Ils sont moins analytiques, donc moins méfiants.

Cas particulier : un auditeur sous l'emprise de la colère. Comment l'information est-elle traitée sous l'emprise de la colère ? Des études récentes laissent penser qu'un individu en colère pourrait prendre en compte l'ensemble de l'information disponible, ce qui est une caractéristique du traitement heuristique de l'information (contrairement au mode de traitement par voie centrale qui a tendance à analyser les informations une à une). Si ces expériences se confirment, se servir des coléreux comme vecteur de rumeur peut se révéler judicieux, car ils pourraient se révéler être d'excellents propagateurs. À surveiller.

Sexisme et propagation

> *« Il y aura égalité entre les hommes et les femmes quand,*
> *pour un poste important, on désignera une femme incompétente. »*

Françoise Giroud

Le lieu commun qui consiste à penser que les femmes diffuseraient mieux mérite qu'on lui oppose quelques objections. L'expérience nous oblige à nuancer le propos.

La réalité, c'est que le mode de diffusion et les sujets diffusés varient en fonction du sexe. Les femmes propagent sur un cercle plus large, par exemple leurs amies, qu'elles soient plus ou moins proches (le degré de proximité d'une « amie » varie considérablement). D'où cette impression qu'elles propagent mieux car plus largement. Les hommes diffusent dans un cercle plus serré, tel que la famille (et là aussi, la notion de famille est extensible, bien que plus serrée). La littérature sur ce sujet fait apparaître une contradiction selon laquelle les femmes sont plus exigeantes sur les conditions prérequises qui permettent la divulgation d'un sujet quel qu'il soit et simultanément, elles démontrent un besoin d'affiliation et une capacité d'empathie supérieurs.

Comme on peut s'en douter, les sujets de rumeur relayés par les hommes ou les femmes sont de nature différente. Rien cependant ne permet d'avancer qu'il faudrait privilégier la gent féminine pour obtenir systématiquement une meilleure diffusion.

Ceci d'un point de vue général.

Néanmoins, si nous nous situons dans un contexte de rumeur à caractère (hautement ou exclusivement) sexué, la nécessité d'orienter notre rumeur vers cette cible s'imposera naturellement. Par exemple, une rumeur selon laquelle un déodorant provoquerait des tumeurs du sein s'adressera en majorité aux femmes. Inversement pour une rumeur sur un cancer prostatique. Une rumeur orientée vers des centres d'intérêt fortement féminins sera à travailler dans le même sens. Par exemple, une rumeur selon laquelle on trouverait de fortes doses de plomb dans la peinture des jouets (chinois) de nos chères têtes blondes et le sang de toutes les mères s'arrêtera de circuler. Rumeur à fort taux de succès garanti (d'autant qu'on a rajouté une louche de racisme). Dans ce dernier cas de figure, la cible n'est pas la femme, mais la sous-catégorie de la mère de famille.

Passons maintenant d'un stéréotype féminin à un stéréotype masculin. Imaginons une rumeur selon laquelle le régulateur de vitesse d'une marque de véhicules se bloquerait. Ce genre de centre d'intérêt étant culturellement plus masculin, il sera opportun de rechercher une piste de lancement masculine pour propager cette rumeur.

Propagateur en dissonance cognitive : résoudre les conflits internes !

Leon Festinger devient incontournable. Festinger a défini la dissonance cognitive comme « un état de tension désagréable dû à la présence simultanée de deux cognitions[1] (idées, opinions, comportement) psychologiquement inconsistantes[2] ».

L'homme, dans son besoin de cohérence, aspire à rejeter des faits (idées, comportements, etc.) présents chez lui et qui sont contradictoires. L'homme (ou la femme, elle n'en est pas exemptée) en contradiction va rationaliser et tentera de réduire cette dissonance par n'importe quel moyen (comme changer d'avis par exemple[3]). La dissonance cognitive, comme l'anxiété, est un élément d'éveil et d'inconfort que chacun d'entre nous cherche à réduire. L'individu se mettra en quête d'informations qui l'aideront à retrouver sa consonance cognitive.

Hormis le fait que l'individu aura tendance à chercher de l'information pour réduire cette dissonance et donc à s'affilier (et à propager dans la foulée), nous nous efforcerons de sélectionner, dans nos

---

1. Sont appelées cognitions les émotions (affectif), les perceptions, les attitudes propositionnelles (cognitif), les comportements (internalisation des actions).

2. Leon Festinger, *A Theory of Cognitive Dissonance*, New-York, Harper and Row, 1957.

3. Ce point n'est pas évident car la rectification d'une idée acquise est plus laborieuse que l'apprentissage d'une autre pour laquelle l'individu n'a pas de repère. Un effort sera requis.

choix de rumeur, une rumeur qui résout un conflit interne. La diminution de cet état de tension désagréable donnera à la rumeur toutes ses chances de succès. Par exemple, tous les fumeurs légitiment leur tabagisme par le fait « qu'il faut bien mourir de quelque chose », cette pirouette permettant d'admettre plus volontiers la toxicité de leur addiction et de réduire ainsi la dissonance cognitive associée. Concevez la rumeur du lancement d'un nouveau produit du laboratoire X qui annihile les méfaits du tabac, et tous les fumeurs de la planète y croiront. Promis, juré, craché. Accessoirement, l'action du laboratoire X explosera, ce qui peut avoir son utilité…

Après avoir déterminé le bon « profil » de notre propagateur, nous allons à présent nous interroger sur la nature du groupe auquel il serait bon qu'il appartienne.

© Groupe Eyrolles

Qu'on se le dise !

▶ Les rumeurs sont douées d'une espérance de vie : en moyenne, un mois. C'est le temps sur lequel il faut compter pour voir vivre et s'éteindre notre rumeur.

▶ Le terrain propice au lancement d'une rumeur est un contexte de forte anxiété. Toute forme d'échéance est anxiogène et notamment les élections présidentielles.

▶ Les périodes d'anxiété imprévisibles sont les plus nombreuses (et souvent plus spectaculaires et efficaces pour lancer notre rumeur). L'incertitude quant à leur nature et à leur déclenchement implique à la fois la patience et le fait d'être prêt à agir au moment où elle surgira.

▶ Le pire revers qui puisse arriver à un rumorocrate est d'agir avant l'heure ou de laisser passer l'opportunité – bref, de se tromper de timing.

▶ L'anxiété est un bon véhicule de rumeur, car l'individu anxieux fera tout pour retrouver son équilibre ; notamment, par la réassurance sociale, l'autoévaluation et la recherche d'informations. La recherche de communication avec d'autres est toujours intéressante pour la diffusion de nos rumeurs.

▶ Nous sommes influencés par des biais cognitifs, qui nous rendent plus ou moins poreux à la rumeur. Parmi les nombreux biais cognitifs, l'un d'eux est nommé « biais de vérité » ou crédulité : il réduit la capacité à détecter la tromperie et pousse à surestimer le nombre de messages authentiques. L'expérience prouve que la bonne humeur augmente notre crédulité.

▶ Une information entendue fortuitement a un pouvoir de persuasion plus grand. L'auditeur a baissé sa garde, d'autant qu'il n'est pas censé l'écouter et l'émetteur ainsi ne peut être perçu dans sa tentative d'influence.

▶ Dans notre choix du locuteur initial, nous prendrons soin à ce que celui-ci réponde à un stéréotype. Lorsque nous recevons une information, nous cherchons en effet inconsciemment à savoir à quel stéréotype le locuteur appartient. Si notre locuteur est

.../...

...∕...

cohérent avec la classe sociale à laquelle il semble appartenir, ses interlocuteurs ne chercheront pas à creuser. Toujours ça de gagné pour la diffusion de la rumeur.

▌ Les sources de pouvoir ont un fort impact sur l'opinion de la cible, de même que la beauté des femmes impacte les hommes modérément stressés. En termes d'attractivité de la source, trois facteurs jouent : la familiarité, la similarité et la sympathie.

▌ Plus on insiste sur le caractère confidentiel et plus les participants violent le secret. Il s'agit donc d'entretenir ce secret dans nos rumeurs pour provoquer un bon taux de diffusion.

▌ Une rumeur est souvent déclenchée par la conjonction de deux éléments : la ré-évocation d'une émotion (le rappel autobiographique), et la présence d'un partenaire vers qui cette ré-évocation est orientée. Un contexte à haut voltage émotionnel est donc très favorable à la diffusion rumorale.

▌ Nous avons pour habitude de penser que la rumeur est l'apanage des gens modestes. La concierge serait le vecteur le plus efficace… Or, c'est l'inverse : plus les gens sont éduqués, mieux ils propagent.

▌ Le rang de naissance va jouer également sur le besoin affiliatif et la capacité à propager. Plus anxieux, plus influençables, les aînés de fratrie ont une plus grande dépendance affiliative et sont donc de meilleurs propagateurs.

▌ La faim présente des rapports très proches avec l'anxiété, en ce qu'elle encourage la tendance affiliative. Plus on a faim et mieux on propage ! Dans notre stratégie de diffusion de la rumeur, nous aurons donc à cœur de choisir des personnes enclines à sauter les repas.

CHAPITRE 7

Dans quel groupe propager ?

« L'ombre, où se mêle une rumeur,
Semble élargir jusqu'aux étoiles
Le geste auguste du semeur. »

Victor Hugo

Certains groupes sont mieux disposés que d'autres à la propagation.

La nature et la taille du groupe dans lequel nous souhaitons diffuser notre rumeur sont importantes, car la dynamique qui le caractérise n'est pas la même.

LES GROUPES RÉCEPTEURS DE LA RUMEUR

Il s'agit ici d'éclaircir la dynamique des groupes afin d'orienter le plus judicieusement possible notre rumeur.

La notion de groupe se définit essentiellement par sa taille et son degré d'organisation. On appelle « groupe » un ensemble de personnes dont l'effectif atteint permet un nombre de relations individuelles possibles entre les membres supérieur au nombre de ses membres. De fait, un groupe comprend au moins trois personnes permettant trois relations interindividuelles, trois interactions dans lesquelles un membre peut être en relation avec un couple et pouvant faire une relation à trois participants. C'est au-dessus de ce nombre que la productivité du groupe dépasse celle des personnes.

Le groupe a une raison d'être, quelle qu'elle soit. Et plus sa tâche est compliquée, plus le groupe est cohérent – et mieux il propage.

Les groupes se distinguent en deux catégories, primaire et secondaire :

- le groupe primaire : composé d'un petit nombre de participants, il bénéficie d'une forte organisation et l'orientation des tâches est généralement innovante. Il est réactif, souple et agile. Si l'on doit situer le point de départ de notre rumeur orchestrée, c'est généralement ce genre de groupe qu'il faut privilégier ;
- le groupe secondaire : également fortement organisé, il est généralement composé d'un nombre plus important de participants. Ayant plus d'inertie que le groupe primaire, l'orientation de ses tâches est plus planifiée. L'espérance de vie d'une rumeur étant relativement court, ce genre de groupe est peu sollicité dans l'orchestration de rumeurs même si les membres de ce genre de groupe peuvent être également utilisés.

Selon Anzieu et Martin[1], nous trouvons également trois formes de groupes :

- le groupement : il est caractérisé par des relations interpersonnelles faibles et peu motivées. Son degré d'organisation est intermédiaire sans en être dépourvu. Son nombre de participants varie beaucoup ;
- la bande : composée d'un nombre restreint d'individus dont la principale motivation est la recherche du semblable. Organisation faible ;
- la foule : composée d'un nombre important d'individus dont la principale motivation est le partage des émotions. L'organisation s'y trouve particulièrement faible, voire inexistante.

1. D. Anzieu et J.-Y. Martin, *La Dynamique des groupes restreints*, Presses universitaires de France, 1990.

Au sein de cette structure groupale, on distingue les groupes d'appartenance et les groupes de non-appartenance, ces derniers eux-mêmes se divisant en groupes de référence et de non-référence. Certains sont plus propices que d'autres à la propagation des rumeurs.

Les groupes d'appartenance : pas très propices, quoique…

Un groupe d'appartenance est celui auquel appartient le propagateur de la rumeur. Ces groupes sont moins concernés par l'orchestration des rumeurs que les groupes de non-appartenance.

Généralement, on souhaite plus volontiers voir apparaître des rumeurs dans le groupe de non-appartenance (exogroupe) que dans le groupe d'appartenance (endogroupe). Pourquoi cela ? La volonté de nuire concerne plus les autres que ceux qui nous sont proches – en général ! Car les exceptions sont bien présentes et les rumeurs internes pourront également être exploitées.

Pour le politique, l'ennemi, c'est initialement l'idéologie opposée (exogroupe), mais ce sont également des individus de « chez nous » (endogroupe). Au sein de l'entreprise, c'est le concurrent mon ennemi, mais c'est également le collègue qui brigue le même poste que moi.

Exemple fictif : juin 2011, un ministre de l'Économie qui part au FMI et son poste se libère. L'ennemi devient interne et cet ennemi pour le ministre du Budget devient le ministre de l'Agriculture et inversement. Un crêpage de chignon et un crachat de tétine plus loin : Budget 1, Agriculture 0.

Une rumeur servant l'un et desservant l'autre dans ce contexte recevra naturellement une forte motivation.

Le groupe d'appartenance offre cependant des aspects intéressants, se posant à la fois comme un centre de différenciation et comme un élément de similitude.

Quelque part, je vaux mieux que vous, non ?

L'EXPÉRIENCE

Codol[1] a posé quatre questions à ses étudiants, auxquels ils devaient répondre sur une échelle graduée de 0 à 10. Les deux premières questions encouragent la similitude et les deux dernières la différenciation.

* Pensez-vous que vous-même, personnellement, vous ressemblez aux autres étudiants ? (moyenne des réponses aux questions : M = 4) ;

* Pensez-vous que les autres étudiants vous ressemblent ? (M = 5,09) ;

* Pensez-vous que vous-même, personnellement, vous êtes différent des autres étudiants ? (M = 5,51) ;

* Pensez-vous que les autres étudiants soient différents de vous ? (M = 4,53)

Il ressort de ces moyennes que les autres me ressemblent plus que « je » ne leur ressemble et que « je » suis plus différent d'eux qu'ils ne le sont de moi.

On voit que l'individu cherche à se différencier du groupe auquel il appartient ; une rumeur allant dans ce sens aura une bonne chance d'être relayée.

Exemple fictif : un individu apprend à un chef d'État que l'on dit qu'il aurait un compte en Suisse rempli de commissions occultes provenant de la vente de matériel militaire et que cette nouvelle serait orchestrée par quelqu'un de son camp. L'annonceur de la nouvelle se différencie du groupe par une « information » à haute valeur ajoutée. Il bénéficiera du prestige afférant. Dans un second temps, il devient salvateur pour le groupe (identification). Accessoirement, l'hypothétique fautif finira peut-être sur un croc de boucher, lequel pourra tarder à venir.

---

1. Jean-Paul Codol, « Estimation et expression de la ressemblance et de la différence entre pairs », *L'Année psychologique*, vol. 86(4), 1986, p. 527-550.

Les groupes de non-appartenance :
le terreau idéal

D'un point de vue rumoral, ces groupes sont beaucoup plus riches car beaucoup plus motivés pour faire courir des bruits. Par exemple, il faut garder à l'esprit les concurrents pour relayer nos rumeurs, ils ont tendance à le faire « spontanément ». Le plus charmant est qu'ils sont persuadés de le faire de leur propre chef.

Il existe un processus cognitif nous permettant de traiter toutes les informations extérieures, appelé « catégorisation ». Il est vital car il permet de systématiser et d'anticiper toutes nos relations interpersonnelles. Par exemple, toutes les caractéristiques des membres de notre groupe sont clairement catégorisées : leur éducation (a fait des études ou pas), leur statut social (richesse ou pauvreté), la couleur de leur peau, etc.

La catégorisation sociale est un phénomène puissant qui consiste à classer l'individu dans une catégorie plutôt que de lui reconnaître une caractéristique individualisante. Il s'agit donc d'un processus de comparaison sociale qui va faire interagir un groupe d'appartenance avec un groupe de non-appartenance. Cette comparaison sociale, très souvent présente dans nos rumeurs, engendre simultanément un réflexe identitaire et un désir de singularisation. Cela est un dénominateur commun avec les groupes de non-appartenance.

C'est bien dans ce genre de groupe que les rumeurs ont une meilleure chance d'évoluer.

S'il existe les groupes auxquels nous appartenons et ceux auxquels nous n'appartenons pas, il y a également ceux avec lesquels nous pouvons nous comparer et les autres.

Les groupes de référence :
ceux qui nous font rêver !

Certains groupes correspondent à notre mode de pensée et d'autres moins. Nous y aspirons avec le sens des réalités ou en les idéalisant.

Selon la définition de Sherif, les groupes de référence sont « les groupes auxquels l'individu se rattache personnellement en tant que membre actuel ou auxquels il aspire à se rattacher psychologiquement ou, en d'autres termes, ceux auxquels il s'identifie ou désire s'identifier[1] ». Nous sommes toujours dans un processus de comparaison sociale car c'est par le biais des groupes de référence que l'individu évalue sa vie, ses sentiments, ses comportements et autres conditions de vie.

Exemple fictif : si je travaille dans une entreprise de logiciels de synchronisation de données à distance appelée Dropbox, mon groupe de référence s'appelle Apple (technologie iCloud), mammouth mondial bien connu. Une rumeur de rachat de Dropbox par Apple aura toutes les chances de fonctionner.

Diffuser au sein d'un groupe de référence est un contexte plutôt propice.

Les groupes de non-référence : faire un détour...

Quand il y a comparaison sociale entre un groupe d'appartenance et un autre groupe n'étant pas de référence, alors les deux groupes s'évaluent comme deux entités différentes sur des principes radicalement dissemblables.

À quel facteur attribuez-vous votre réussite ?

L'EXPÉRIENCE

En 1982, Hewstone, Jaspars et Lalljee[2] feront une expérience durant laquelle les étudiants expliquent les raisons de leur succès ou de leur échec à leurs examens. Dans un premier cas, les étudiants appartiennent à une école privée et dans d'autres cas, ils appartiennent à une école publique. Les élèves de l'école privée dans leur grande majorité ont expliqué leur succès grâce à leur intelligence et leurs échecs à cause de leur manque de travail. Inversement, les élèves de l'école

---

1. Muzafer Sherif, *An Outline of Social Psychology*, Harper, 1948.

2. Dr. Miles Hewstone, Jos Jaspars, Mansur Lalljee, « Social representations, social attribution and social identity: The intergroup images of 'public' and 'comprehensive' schoolboys », *European Journal of Social Psychology*, vol. 12(3), juillet-septembre 1982, p. 241–269.

publique ont majoritairement expliqué leur succès grâce à leur force de travail et leur échec à cause de leur manque d'intelligence.

On voit ici que l'identification des élèves est radicalement antinomique.

À ce stade, il apparaît que ce contexte de non-référence n'est pas propice à la propagation rumorale.

Taille et composition du groupe cible de notre rumeur

Partant du principe que la rumeur est fortement associée à la conformité, voire au conformisme, on peut se demander s'il y a un lien entre la taille du groupe et son besoin de conformité.

Pour délimiter le champ des significations, par conformisme, il faut entendre une attitude d'acceptation consciente ou inconsciente des modèles de conduite et de comportements dominants. Par conformité, il faut entendre une conduite conforme aux normes, valeurs et comportements d'un groupe.

On a tendance à penser que le taux de conformité augmente avec la taille du groupe. Si tel était le cas, il suffirait de choisir le plus grand auditoire possible pour diffuser nos rumeurs ! De manière intéressante, Asch va constater que cette hypothèse se vérifie, mais jusqu'à un certain point… qui vient assez vite : au-delà de cinq personnes, le taux de conformité se stabilise. Dans ses expériences, il fait varier le nombre de compères, et les individus « naïfs » se plient devant l'opinion d'un groupe de trois ou quatre complices comme ils le feraient dans un groupe plus important. Pour la diffusion de rumeurs, cette taille de groupe semble optimale. De plus, d'un point de vue sexiste, les participants masculins se conforment plus sur des sujets féminins que les sujets féminins ne se conforment aux thèmes masculins : sur une rumeur portant sur des sujets féminins, les hommes s'intéresseront davantage qu'une femme à une rumeur sur un sujet masculin. Donc une rumeur sur des sujets féminins aura plus de chance de prendre dans un milieu masculin qu'un sujet masculin dans un contexte féminin. L'aspect culturel est également intéressant, en fonction du fait que nous avons affaire à des cultures collectives ou individualistes au sein de l'entreprise par exemple. Les Français ont la conformité moins facile que les Norvégiens. Les Américains sont plus conformistes que les Japonais, etc.

Un parti politique dans lequel on ne voudra voir qu'une seule tête répondra aux mêmes caractéristiques.

Les travaux de Richard Crutchfield[1], eux-mêmes issus de ceux de Salomon Asch, ont cherché à évaluer cette conformité. Crutchfield a mesuré cette conformité à l'aune du temps qu'un individu est prêt à consacrer au consensus de la communauté quand cette communauté est dans l'erreur.

Formulons-nous nos opinions par rapport aux signes extérieurs ?

L'EXPÉRIENCE

Crutchfield a réuni 100 militaires et hommes d'affaires d'origines socio-éducatives variées. Réunis par groupes de quatre, chacun d'entre eux est placé dans une cabine isolée. Ils ne peuvent se voir ni communiquer entre eux. On leur projette des diapositives qui font appel à des suites logiques, des séries de nombres, des estimations d'opinions, des jugements divers. Les participants disposent de quatre boutons A, B, C ou D, sur lesquels ils peuvent appuyer depuis leur cabine pour donner leur avis sur les solutions proposées. Ils doivent répondre l'un après l'autre et dans cet ordre A, B, C et D.

Dans chaque cabine, des voyants lumineux indiquent aux participants quelles ont été les réponses des trois autres. Ces voyants, en réalité, sont manipulés par l'expérimentateur et n'expriment pas les jugements des autres membres. Quand l'expérimentateur veut augmenter la pression, les quatre boutons (A, B, C, D) donnent des solutions incongrues avec la réponse correcte. De cette manière, le sujet entre en conflit : son propre jugement contredit ce qu'il pense être le consensus du groupe.

Sur quel bouton l'individu appuiera-t-il ?

Parmi les militaires, quand on leur a demandé leur opinion sur la phrase

---

1. Richard S. Crutchfield, « Conformity and character », *American Psychologist*, vol. 10(5), mai 1955, p. 191-198.

« je doute que je ferais un bon chef », 37 % ont été d'accord avec cette affirmation pendant le déroulement de l'expérience, alors qu'aucun d'entre eux ne l'a été en évaluation privée. De là à penser que les militaires sont prompts à la conformité et feront de bons propagateurs, il n'y a qu'un pas franchi de longue date. Cela est à croiser avec le niveau socio-éducatif, lequel, faut-il le rappeler, est un facteur de propagation. Le militaire fortement éduqué sera à considérer comme un propagateur d'excellente facture. À suivre donc, anciens saint-cyriens, de Sup Aéro et autres diplômés de Polytechnique.

Dans l'expérience, il y avait 21 questions. Certains individus se conformeront à une ou deux occasions et d'autres à plusieurs. Un participant se conformera 17 fois sur les 21 questions : nous tenons là un diffuseur de toute beauté.

Cette expérience tend à montrer que nous formulons nos opinions par rapport aux signes extérieurs et qu'il existerait une personnalité du conformiste. Le profil du conformiste semble assez proche de celui du propagateur de rumeurs.

Les conformistes, en effet, ont tendance à être intellectuellement moins efficaces : selon Crutchfield, ils sont moins capables d'appliquer les principes logiques à n'importe quel genre de données. Ils ont moins de force de caractère et ne sont pas autosuffisants : ils sont moins sûrs d'eux-mêmes, manquent de confiance et s'en réfèrent aux autres dans leurs prises de décision.

Ils ont également une moins grande capacité au leadership. Leur approche est généralement prudente et indécise. Les conformistes ont bien entendu une forte tendance normative, exprimant des vues autoritaires fondées sur « ce qui doit être fait » ou « ce qui devrait être fait ».

Ils montrent un sentiment d'infériorité et sont plutôt soumis. Leur réseau social est réduit. Ils ne sont pas particulièrement appréciés, mais ils sont socialement tolérés.

Pour diffuser, nous favoriserons le conformiste sur le non-conformiste, l'orthodoxe sur le l'hétérodoxe et le psychorigide sur le psychoflexible !

Nature de la rumeur et uniformisation

L'une des raisons majeures qui poussent un individu à communiquer – et donc, à propager – est la pression à la conformité qui existe dans le groupe. Les pressions se font jour pour une raison ou une autre, et s'exercent sur les membres de la communauté pour que ceux-ci s'accordent sur certains sujets ou se conforment respectueusement à des modèles comportementaux.

Selon Leon Festinger, il existe deux formes majeures de pression uniformisante : la raison sociale et les raisons d'appartenir au groupe.

La réalité sociale

Toutes nos croyances, attitudes et opinions doivent reposer sur une base concrète pour acquérir une validité : il leur faut une réalité physique. Par exemple, une personne qui regarde une surface peut se demander si elle est fragile ou incassable. Il sera facile d'apporter une réponse en lui fournissant un marteau afin de tester la résistance de la matière. En fonction du résultat, elle saura immédiatement si son opinion initiale était correcte ou pas. Il y a donc un fort niveau de dépendance à la réalité physique pour la validité de nos croyances.

À l'autre bout du spectre se trouvent les croyances dont la dépendance aux réalités physiques est basse, voire nulle. Par exemple, une personne qui repense aux résultats des élections. Elle peut se dire que si le perdant avait gagné, les choses iraient bien mieux aujourd'hui. Sur quelle validité subjective cette croyance repose-t-elle ? Elle repose essentiellement sur le fait que d'autres individus partagent cette opinion et ressentent la même chose ; le fait que d'autres personnes alentour partagent cette opinion donne pour elle un fondement à cette croyance. En revanche, si cette personne est seule à avoir cet avis, il n'a aucune validité sociale. Nous sommes dans le cas de figure où la dépendance à la réalité physique est très faible et la dépendance à la réalité sociale très forte. Une croyance de cette nature est donc considérée comme « correcte » si elle trouve un point d'ancrage chez un groupe d'individus partageant les mêmes appréciations.

Une croyance qui n'existe pas par elle-même mais par rapport aux autres a naturellement une capacité affiliative intéressante pour nos rumeurs.

Bien sûr, il n'est pas indispensable que la planète entière partage l'opinion de cette personne. Mais il est nécessaire que des membres du groupe auquel elle appartient partagent son opinion. Il n'est pas nécessaire qu'un membre du Front national soit d'accord avec un membre du Parti socialiste, mais il devient nécessaire qu'il y ait d'autres individus appartenant au Front national qui soient d'accord avec lui. Cette question est circulaire puisque des groupes de référence ont tendance à faire venir à eux des personnes qui partagent les mêmes opinions. De manière similaire, les groupes ont tendance à rejeter les individus qui ne sont pas en accord avec eux.

Lorsque nous choisirons nos rumeurs, nous aurons intérêt à veiller à leur faible dépendance aux réalités physiques. Les rumeurs qui peuvent être contredites par un test empirique ou une quelconque réalité physique ont moins de chances de durer. Si un test physique démontre l'impossibilité de la rumeur, cette contradiction peut lui être fatale. Particulièrement si cette contradiction apparaît en début de cycle, moment de grande fragilité. Ainsi, nous sélectionnerons des rumeurs à forte réalité sociale et à faible réalité physique (« Si Ségolène Royal avait gagné les élections… »). Comme elles reposent sur une croyance partagée, le travail d'uniformisation est déjà présent et la vie du rumorocrate simplifiée d'autant. On n'en demande pas plus.

Les raisons d'appartenir au groupe

Nous touchons du doigt la cohérence du groupe. Une règle domine : plus un groupe est cohérent et mieux il propage.

Les raisons d'exister d'un groupe sont de trois ordres :

- son attractivité : y adhérer apporte une satisfaction personnelle, intellectuelle, affective, etc. ;
- l'orientation de la tâche : dans les groupes orientés « tâche », il sera intéressant d'évaluer les facteurs facilitant l'uniformisation, notamment les rapports d'interdépendance des individus entre eux pour la réalisation de la tâche. Moins les individus sont substituables avec d'autres acteurs issus d'autres groupes, plus l'uniformisation sera forte et intéressante pour nos rumeurs. L'inverse est vrai également, plus ils sont interchangeables et plus l'uniformisation sera délicate : les individus interchangeables sont en effet moins essentiels au groupe car ils sont précisément permutables ;
- le prestige du groupe : exploitable principalement s'il permet l'accès à des réseaux à fort potentiel propagateur (grandes écoles, corporatisme, etc.).

En résumé, nous pouvons dire que :

- l'appartenance à un groupe induit des changements quant aux opinions et attitudes de ses membres. Ces changements sont toujours orientés vers l'uniformité ;
- Le nombre de changements au sein du groupe est en lien direct avec l'attractivité que procure, pour ses membres, le fait d'appartenir à ce groupe ;
- un individu dont le comportement social se modifie après avoir entendu quelque chose aura tendance à relayer cette information vers d'autres personnes qui seront susceptibles d'être affectées par cette information ;
- les membres qui ne seront pas en conformité avec le modèle du groupe auront tendance à recevoir moins de communication que ceux qui ne seront pas rejetés. Les déviants propagent moins bien ;
- plus le groupe a une bonne capacité à se sous-diviser, moins les processus d'influence agiront sur lui. La capacité à se sous-diviser augmente son autonomie et diminue d'autant l'influence de la « tête ».

Il va sans dire que ces pressions s'exercent par le biais d'un processus de communication entre les membres du groupe : c'est précisément cela qui nous intéresse.

Ces processus de communication ne sont pas une finalité en eux-mêmes ; ils ne sont qu'un moyen d'influence pour résoudre les contradictions qui existent au sein du groupe. Il s'agira donc d'identifier les groupes qui diffuseront le mieux, c'est-à-dire ceux qui présenteront les meilleurs ressorts de communication interne.

Leon Festinger a conçu un jeu d'hypothèses afin d'agir sur les déterminants de cette communication interne.

Jeu d'hypothèses 1 : les déterminants agissant sur la pression à communiquer

Hypothèse 1.a : contradictions au sein du groupe

La pression sur les membres à communiquer entre eux à propos d'une question X augmente au fur et à mesure qu'augmentent les contradictions des opinions sur la question X parmi les membres du groupe.

Ici, on ne prend en compte que les communications qui poussent vers l'uniformisation. Les différences d'opinion sont indissociables de la communication ; s'il n'y en avait pas, cela voudrait dire que l'uniformité est déjà atteinte.

Hypothèse 1.b : importance de la question

La pression sur les membres à communiquer entre eux à propos d'une question X augmente au fur et à mesure qu'augmente l'importance de la question X pour le fonctionnement du groupe.

On comprend bien que de l'importance de la question X dépend directement la dynamique de la communication. Sans cette importance, même si l'on a des contradictions au sein du groupe, la force de communication risque d'être faible. Stanley Schachter montrera la corrélation entre l'importance du sujet et des interventions individuelles plus longues et des temps de pause plus courts dans la conversation.

Hypothèse 1.c : cohésion du groupe

La pression sur les membres à communiquer entre eux à propos d'une question X augmente au fur et à mesure qu'augmente la cohésion du groupe.

Par cohésion, il faut comprendre la somme des forces qui agissent sur les membres du groupe pour qu'ils restent au sein de cette communauté. Cette cohésion est généralement liée aux facteurs tels que l'attractivité, la nature de la tâche ou bien encore le prestige du groupe. À une cohésion nulle correspond une volonté également nulle de rester dans le groupe et une volonté de communiquer tout aussi nulle.

Jeu d'hypothèses 2 :
les facteurs déterminant le choix de l'auditeur

Hypothèse 2.a : le déviant monopolise la conversation

La force qui pousse à communiquer à propos d'une question X à un membre spécifique du groupe augmente au fur et à mesure qu'augmente la contradiction d'opinions entre ce membre et le locuteur.

Plus il y a d'oppositions entre les positions et plus la pression sur la communication augmente. Cela revient à dire que la volonté à communiquer à l'intérieur du groupe se fera en direction de ceux qui affichent les positions les plus opposées à celles des autres membres. Dans une étude[1], Schachter montre que lorsque quelqu'un affiche une opinion radicalement différente de celle du groupe (le déviant), celui-ci reçoit en moyenne cinq fois plus de communications que ceux envers qui ils sont en accord avec le groupe. Entre 70 % et 90 % des individus déviants monopolisent les communications.

Hypothèse 2.b : inclusion

La force qui pousse à communiquer à propos d'une question X à un membre spécifique du groupe diminue dans la mesure où ce dernier n'est pas perçu comme un membre du groupe ou à défaut, si celui-ci n'est pas désiré comme membre du groupe.

---

1. Stanley Schachter, « Deviation, rejection, and communication », *The Journal of Abnormal and Social Psychology,* vol. 46(2), avril 1951, p. 190-207.

Cette force à communiquer quand on est face à des opinions contradictoires s'applique à l'intérieur du groupe – plus précisément, à l'intérieur du groupe « psychologique ». Les communications ne sont pas dirigées vers ceux qui ne sont pas membres du cercle.

Hypothèse 2.c : fléchissement

La force qui pousse à communiquer à propos d'une question X à un membre spécifique du groupe augmente au fur et à mesure qu'augmente le fait que la communication change l'opinion du membre dans la direction voulue.

Si le groupe ressent que le membre est en train de fléchir sur ses positions, les communications à son endroit augmenteront. Par opposition, si le groupe ressent que l'individu reste inflexible dans ses opinions, les communications envers lui diminueront pour finalement s'en désintéresser. On peut supposer que les individus dont les opinions se situent « au milieu » seraient ceux qui communiqueraient le moins et qui adresseraient le moins de communications envers le groupe.

Jeu d'hypothèses 3 : les déterminants du changement de l'auditeur d'une communication

Hypothèse 3.a : pression à l'uniformité

Le nombre de changements d'opinion résultant d'une communication augmente au fur et à mesure que la pression à l'uniformité diminue dans le groupe.

Plus il y a de pression à l'uniformité, plus l'influence exercée est importante. De fait, l'uniformité semble pouvoir être atteinte par des changements d'opinions. Les groupes les plus cohésifs et qui génèreraient le plus de pression à l'uniformité seraient ceux les plus susceptibles de changer d'opinion, suivis par ceux qui exercent une pression moyenne, et les groupes de faible pression seraient ceux qui changent le moins.

Hypothèse 3.b : la volonté de rester dans le groupe

Le nombre de changements d'opinion résultant d'une communication augmente au fur et à mesure que la volonté de rester dans le groupe augmente pour le déviant.

Le groupe n'a de pouvoir sur un individu que dans la mesure où celui-ci souhaite rester dans le groupe. Plus un groupe est attractif et plus l'influence du groupe sera effective sur l'individu. Dès lors, plus un groupe est fortement cohésif, plus la conformité aux modes de pensée et aux comportements est grande.

En termes de propagation de rumeurs, ces groupes à fort pouvoir d'attraction sont naturellement à sélectionner en priorité.

Jeu d'hypothèses n° 4 : les déterminants du changement de la relation entre les membres

Hypothèse 4.a : expulsion du groupe et différences d'opinion

La tendance à changer la composition d'un groupe psychologique (expulser des membres du groupe) augmente au fur et à mesure que les différences d'opinion augmentent.

Deux tendances se dessinent quand un groupe s'oriente vers la conformité : plus de tentatives d'influence envers les autres, qui eux-mêmes sont plus enclins à être influencés. Festinger ajoutera une troisième tendance, celle de se débarrasser des opinions divergentes. Pour ce faire, il suffit de redéfinir les règles d'appartenance à la communauté psychologique. Lors de choix sociométriques, les individus non conformes aux standards de leur groupe social sont soigneusement tenus à l'écart. Quand on les a questionnés sur le nombre d'amis qu'ils avaient dans le groupe, ils ont tous largement surestimé leur quantité.

Hypothèse 4.b. : expulsion du groupe et importance du sujet

Quand la non-conformité existe, la tendance à changer la composition du groupe psychologique augmente au fur et à mesure que la cohésion du groupe augmente et que l'importance du sujet traité augmente également.

Une forte cohésion incite au rejet. Un sujet important pour le groupe également. Les groupes faiblement cohésifs et traitant de sujets modérément importants ne rejettent quasiment aucun déviant.

Cela se vérifie : les groupes très structurés sont bénéfiques à nos rumeurs.

Cohésion/attractivité et influence

Irving Janis a créé le concept du *groupthink* : « Un mode de pensée que les individus engagent quand ils sont profondément impliqués dans un groupe cohésif, leur soif d'unanimité domine leurs motivations à considérer des manières d'agir différentes[1]. »

Puisque la cohésion est une caractéristique permettant de bien propager, nous allons à présent rechercher les critères pour évaluer la cohésion d'un groupe. Cette cohésion a deux orientations : une orientation émotionnelle et une orientation « réalisation d'une tâche ».

Plusieurs critères sont à notre disposition pour évaluer l'aspect cohésif d'un groupe :

- similarité des membres. Selon la théorie de l'identité sociale, plus les individus partagent de points communs, plus ils s'apprécient. Que ces points communs soient externes (âge, métier, race, etc.) ou internes (attitudes, valeurs, etc.) ;
- difficulté à entrer dans le groupe. Plus cette difficulté est grande, plus il y a de prestige à en faire partie. L'élitisme est lié à la motivation « d'en être » ;
- taille du groupe. Les petits groupes présentent généralement plus de cohésion. Un consensus est plus facile à obtenir pour un groupe de faible taille. Néanmoins, pour les groupes orientés tâche, il faut que le nombre permette la réalisation de cette tâche ;
- succès du groupe. Ce facteur est connexe à la difficulté à entrer dans le groupe. De manière évidente, appartenir à ce groupe doit faire envie plutôt que pitié ;

1. Irving L. Janis, *Victims of Groupthink : A Psychological Study of Foreign-Policy Decisions and Fiascoes*, Oxford, England, Houghton Mifflin, 1972, p. VIII.

• compétition externe ou menaces que le groupe doit ou pense devoir subir. Tout au long de l'histoire, les dirigeants ont utilisé cette vieille recette pour raffermir la cohésion du noyau social (la compétition chinoise, Al-Qaida, etc.). À ce propos, il existe une vidéo distrayante d'Alain Chouet, ancien directeur du renseignement de sécurité de l'ex-DGSE, qui nous explique le 29 janvier 2010 au Sénat que l'organisation Al-Qaida est décapitée depuis 2002, mais qu'elle a le mérite d'avoir toujours son utilité. Tout bon terroriste, pour être pris au sérieux aujourd'hui, doit relever d'elle et tout gouvernement soucieux de faire passer des lois répressives doit se livrer au même exercice pour les justifier. On sous-estime trop facilement l'utilité des morts[1].

En appliquant ces principaux points dans notre recherche du groupe « parfait » pour bien diffuser, on se trompera peu.

RUMEUR ET QUÊTE DE CONFORMISME

Plus le groupe est structuré et cohérent dans ses valeurs, plus la pression sociale est puissante. Cette pression sociale est facteur d'importance en termes de rumeurs.

Si les groupes soudés sont un bon terrain pour propager une rumeur, qu'en est-il de la déviance ?

Dans sa relation aux autres, l'individu est fortement guidé vers des groupes susceptibles de lui fournir sécurité, pouvoir, reproduction, etc. Ces groupes sont soit le lieu d'expériences d'acceptation et d'intégration entraînant une bonne dose de conformisme, soit au contraire un terrain de rejet, d'exclusion et d'isolement. La pression du groupe qui va relayer la rumeur n'implique pas systématiquement l'obéissance et la conformité en son sein.

---

1. http://www.dailymotion.com/video/xc6gal_discours-d-alain-chouet-ancienne-ve_news

Dans les années 1950, Festinger et Schachter ont montré que tout désir d'individualité et d'autonomie est perçu comme une menace à l'unité du groupe ; *a contrario,* l'uniformité et le consensus sont une réussite de la réalité sociale. Les individus porteurs de cette non-conformité (encore appelée « déviance ») sont à proscrire soigneusement de notre processus de diffusion de notre rumeur car ils sont facilement susceptibles de rejet de la part du groupe. Ils sont aisés à identifier, ils sont générateurs de tension et de malaise au sein du groupe et ce, quel que soit le groupe. Cette pression du groupe vers l'uniformité (des valeurs, opinions, attitudes) et le conformisme est proportionnelle à l'écart existant entre la norme du groupe et la position du déviant.

Comment détermine-t-on un déviant ?

L'EXPÉRIENCE

Schachter[1], en 1951, a conduit une expérience édifiante sur cette question de la déviance. On demandait aux participants de discuter du sort à réserver à un jeune délinquant.

Phase 1 : chacun donne librement son avis sur sept possibilités quant au sort du délinquant.

Phase 2 : parmi les dix sujets qui composent le groupe, trois sont complices de l'expérimentateur et ont un rôle préétabli :

- le premier est le « compère modal », c'est-à-dire qu'il a une opinion que le plus grand nombre adopte (opinion modale) ;

- le deuxième est le « déviant flottant », c'est-à-dire qu'il a une opinion déviante qu'il va faire évoluer pour finalement se rallier à l'opinion partagée par la majorité au fur et à mesure qu'on va chercher à le convaincre ;

- le troisième est le « déviant stable » avec une opinion différente de celle de la majorité.

Phase 3 : tous les sujets remplissent un questionnaire sociométrique qui évaluera le degré d'affinité entre eux.

---

1. Stanley Schachter, « Deviation, rejection, and communication », *op. cit.*

Résultats des observations

Tentative de conviction des déviants

Très vite, le groupe s'adresse beaucoup plus aux compères déviants qu'aux compères modaux. Le nombre de communications en leurs directions explose et diminue au fur et à mesure que le déviant flottant se rallie à l'opinion modale. Cela montre l'efficacité de la pression sociale.

Rejet du déviant stable

Après une demi-heure, le nombre de communications vers le déviant stable diminue fortement pour quasiment disparaître. Il est rejeté.

Nous nous assurerons de ne pas choisir un déviant stable comme point de départ de notre rumeur.

Le déviant stable vit son rejet comme une situation anxiogène et réduira son angoisse en se comparant à d'autres déviants. À la suite de cette autoévaluation, il aura le choix entre deux stratégies :

- tentative d'affiliation : le déviant évite les contacts avec les non-déviants et va chercher à se rapprocher d'autres déviants pour élaborer une pensée collective avec eux. Cela va souvent créer un nouveau groupe ou réseau, ce qui créera un nouveau canal de diffusion pour notre rumeur. Dès lors, le déviant qui se regroupe avec d'autres déviants similaires perd son statut de déviant pour réintégrer un statut de compère modal, statut plus confortable malgré tout. Donc à ne pas négliger pour diffuser notre rumeur plus largement ;

- conduite d'agression : si, par exemple, une frustration est provoquée au sein du groupe (comme une répartition injuste des tâches ou des ressources), une agressivité apparaîtra. Nous verrons les déviants saisir cette occasion pour prendre des sanctions contre les non-déviants et les chances de voir se scinder le groupe seront importantes.

Le groupe, en perdant sa cohérence, perd également sa capacité à diffuser.

Regardons rapidement l'influence qui s'exerce au sein d'un groupe.

Les processus d'influence sont plutôt bien documentés, notamment à la lumière des études d'Asch et de Festinger. La méthodologie employée, dite « avant-après », consiste à faire prendre une décision à un individu sans aucune forme d'influence ; puis on redemande à l'individu de s'exprimer après une forme d'influence sociale. Les travaux établissent que le conformisme est un caractère invariant du comportement humain – mais tous les individus n'expriment pas le même degré de conformisme. À chaque diffusion de rumeur s'attache une forte de dose de conservatisme et de conformisme.

Notre diffuseur de rumeur en herbe sera choisi pour ses caractéristiques personnelles. Nous ne perdrons pas de temps avec un individu décalé ou rebelle, un déviant stable : il s'agira de sélectionner un propagateur connu pour son conservatisme. Il sera soumis et docile… À rechercher en priorité, les individus « sensibles à la persuasion » ou « ayant une prédisposition naturelle à l'acquiescement », bref, une personne « convergente ». Heureusement, ils sont nombreux et aisément identifiables.

Qu'en est-il dans les entreprises ? Au sein de l'entreprise, si l'on regarde attentivement le conformisme ambiant, on constate qu'il est le plus souvent lié à une affiliation ou à une forme quelconque de promotion. Il est moins marqué chez le haut management et il est maximal chez les employés de statut intermédiaire. Le conformisme est modique chez les individus de rang inférieur, ils ne sont pas les plus anxieux car ils ont peu à perdre.

Berkowitz et Macaulay ont bien développé cet aspect de la précarité statutaire. Ils montrent que le sujet de statut intermédiaire est le plus conformiste et le leader le moins conformiste :

- l'individu de rang élevé avec un statut assuré est dans un état affectif neutre ;
- le détenteur d'un statut intermédiaire, quant à lui, se sent proche de son but et se montre très motivé, très impliqué dans le groupe et présente un conformisme optimal du meilleur aloi ;

* quant aux inférieurs, ils sont loin du but. Ils n'aiment pas le groupe. En privé, ils sont non conformistes et en public, ils peuvent montrer un faible conformisme afin de ne pas être rejetés complètement.

Les supérieurs fragiles dont la position est mal affermie auront tendance à faire dans le conformisme, probablement par peur de perdre leur position. En termes de propagation rumorale, on pourra les considérer comme bons propagateurs malgré un statut élevé.

LA COMPLICATION DES COMMUNICATIONS DESCENDANTES

Nous allons à présent nous attarder un peu sur la diffusion de l'information et donc des rumeurs, sous l'angle des hiérarchies.

Nous appelons hiérarchie « le rangement des positions sociales, considérées indépendamment des individus qui les occupent, selon une relation d'ordre définie par un ou plusieurs critères[1] ».

Back et Festinger[2] ont montré que les informations circulaient essentiellement de manière ascendante. Cependant, la diffusion varie en fonction de la nature et du contenu de l'information : par exemple, les nouvelles préjudiciables aux niveaux supérieurs sont ralenties, voire carrément obstruées par ces derniers.

C'est une problématique courante en termes d'orchestration de rumeur que ces blocages des communications descendantes.

Quelle que soit l'entité, on retrouve un postulat : tout le monde a peur de tout le monde. Cela est particulièrement vérifié pour les individus de statut intermédiaire. Cette frayeur s'exprime par deux

---

1. Jean-Pierre Poitou, « L'étude expérimentale des hiérarchies sociales », *Année psychologique*, vol. 64(2), 1964, p. 483-501.
2. Kurt Back, Leon Festinger, Bernard Hymovitch, Harold Kelley, Stanley Schacter, John Thibaut, « The methodology of studying rumor transmission », *Human Relations*, vol. 3, 1950, p. 307-312.

dispositions : l'agressivité ou la soumission. Ce sont les deux volets d'une même attitude.

De plus, ces individus sont aisément identifiables. Ils ont la tête anxieuse et blafarde de ceux qui croient qu'ils seront d'éternels seconds.

L'étude des relations hiérarchiques est délicate à reproduire en laboratoire, alors qu'elles sont facilement observables sur le terrain.

Plusieurs expériences verront cependant le jour et corroborent le fait que les communications augmentent dans un contexte de frustration, de malaise ou d'anxiété.

L'homogénéité des groupes frustrés

L'EXPÉRIENCE

En 1950, Thibaut[1] sera l'auteur de cette expérience.

Les participants sont des enfants de 10 ans à qui l'on fait subir un test sociométrique afin qu'ils puissent choisir les partenaires qui leur plaisent. Ensuite, ils sont répartis en deux groupes constitués pour moitié de participants de leur choix et pour autre moitié de participants non choisis. Une différence de statut est introduite par le biais d'un jeu qui requiert la collaboration des deux équipes. Une équipe reçoit une fonction noble et attrayante et l'autre une tâche répétitive et ennuyeuse. En milieu de partie, on laisse au groupe défavorisé la possibilité d'inverser les rôles entre les deux équipes par le biais d'une revendication. L'expérimentateur acquiesce à cette revendication pour la moitié d'entre eux et la refuse à l'autre moitié, ceci de manière parfaitement arbitraire. Nous avons donc :

- un groupe de haut statut constant (HC) ;
- un autre de haut statut déchu (HNC) ;
- un autre de bas statut constant (BC) ;
- et un quatrième de bas statut promu au statut supérieur (BNC).

Pour les BC, le volume global des communications augmente de manière constante. Pour les BNC, il augmente également jusqu'à ce que la revendication de changement ait été acceptée et chute dès ce moment. Chez les HC, le volume des communications est constamment

1. John Thibaut, « An experimental study of the cohesiveness of underprivileged groups », *Human Relations*, vol. 3, 1950, p. 251-278.

décroissant et chez les HNC, il augmente quand ils sont déchus de leur condition.

Nous avons donc une hiérarchie à trois niveaux avec deux sous-groupes à statut instable (HNC et BNC) soumis à un même pouvoir. Nous avons une rivalité entre les sous-groupes avec limitation par les supérieurs de communications vers le bas et émissions par les inférieurs de communications vers le haut.

Après analyse des échanges, on constate que les bas statuts sont peu hostiles vis-à-vis des supérieurs. En revanche, les BNC, une fois la revendication satisfaite, font preuve d'une agressivité rare vis-à-vis des hauts statuts déchus (HNC). Dans ce cas, le volume de communications augmente drastiquement.

L'étude de la fréquence et de la direction des communications montrera encore une fois que les individus de statut inférieur adressent plus de messages aux supérieurs qu'à leurs égaux et que les individus de statut supérieur communiquent plus avec leurs égaux qu'avec leurs inférieurs.

Commentaire : une rumeur est souvent de nature agressive. Si vous l'inoculez à des bas statuts promus au statut supérieur (BNC) et si elle concerne des hauts statuts déchus (HNC) : franc succès assuré !

Dans le groupe de contrôle, il n'y a qu'une équipe active et une équipe auxiliaire, on ne remarque pas de différence dans le volume de communication des deux équipes. En termes de volume, le groupe de contrôle se situe au milieu des volumes des groupes de bas statut et de haut statut ; cela laisse penser que la variation dans les volumes de communication est bien due à la différence statutaire.

La nature arbitraire de la décision de l'expérimentateur d'assigner un statut à une équipe est une cause qui engendre naturellement l'hostilité des inférieurs. Cette condition artificiellement produite en laboratoire trouve néanmoins sa correspondance dans la réalité sociale. Les exemples de prises de décision arbitraires voire capricieuses sont pléthoriques. Elles sont génératrices de ressentiment et d'augmentation des volumes de communication. Elles sont donc exploitables.

© Groupe Eyrolles

Thibaut a fait cette expérience avec des enfants, Kelley l'a faite avec des adultes et obtient des résultats comparables.

D'un point de vue rumoral, ce contexte agressif est à synchroniser avec notre déclenchement et les individus avec un sentiment de frustration sont à cibler. Ils communiqueront mieux.

Il faut donc :

- comprendre la dynamique des différences statutaires et des haines qu'elle engendre ;
- coupler le genre de notre rumeur avec la cible appropriée pour insuffler une impulsion dans le sens qui va bien.

Les choses rouleront d'elles-mêmes ensuite.

Rappelons que les deux tiers des rumeurs sont de nature agressive.

Alors, voie montante ou descendante ?

Comment mieux comprendre les rapports hiérarchiques statutaires ? Ils influent sur la circulation de la rumeur, non, pardon, de l'information.

Cohen[1] montrera que les BNC (bas statuts avec possibilité d'une éventuelle promotion) et BC (bas statuts avec impossibilité d'en sortir) envoient un nombre similaire de messages vers les supérieurs, mais les messages des BNC sont sensiblement plus longs que ceux des BC. En revanche, les communications des BC à l'intérieur de leur propre groupe (endogroupe) envoient plus de mots dans des messages plus longs que les BNC (bas statuts promus au statut supérieur). De plus, les messages des BC (bas statuts constants) aux supérieurs parlent peu de la tâche à accomplir et sont nettement plus critiques que les BNC.

Zander, Cohen et Stotland[2] exposeront que les moins puissants des subordonnés recherchent l'appréciation des supérieurs. Les plus

1. Arthur R. Cohen, « Upward communication in experimentally created hierarchies », *Human Relations*, vol. 11(1), février 1958, p. 41-53.

2. A. Zander, A. R. Cohen et E. Stotland, « Power and relations among the professions », in Dorwin Cartwright (dir.), *Studies in Social Power Ann Arbor*, Institute for Social Research, University of Michigan, 1959, p. 15-34.

puissants des inférieurs sont indifférents à l'appréciation de leur hiérarchie et apparaissent comme peu soumis. Pour conclure, les plus puissants des supérieurs sont convaincus d'être aimés par les subalternes et les moins puissants des supérieurs s'en méfient. On peut supposer que les plus puissants des inférieurs sont perçus comme menaçants pour les moins forts des dominants.

Il a été montré que le pouvoir était perçu comme plus menaçant pour des individus périphériques socialement, montrant peu d'estime personnelle.

De cette série d'études, il ressort que les communications traduisent de manière complexe les antagonismes entre groupes et sous-groupes organisés. Il y a globalement prédominance des communications ascendantes sur les communications descendantes.

Cela corrobore le fait que le *middle management*, associé à son conformisme, reste une cible de choix pour propulser nos rumeurs. Mais gardons à l'esprit qu'une information préjudiciable aux managers a de fortes chances d'être bloquée par eux – ce point est d'autant plus sensible que l'une des fonctions de la rumeur est le contrôle des individus dominants (et du haut management)… les personnes hiérarchiquement haut placées seront donc souvent concernées par la rumeur. Dans ce cas de figure, attendez-vous à un blocage systématique de la rumeur par ces derniers !

La nature de la rumeur déterminera largement le choix d'une voie montante ou descendante.

Comme nous le savons maintenant, nous recevons l'information préférablement de nos égaux ou d'individus socialement supérieurs à nous, même si le gros des communications va des subalternes vers la hiérarchie. Pour un médecin, l'information n'a pas la même valeur si elle vient d'un autre médecin ou si elle vient d'un plombier. Si l'essentiel de l'information passe par une hiérarchie ascendante, ce n'est pas un canal nécessairement fiable ou crédible pour le management. Car au fond du fond, seule la parole d'un polytechnicien a de la valeur pour un autre polytechnicien. Mais ce point dépend considérablement de l'origine socio-éducative et de l'ouverture d'esprit dudit management.

Il y a donc des cas de propagation de rumeurs pour lesquels la voie ascendante n'est pas à privilégier car elle peut rencontrer une méfiance et une forme de doute plus intuitif que réfléchi de la part du management.

Ainsi, selon la nature de la rumeur, elle se transmettra d'égal à égal (sur un ton nous-sommes-entre-nous) ou dans une hiérarchie descendante (sur un ton condescendant quoique teinté de bienveillance. À ce stade, un saupoudrage de paternalisme ne fait aucun mal).

Au sein de n'importe quelle structure, on prendra peu de risques en affirmant que le conformisme est de rigueur. La division entre individus de haut statut, de statut intermédiaire et de bas statut est un peu simpliste mais a le mérite d'être claire. Quand on questionne des individus appartenant à des entités diverses sur cette division, elle semble évidente. Montrez-leur n'importe quel collègue et ils sauront immédiatement dans quelle case le positionner, sachant que le point de référence est eux-mêmes. Cela ne veut pas dire que cette division est universellement reconnue par tous, mais que tous semblent avoir intégré cette division dans leur système de représentation sociale.

Dans un groupe où les contributions sont multiples, les individus de statut intermédiaire ou bas auront tendance à s'incliner devant les individus de haut statut. De plus, quand une personne de bas statut fait une bonne suggestion, cette suggestion n'est pas prise en considération à moins qu'un haut statut n'acquiesce à l'idée et ne la répète. Une forme de validation donc.

Sur le même registre, les hauts statuts auront tendance à critiquer les plus bas statuts alors que les bas statuts auront tendance à se critiquer entre eux. Les hauts statuts ne se critiquent jamais les uns les autres. Quand les différents statuts sont clairement reconnus, les statuts les plus bas procèdent à une inhibition de leur communication ; ils deviennent plus passifs, ils sont moins apprenants.

Par opposition, plus le haut statut est reconnu comme tel, plus sa performance s'améliorera et plus elle sera perçue comme bonne par l'ensemble du groupe.

Une rumeur qui renforcera l'ignorance des bas statuts a toutes les chances de fonctionner si elle est inoculée chez les hauts et bas statuts. Mais les hauts statuts sont à privilégier. Une rumeur qui renforcera l'ignorance des hauts statuts sera immanquablement bloquée par eux mais peut fonctionner si elle est injectée du bas vers le haut.

L'impression globale a été de confirmer les différences statutaires clairement et artificiellement. Dans le groupe de contrôle, le nombre de messages critiques était supérieur, mais ils étaient répartis uniformément aussi bien à l'intérieur de chaque groupe qu'entre les deux groupes.

D'où viennent les entorses au conformisme dans un groupe ? L'individu de haut statut, s'il est confiant dans sa position, pourra être observé s'enhardissant à dévier du comportement conventionnel. En même temps, l'individu de bas statut n'aura pas de mal à défier ce conformisme car il est exclu quoi qu'il fasse. Ces deux statuts haut et bas bénéficient d'une liberté relative. Pendant que ces deux extrêmes sont chacun à un bout de l'échelle, ils sont tous les deux fixés sur leurs identités, le premier joue dans la cour et l'autre pas. Mais si l'on élimine l'individu de bas statut de toute forme de considération, indépendamment de son comportement, celui-ci n'a rien à gagner à se conformer. Il en va de même pour l'individu de haut statut dont la hauteur de statut est indubitable, il n'a aucune raison de se conformer non plus.

Une nuance cependant : les individus de haut statut tirent un bénéfice direct du fait qu'ils sont des acteurs reconnus dans le jeu. De ce fait, leur non-conformité restera limitée. Par opposition, l'individu de bas statut sera indifférent voire hostile aux règles. Il n'a rien à perdre. « L'homme libre est celui qui n'a rien à perdre », dit le dicton. C'est d'ailleurs au moment où l'individu est le plus libre qu'il devient le plus dangereux. Cet anticonformisme-là risque d'être beaucoup plus radical, voire brutal.

Les individus issus de ces deux extrêmes sont plus enclins à devenir déviants.

L'insécurité repose sur l'individu de statut intermédiaire, car ceux qui sont en haut de la hiérarchie se sentent à tort indéboulonnables et ceux qui sont en bas n'ont rien à perdre. L'insécurité du *middle management* génère un conformisme ayant pour finalité de montrer son caractère authentique et sincère à l'ensemble du groupe.

Deux cas particuliers à ce conformisme/non-conformisme lié au statut :

* le sentiment de sécurité, généralement associé aux personnes de haut statut, peut avoir d'autres facteurs d'influence que la stabilité structurelle. Par exemple, un acteur de haut statut ne défiera pas les conventions si sa promotion est récente. À ce stade, il sera trop inquiet pour être vraiment rebelle. Tant qu'il n'aura pas atteint sa « zone de confort », on pourra l'assimiler à un individu de statut intermédiaire et donc le considérer comme un propagateur potentiel de qualité ;

* quelques rares individus ne sont pas classables sous l'étiquette « statut » quelle qu'elle soit. Ils sont indifférents à l'évaluation qu'autrui pourra faire d'eux, et ne se conformeront jamais. Ne perdez pas votre temps avec eux, ils propagent très mal. En revanche, d'un point de vue humain, ils sont généralement fort intéressants.

Back sera l'auteur d'une expérience édifiante[1] à propos des communications ascendantes. Des morceaux d'information fragmentée sont implantés dans différents niveaux hiérarchiques d'une entreprise existante. Des participants positionnés à tous les niveaux de

---

1. Kurt Back *et al.*, « The methodology of studying rumor transmission », *op. cit.*

l'organisation pourront rendre compte de la section qui leur incombe, et remonter toutes les informations passant par eux.

Sur 17 « morceaux d'information » lancés dans l'entreprise, 11 sont partis vers la hiérarchie supérieure (64 %), 4 ont été diffusés latéralement au même niveau (24 %) et 2 ont été dirigés vers les subalternes (12 %).

Préférez de bas en haut, mais…

Tout est dit ! Nous avons établi que les classes supérieurement éduquées propageaient mieux : il faut garder à l'esprit qu'elles propagent mieux entre elles. Il y a des exceptions (notamment quand le management veut tâter le terrain et envoie un ballon d'essai). Mais statistiquement, dans l'entité, vous aurez plus de chances avec votre rumeur si vous lui imprimez un mouvement de bas en haut.

L'individu qui bénéficie d'un pouvoir, qu'il soit fort ou faible, « a une tendance à l'unification (identification) », nous explique Mulder[1]. French fera de l'identification l'un des piliers du pouvoir. Selon lui, « l'identification est un sentiment d'unicité de l'inférieur envers le supérieur ou le désir d'une telle identité[2] ».

L'inférieur aspire à la position supérieure et cherche à s'en rapprocher à défaut de pouvoir l'atteindre. Cette détermination à s'associer et cette volonté de rapprochement sont propices à notre propagation de rumeurs. « Il existe chez chaque individu une tendance à réduire la distance psychologique qui le sépare des membres les plus puissants du groupe et une tendance à augmenter celle qui le sépare des moins puissants[3]. » Cette théorie, appelée par Mulder « théorie de la réduction des distances de pouvoir », consiste en un rapprochement psychologique avec ses supérieurs (identification) et en un éloignement vis-à-vis des inférieurs (différenciation).

---

1. M. Mulder, « The power variable in communication experiments », *Human Relations*, vol. 13, 1960, p. 241-247.

2. John R. P. Jr French et Richard Snyder, « Leadership and interpersonal power. Studies in social power », Dorwin Cartwright (dir.), *Studies in Social Power, op cit.*, p. 118-149.

3. M. Mulder « Power and satisfaction in task-oriented groups », *Acta Psychologica*, 1959, p. 178-225.

Dans notre contexte de propagation de rumeurs, il faudra tenir compte de ces volontés d'éloignement et de rapprochement. De manière logique, la volonté de rapprochement sera favorable à la diffusion de notre rumeur et l'intention d'éloignement lui sera préjudiciable.

La relation hiérarchique dominant/dominé est toujours bien présente, mais le subalterne va tenter de diminuer la distance en se rapprochant de sa hiérarchie dans des sphères d'activité où la relation de pouvoir n'existe pas (activités extraprofessionnelles – ah, le golf ! – conversations sans rapport avec le travail, etc.).

Encore une fois, pour bien diffuser une rumeur, nous nous concentrerons sur les individus du *middle management*. Ils ont l'aspiration à s'élever, la peur du rejet et de l'échec. La crainte (modérée) est, rappelons-le, un facteur efficace de propagation. Elle est très présente dans cette catégorie socioprofessionnelle.

Cela se vérifie sur toutes les formes d'entités, qu'elles soient économiques, politiques ou sociales.

Le « je t'aime, moi non plus » de l'influence sociale

Le choix de devenir propagateur est hautement personnel. Rien ne peut vous y obliger, ce « choix » est inconscient et c'est pour cela qu'il nous intéresse.

L'effet boomerang est l'un des principaux dangers que peut rencontrer le rumorocrate. La rumeur étant avant tout un partage de valeurs, ce qui peut arriver de pire au propagateur, c'est que sa rumeur ne soit pas crue et qu'elle soit reçue par une phrase du style : « Tu as vu ce que tu racontes, tu nages en plein délire ! » Cette forme de rejet est difficilement acceptable socialement.

L'individu manipulé, quant à lui, pourra se sentir atteint dans sa liberté : nous serons alors confrontés à un phénomène de réactance bien connu des psychologues.

On pourra définir la réactance comme un état motivationnel visant à restaurer une liberté menacée. Elle risque de générer chez celui à qui l'on veut faire croire une rumeur une réaction inverse de celle attendue. Tout message comportant une influence sociale relève d'une double dynamique : une force qui pousse à se conformer et une autre qui pousse à réagir. Quand ces deux forces s'équilibrent, aucun changement d'attitude n'apparaît ; l'individu ne montre ni accord ni désaccord. Naturellement, la réactance entraînera un rejet de la rumeur.

Cet effet boomerang est une composante intrinsèque de l'orchestration de rumeur et reste un danger permanent.

Une méthode plus insidieuse mérite d'être développée : la similarité, qui augmente la force incitant à la conformité. Elle augmente également la crédibilité du communicateur. En 1953, Hovland, Janis et Kelley écrivaient ceci : « Un individu a de fortes chances de ressentir qu'une personne de statut, de valeurs, d'intérêts et de besoins similaires aux siens, qui voit les choses comme lui et les juge avec le même point de vue bénéficiera d'une crédibilité particulière[1]. »

La similarité semble avoir un double effet : celui de renforcer la conformité en augmentant l'appréciation que l'on a du communicateur et de favoriser l'interprétation des actions du communicateur. Les individus qui nous sont similaires apparaissent comme moins menaçants.

---

1. Carl I. Hovland, Irving L. Janis et Harold H. Kelley, *Communication and Persuasion; Psychological Studies of Opinion Change*, New Haven, CT, US: Yale University Press, 1953, p. XII.

De l'influence des points communs[1]

Les participants vont être mis en contact avec un orateur sur lequel on va faire varier le degré de similarité. Dans un premier cas, les individus partagent avec le communicateur la même date d'anniversaire, le même prénom, le même sexe et les mêmes années d'école. Dans un deuxième cas, la similarité est moindre car ils ne partagent pas ces caractéristiques. Dans un troisième cas, les participants ne reçoivent aucune information sur l'auteur. Tous recevront un message qui soit les menace, soit ne les menace pas dans leur liberté de choix.

Puis une mesure d'approbation du message sera effectuée. Le postulat étant que, lorsque la similarité est forte, la réactance doit être faible et inversement ; ainsi, les participants seraient d'accord avec le communicateur même si le message est menaçant.

Ils doivent prendre connaissance de trois écrits rédigés par une seule et même personne et donner leur avis sur ces textes. En fait, les dossiers numéro deux et trois sont là pour faire diversion car seul le texte numéro un sera lu. L'expérimentateur quitte la pièce et le sujet prend connaissance du texte, lequel est suivi d'un questionnaire à remplir. Ce questionnaire demande le nom et prénom, le sexe, la date de naissance, l'état de naissance, l'école où les études ont été faites et les principaux hobbies. Dans le dossier qui contient le texte se trouve également un bref CV de l'expérimentateur justifié ainsi : « Les participants trouvent utile d'en savoir un peu plus sur la personne qui juge leur capacité à lire et écrire. »

C'est par le biais de la prise de connaissance du CV de l'expérimentateur que l'on va faire passer la perception de la similarité.

La manipulation de la similarité

Dans les conditions de haute similarité, les sujets partagent le sexe et le prénom (l'un étant souvent la conséquence de l'autre), la date anniversaire et les mêmes années d'école (l'un étant toujours la conséquence de l'autre). Beaucoup de participants étaient nés au Kansas (l'expérience a lieu à l'université du Kansas) et après quelques incertitudes, les hobbies les plus courants étaient les sorties avec les amis, regarder des films, faire du vélo et jouer de la guitare. L'expérience montrera que le simple fait de partager les prénoms et les anniversaires aura le même effet que de partager un nombre supérieur de choses.

---

1. Paul J. Silvia, « Deflecting reactance : the role of similarity in increasing compliance and reducing resistance », *Basic and Applied Social Psychology*, vol. 27(3), 2005, p. 277-284.

La manipulation sur la menace de liberté

Le premier texte est intitulé « Premier texte d'opinion ». Pour optimiser la réactance, le sujet du texte est un sujet sur lequel tous les étudiants sont d'accord : la réactance face à la menace sur la liberté est nettement plus forte si l'individu est en accord avec le discours de l'orateur. Si l'individu est en désaccord avec l'auteur, la moindre mésentente rétablit sa liberté pour maintenir une attitude opposée à l'interlocuteur et induit une diminution de la réactance.

Énoncé partiel du premier texte d'opinion (contexte de forte menace)

En italique, se trouvent des éléments de contrainte susceptibles d'augmenter la réactance. Ajouter des éléments de coercition dans une communication est le moyen le plus répandu pour manipuler la menace dans les recherches sur la réactance.

« Bien, pour mon premier texte d'opinion, je souhaite vous parler de l'attitude de l'université du Kansas vis-à-vis des étudiants. *Je sais que je vais vous persuader sur ce point.* Dans sa précipitation à satisfaire la direction et les entreprises partenaires, le personnel de l'université a négligé un groupe important, à savoir les étudiants. Souvent, les étudiants sont traités comme des citoyens de seconde classe… Quand il y a une grande manifestation sportive sur le campus, les étudiants ne peuvent plus s'y garer ni accéder aux salles informatiques. De plus, les liens qui unissent l'université et le monde des affaires sont un peu étranges, notamment les liens avec Coke et les compagnies de cartes de crédit. L'université reçoit certainement de l'argent pour permettre à ces sociétés d'accéder aux élèves à moindre coût. Quel est le gain pour les étudiants ? Je pense que l'université a oublié ce pourquoi elle est faite, c'est-à-dire promouvoir une éducation d'excellence. *Je sais que vous serez d'accord avec mon avis. En fait, vous serez obligés d'accepter ce point car tous les étudiants de l'université du Kansas sont unanimes là-dessus.* »

Cette obligation à la conformité du groupe reste la principale pression (menace) exercée.

À la fin de la lecture, l'expérimentateur demande aux participants de prendre connaissance de son CV. Pour conclure, il fait remplir un questionnaire pour évaluer l'acquiescement du sujet. Toutes les questions tournent autour de : « Avez-vous été d'accord avec l'orateur ? Évaluez à quel point sur une échelle graduée de 1 à 7 (1 = pas du tout d'accord et 7 = parfaitement d'accord). »

Voilà les résultats obtenus :

Effets des « menaces sur la liberté » et de la similarité sur l'approbation avec l'orateur

	Contexte basse similarité		Contexte haute similarité	
	Menace basse	Menace haute	Menace basse	Menace haute
Moyenne	4,95	4,19	5,90	6,18

Source : P. J. Silvia, 2005, *op. cit.*

Quand la similarité est basse, les participants placés en condition de faible menace sont plus en accord avec l'orateur que ceux situés en contexte de forte menace. Cela confirme bien les effets de la similarité sur la réactance.

Quand la similarité est haute, quelle que soit la nature de la menace (haute ou basse), les taux d'approbation avec l'orateur sont proches. En situation de faible menace, les participants seront plus d'accord avec un locuteur similaire à eux qu'avec un locuteur différent. En situation de forte menace, les résultats sont pratiquement les mêmes (avec une moyenne de 5,90 et 6,18 pour un maximum de 7).

On peut déduire que la similarité a un effet puissant sur l'adhésion au discours et qu'elle est importante pour les conséquences d'acceptation.

On suppose que la similarité augmente les raisons qui poussent à la conformité et diminue les raisons qui poussent à la résistance au discours. Elle favorise l'appréciation de l'autre et laisse percevoir la menace comme moins agressive.

Un message menaçant ne réduit l'approbation avec le locuteur que dans un contexte de faible similarité. Le point essentiel reste qu'en contexte de haute similarité, la réactance disparaît.

On commence à mieux comprendre l'intérêt de jouer sur la similarité pour faire passer nos rumeurs. En respectant ce point, les chances

d'acceptation sont largement plus importantes. Nous veillerons donc
à conserver une congruence, une affinité et une ressemblance entre
notre locuteur initial et celui vers qui l'on veut propager. Cette similitude pourra être multidimensionnelle :

- similarités d'un point de vue externe : même physique, même façon de s'habiller, même travail, même façon de s'exprimer, ayant
  les mêmes centres d'intérêt, etc. ;
- d'un point de vue interne : mêmes origines sociales, même éducation, provenant de la même région, etc.

Tout ce qui augmente le sentiment d'appartenance fera l'affaire.

STYLE DE MANAGEMENT ET PROPAGATION DE RUMEURS

Tous les styles de management ne se valent pas en termes de propagation de rumeurs : certains sont plus propices que d'autres. Parmi
les nombreux ingrédients participant au déclenchement rumoral, on
trouve un élément d'importance dans la frustration. Vous vous en
souvenez, la carence informationnelle est un élément essentiel. Or,
on constate que la frustration du groupe est en relation directe avec
le style de management et engendre l'agressivité.

Or nous savons déjà que l'agressivité, la haine et autres racismes
sont des ingrédients-clés pour le déclenchement des rumeurs. Dès
lors, analyser le style de management auquel nous avons affaire
dans l'entité permettra de déterminer la nature de la rumeur à utiliser. Par exemple, dans un environnement peu agressif et donc peu
propice (à nos rumeurs), il faudra forcer sur d'autres facteurs tels
que l'augmentation de la mise sous tension, en jouant sur l'anxiété.
Heureusement, dans un contexte de management brutal et frustrant,
les efforts à déployer seront moindres.

Une entité telle qu'une entreprise ou un parti politique doté d'un management violent ou utilisant l'intimidation pour faire régner l'ordre verrait apparaître, au même titre qu'une entité trop laxiste (mais dans une moindre mesure), un taux de rumeurs supérieur aux entités démocratiques. Cette entité offrira une meilleure prédisposition à l'orchestration des rumeurs.

Comment déterminer le genre de management auquel nous avons affaire ? Il suffit d'observer un peu.

Si c'est dans les entités autoritaires que l'on trouve le plus d'agressivité vis-à-vis du chef – agressivité le plus souvent latente et diffuse, mais bien présente –, on y rencontre également une forte compétition et une grande agressivité entre les membres. L'un des signes les plus évidents pour déterminer si vous êtes dans une structure autoritaire est si à chaque fois que l'on pose une question, la réponse est : « Il faut que j'aille demander. » Le travail du rumorologue est largement simplifié dans ce type de structure.

Toutes les expériences déclinées autour du style de management arrivent à la même conclusion : la prévalence du système démocratique aussi bien sur le bien-être des participants que sur la réalisation de la tâche ; mais pas pour la diffusion de notre rumeur !

CLARTÉ OU AMBIGUÏTÉ ?
NATURE DU SUPPORT DE LA RUMEUR

Quel support portera le plus efficacement le message de notre rumeur ?

En termes d'analyse du traitement de l'information, on peut déceler trois phases :

- l'exposition au message,
- l'attention au message,
- la compréhension du message.

Il est clair que si le receveur ne prête pas attention à notre rumeur, celle-ci va très vite s'arrêter. Nous veillerons à avoir un auditoire peu distrait ou à ce qu'il possède un minimum de compréhension verbale pour mettre toutes les chances de notre côté. La clarté et le support du discours sont également à surveiller. Le seul support écrit est lu par le lecteur à son propre rythme (de lecture et de compréhension) ; ce n'est pas le cas des autres supports. De plus, le support écrit se déforme beaucoup moins quand il se propage de récipiendaire en récipiendaire.

Si nous souhaitons une faible déformation de notre rumeur, nous privilégierons donc un média écrit. Si nous souhaitons une forte déformation, nous opterons pour une diffusion orale.

Pour accroître cet effet, nous pouvons tabler sur le fait que plus une information est ambiguë et manque de clarté, et plus les propagateurs la déformeront. Ils s'investiront pour remplir les éléments manquants ou peu compréhensibles de l'histoire. La rumeur gagnera en compréhension (pour eux) et également en déformation. À l'inverse, une rumeur claire gagnera en stabilité. L'imagination des propagateurs sera peu stimulée et la rumeur se déformera peu.

Conclusion : pour une très forte déformation de notre rumeur, faites une rumeur très ambiguë, diffusée oralement. Pour une rumeur stable peu déformée, orchestrez une rumeur limpide diffusée par écrit.

Ces choix sont largement déterminés par la nature de la rumeur à déclencher.

COMMENT MESURER LE SUCCÈS DE NOTRE RUMEUR ?

Faire une rumeur, c'est bien ; savoir si elle fonctionne, c'est mieux !

Nous avons vu que l'espérance de vie d'une rumeur tournait autour d'un mois. Il sera vital d'évaluer dans les meilleurs délais si la rumeur fonctionne. Particulièrement si la rumeur concerne les marchés financiers en contexte d'OPA, la durée de vie de l'OPA étant également d'un mois. Il faudra être réactif si l'on constate que la rumeur ne fonctionne pas.

Les outils qui permettent la surveillance de nos rumeurs sont nombreux. Certains sont très sophistiqués et onéreux, d'autres sont rudimentaires et gratuits tels que Google Alerts. Dans une certaine mesure, tous ces outils reposent sur un système d'alerte fonctionnant par mots-clés : vous recevez un message quand votre mot-clé apparaît. Il s'agit donc pour les versions les plus simples d'un comptage d'occurrences.

Quel que soit le domaine concerné, le comptage d'occurrences reste le principal moyen de vérification.

Quel que soit l'outil retenu, il y a une règle à laquelle il ne faut jamais faillir : mettez toujours les mots-clés en surveillance avant de lancer la rumeur. Si vous ne le faites pas, vous ne pourrez pas savoir quel est le nombre « normal » d'occurrences concernant votre rumeur ; et vous n'aurez pas de chiffres de référence qui seuls permettront d'évaluer si « la mayonnaise prend ». La présurveillance des mots-clés en période prérumorale est indispensable.

Les critères d'évaluation du succès de notre rumeur varient en fonction du domaine concerné. Par exemple, dans le domaine financier, la surveillance du cours de Bourse de l'action sera un critère incontournable. Pour un politicien, la technique est similaire : en regardant la nature des mots associés à son nom (flatteurs ou péjoratifs), nous déduirons naturellement si la rumeur fonctionne ou pas.

QU'ON SE LE DISE !

▮ La nature du groupe dans lequel on va propager notre rumeur a une grande influence sur la manière dont la rumeur sera reçue et propagée.

▮ Les rumeurs diffusées au sein d'un groupe d'appartenance ont une chance de se répandre quand l'agressivité est interne.

▮ Les groupes de non-appartenance sont motivés pour faire courir des bruits. Par exemple, les concurrents sont très adaptés pour relayer nos rumeurs, ils ont tendance à le faire « spontanément » et sont persuadés de le faire de leur propre chef.

▮ Le conformiste est un propagateur idéal. Pour notre diffusion, nous favoriserons donc le conformiste sur le non-conformiste, l'orthodoxe sur l'hétérodoxe et le psychorigide sur le psychoflexible !

▮ L'une des raisons majeures qui poussent un individu à communiquer – et donc, à propager – est la pression à la conformité qui existe dans le groupe. Les groupes à forte cohésion sont les meilleurs terrains de propagation.

▮ Puisque la cohésion est une caractéristique permettant de bien propager, il est intéressant de connaître les critères pour évaluer la cohésion d'un groupe. Ces critères sont : la similarité des membres, la difficulté à entrer dans le groupe, la taille du groupe (qui doit être petite), le succès du groupe, les menaces réelles ou supposées pesant sur le groupe.

▮ Un individu déviant d'un groupe court le risque d'en être exclu. Nous nous assurerons de ne pas choisir un déviant stable comme point de départ de notre rumeur.

▮ Au sein de l'entreprise, le conformisme est souvent lié à la perspective de promotion. Il est moins marqué chez le haut management et il est maximal chez les employés de statut intermédiaire. Le conformisme est modique chez les individus de rang inférieur, ils ne sont pas anxieux de leur sort car ils ont peu à perdre.

▮ Si le *middle management* est une cible de choix pour propulser nos rumeurs, il faut garder à l'esprit qu'une information préjudiciable aux managers a de fortes chances d'être bloquée par ces derniers – ce point est d'autant plus sensible que l'une des fonctions de la rumeur est le contrôle des individus dominants.

...../...

.../...

▶ Si les classes supérieurement éduquées propagent mieux, il faut garder à l'esprit qu'elles propagent mieux entre elles. Il y a des exceptions (notamment quand le management veut tâter le terrain et envoie un ballon d'essai). Mais statiquement, au sein d'une entité, vous aurez plus de chances avec votre rumeur si vous lui imprimez un mouvement ascendant.

▶ La rumeur étant avant tout un partage de valeurs, ce qui peut arriver de pire au propagateur, c'est que sa rumeur ne soit pas crue.

▶ En matière de groupe cible pour notre diffusion de rumeur, tout ce qui augmente le sentiment d'appartenance est à encourager. La similarité notamment a un effet puissant sur l'adhésion au discours, car elle augmente les raisons qui poussent à la conformité et diminue les raisons qui poussent à la résistance au discours.

▶ Nous veillerons à conserver une congruence, une affinité et une ressemblance entre notre locuteur initial et celui vers qui l'on veut propager.

▶ La frustration d'un groupe est en relation directe avec le style de management et engendre l'agressivité, l'un des ingrédients-clés pour le déclenchement des rumeurs. Le management autoritaire est le plus efficace, non pour la réalisation des tâches et le bien-être du groupe, mais pour sa frustration et la diffusion de notre rumeur.

▶ Pour vérifier si la rumeur fonctionne, et quel que soit le domaine concerné, le comptage d'occurrences sur Internet reste le meilleur moyen de vérification. Il importera de mettre en place cette veille avant le lancement de notre rumeur.

CHAPITRE 8

Derniers conseils et gaffes à éviter

*« Elle n'acceptait pour amants que les discrets parce qu'ils se taisent
et les indiscrets parce qu'on ne les croit pas. »*

Joë Bousquet

À présent que vous avez identifié les critères de rumeurs pouvant fonctionner, vous voilà armé pour lancer la vôtre. Voici deux derniers conseils qui pourront vous faire gagner un temps et une énergie précieux! Et mettre de votre côté encore plus de chances de réussir le lancement de votre rumeur.

Dans la propagation de nos rumeurs, en effet, certaines erreurs de stratégie ou de manipulation sont récurrentes. Parmi celles-ci, deux dominent largement.

La première est de faire passer un message vers ceux qui nous sont proches pour le diffuser – et ce, quel que soit le contenu du message. Nous avons tendance à diffuser vers nos liens forts.

La seconde erreur sera de diffuser vers les « individus phares » encore appelés « leaders d'opinion ». Nous pensons que ces individus seront les plus à même de relayer notre rumeur et qu'ils vont nous faire gagner du temps.

Nous allons tordre le cou à ces deux réflexes.

Première erreur :
Privilégier les liens forts pour diffuser

> *« De sorte que huit rumeurs, qui ne sont qu'un écho d'un bruit mal fondé,*
> *peuvent devenir une preuve complète ; et c'est à peu près sur ce principe*
> *que Jean Calas fut condamné à la roue. »*

Voltaire

L'ânerie la plus fréquente consiste à penser que notre rumeur est tellement intéressante qu'elle va passionner la planète entière.

Suis-je le centre du monde ?

Eh bien, non. C'est décevant, mais c'est comme ça !

Ce motif de tristesse passé, il faut arrêter de penser que la rumeur sortira naturellement de notre milieu.

Quand on veut diffuser une rumeur, il semble évident d'identifier au préalable les strates sociales susceptibles de relayer « spontanément » notre rumeur. Qui sera concerné ?

Quel que soit le domaine, l'expérience permet de dire que les concurrents sont généralement prompts à propager une rumeur nocive sur un compétiteur. Ils feront l'objet d'une attention particulièrement soignée.

Le premier réflexe quand on souhaite propager une information/rumeur et partager l'émotion qui va avec, c'est d'en parler à son cercle rapproché. Si ce réflexe est bon dans un premier temps, il va vite devenir insuffisant.

Vitesse de propagation

L'EXPÉRIENCE

Une étude[1] a été menée en 1991, concernant près de 200 participants interrogés sur un moment émotionnellement chargé de leur vie. Le résultat fut que la première personne à qui ils avaient fait part de ce moment était à 35 % à un ami proche, à 32 % au conjoint et à 28 % à un membre de leur famille au premier degré. Dans 95 % des cas, nous choisissons un proche pour ce partage émotionnel. La rumeur ne fait pas exception.

Nous avons vu que le partage social se déroulait dans un contexte rapide. Il a lieu à 60 % le jour même. La propagation secondaire a lieu généralement dans l'heure qui suit vers deux ou trois, voire quatre personnes[2].

Si l'on suit le raisonnement, on constatera, par exemple, que si 5 personnes sont touchées dans le premier niveau du cercle, 18 le seront dans le deuxième, 30 dans le troisième, etc.

Partage social des émotions et diffusion des informations relatives aux expériences émotionnelles

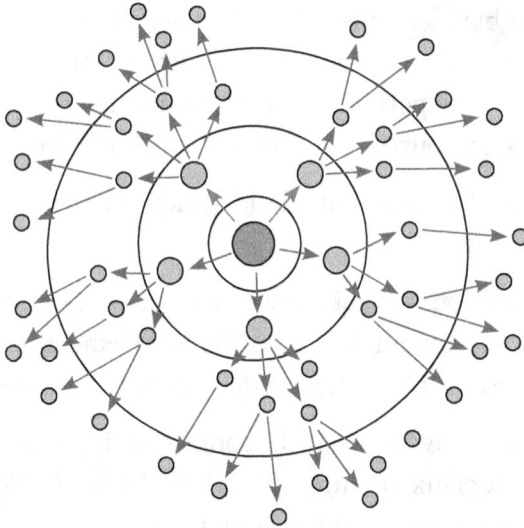

Source : Bernard Rimé, *Le Partage des émotions, op. cit.*

1. Rimé, Mesqita *et al.*, « Beyond the emotional event: Six studies on the social sharing of emotion », *Cognition & Emotion*, vol. 5(5-6), 1991, p.435-465.

2. Antonietta Curci et Guglielmo Bellelli, « Cognitive and social consequences of exposure to emotional narratives: Two studies on secondary social sharing of emotions », *Cognition & Emotion*, vol. 18(7), 2004, p. 881-900.

Ce schéma de diffusion serait idéal s'il fonctionnait pour le cas qui nous intéresse, c'est-à-dire la diffusion des rumeurs.

Dans les années 1970, Mark Granovetter[1] va en effet prouver que si A est ami de B et si A est ami de C, B et C ont de fortes chances de devenir également amis, ceci pour des raisons d'affinités et de congruence. Plus A est lié à B, plus A et B sont similaires ; plus les liens sont forts, plus ils sont redondants. Dans « The strengh of weak ties », il expliquera que les amis de mes amis sont souvent mes amis. Cette transitivité nous place face à une répétition de voisinage préjudiciable à la diffusion de l'information.

Cette consanguinité dans la diffusion de l'information est particulièrement nocive pour la diffusion de nos rumeurs.

Liens forts, liens faibles

Si l'Internet et les réseaux sociaux offrent un avantage de grande valeur, ce sont bien les liens faibles. Des gens dont vous avez à peine entendu parler se disent vos « amis ». Pourquoi pas ! les faits sont là, ces réseaux nous permettent de nous mettre en rapport avec des gens que nous ne pourrions pas contacter autrement.

Robert Metcalfe fut fondateur de la société 3Com[2] et initiateur du protocole Ethernet.

La loi de Metcalfe nous explique que la valeur d'un réseau est proportionnelle au carré de ceux qui l'utilisent. Plus simplement, plus il y a d'utilisateurs d'un réseau, plus celui-ci a de la valeur en termes d'efficacité.

En moyenne, nous avons 11 ou 12 contacts intimes, auxquels s'ajoutent 150 liens sociaux et entre 500 et 1 500 liens faibles. Certains y verront une correspondance sur la quantité d'amis qu'ils ont sur les réseaux sociaux.

---

1. Sociologue américain, enseignant à Stanford. Sa publication majeure – « The strengh of weak ties » en 1973, *The American Journal of Sociology*, 78(6), p. 1360-1380 – est historiquement la plus citée en psychosociologie (près de 20 000 fois).

2. 3Com, créée en 1979, est une société spécialisée dans les équipements réseau. Son sigle signifie « Computers, Communication and Compatibility ».

À propos de ces 150 liens sociaux : si vous demandez à quelqu'un la totalité des gens (acteurs, hommes politiques, etc.) dont il se remémore le nom, vous arriverez approximativement à ce chiffre. C'est également le nombre moyen de contacts enregistrés dans nos téléphones mobiles.

Robert Dunbar, psychologue de son état, a étudié diverses espèces de primates et corrélé deux facteurs : la taille de leur cerveau, d'une part, et le nombre d'individus constituant leur groupe, d'autre part. Le résultat aboutit au fait que plus le cerveau est gros et plus la tribu de primates est nombreuse. Un cerveau plus gros semble être une condition pour tisser un lien social plus riche, permettant de mieux mémoriser les relations avec tout le monde.

En comparant avec la taille du cerveau humain et en corrélant le rapport taille du cerveau/taille du groupe, l'humain est construit pour un groupe de 150 membres environ. Et selon Robert Dunbar, l'être humain cherche à entretenir de façon permanente ce lien social avec ce nombre de personnes. L'homme serait programmé pour un tissu social de cette taille-là. Seulement, il est délicat d'entretenir des liens « présentiels » avec tout ce monde. L'éclatement des relations interpersonnelles dû au genre de vie, à la disparition du clanisme, a complété l'œuvre d'éloignement.

C'est là où la rumeur prend toute sa dimension sociale : on peut penser qu'elle s'est substituée à ce lien qu'il faut entretenir pour satisfaire ce pour quoi l'homme est fait, c'est-à-dire communiquer avec 150 individus auxquels il faut bien dire quelque chose.

La force des liens faibles

Pour bien propager votre rumeur et contrairement à ce qui est toujours fait, il faudra privilégier les liens périphériques de votre réseau. Ils peuvent être de toute nature, tel un ancien camarade de lycée, de fac, d'une ancienne entreprise, etc. Cela reste le meilleur moyen de faire passer le message de votre réseau à une foultitude de réseaux différents.

Nous allons voir pourquoi.

On veut que ça se sache !

L'EXPÉRIENCE

L'expérience de Granovetter[1] a pour public des étudiants qui viennent juste de finir leurs études et qui sont sur le marché du travail. De manière légitime, ils veulent que cela se sache. Le premier reflexe est de vouloir se faire aider dans leurs recherches par la famille la plus proche ; puis par les amis les plus immédiats. Ce réflexe repose sur le fait que ces personnes sont celles qui vous connaissent le mieux et vous apprécient le plus. En fait, Mark Granovetter va montrer qu'à travail égal le poste obtenu par les proches est payé 20 % de moins que celui obtenu par des liens éloignés[2].

Ce résultat est en parfaite contradiction avec ce que nous faisons tous. L'exploitation des liens faibles est contre-intuitive.

Une expérience comparable va consister à demander à des enfants d'une école de diffuser une information sans donner aucune instruction dans un groupe de contrôle (A), puis en leur donnant comme instruction de ne diffuser l'information que par le biais de leurs septième et huitième meilleurs copains (groupe expérimental (B)). On répétera l'expérience en demandant aux septième et huitième copains de faire la même chose avec leurs septième et huitième meilleurs copains.

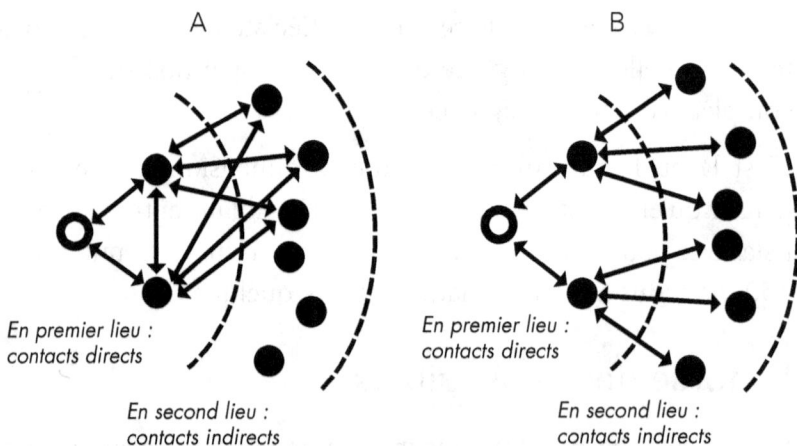

A

En premier lieu :
contacts directs

En second lieu :
contacts indirects

B

En premier lieu :
contacts directs

En second lieu :
contacts indirects

Source : M. Van Alstyne et S. Aral, *Networks, Information & Social Capital*, Cambridge, MA ; Alfred P. Sloan School of Management, Massachusetts Institute of Technology.

© Groupe Eyrolles

---

1. Mark Granovetter, « The strengh of weak ties », *op. cit.*

2. Mark Granovetter, *Getting a Job: A Study of Contact and Careers*, University of Chicago Press, 1995.

On le voit, l'information sort davantage de son milieu d'origine dans la figure B. Les réseaux à liens faibles (B) propagent mieux que les réseaux à liens fortement connectés pour lesquels l'information a du mal à sortir du groupe.

Ce phénomène se vérifie quelle que soit la nature de l'information qui circule, rumeur, innovation, etc.

Conclusion : nous sommes face à un paradoxe, nous avons vu que plus un groupe est cohérent et soudé, mieux il propage intérieurement. Simultanément, plus une communauté est homogène, moins elle propage extérieurement, hors d'elle-même. Finalement, s'il est important d'identifier la strate sociale concernée par votre rumeur (on ne peut propager dans une communauté que notre rumeur indiffère), il est également vital de sortir de cette strate dès que possible sous peine de circularité de l'information. Nous allons donc orchestrer un processus de diffusion en deux temps :

- dans un premier temps vers le groupe directement concerné ;
- dans un deuxième temps vers un maximum de liens faibles.

On constatera également qu'enlever un lien faible endommage plus la connectivité entre les réseaux que le retrait d'un lien fort. Les liens faibles étant la seule connectivité entre les différentes communautés, ils sont vitaux pour passer de l'une à l'autre. Si l'on observe ce schéma, on comprend immédiatement l'importance du lien faible qui unit à lui tout seul deux réseaux connectés. Ces réseaux étant interconnectés de manière variable.

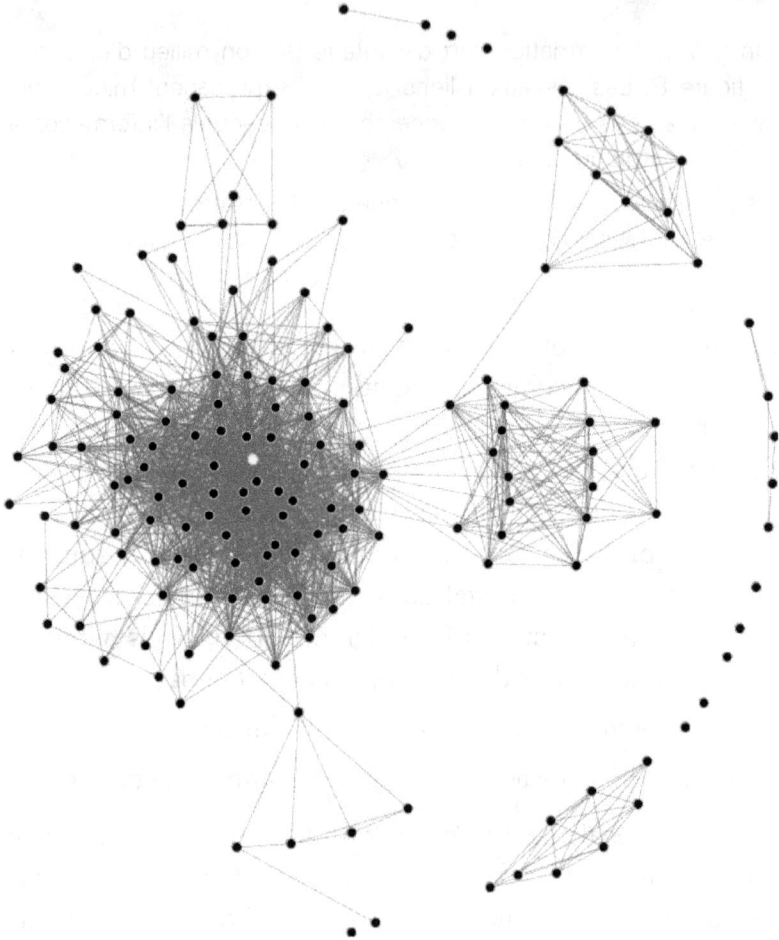

En suivant ce raisonnement, on comprend l'utilité des liens faibles – qui sont aussi les liens les plus nombreux dans notre carnet d'adresses.

La force de l'Internet, c'est précisément l'explosion de nouveaux liens faibles. Les réseaux sociaux où nous dénombrons des centaines voire des milliers « d'amis », des amis que nous n'avons rencontrés qu'une seule fois au détour d'un salon professionnel, vont devenir fort utiles. En activant ces liens occasionnels, nous donnons la possibilité à notre rumeur de sortir de notre réseau pour en pénétrer d'autres à moindre effort – en suivant un vieux principe guerrier qui répond au nom « d'économie des forces ».

Vitesse de déplacement de l'information
selon la nature du réseau

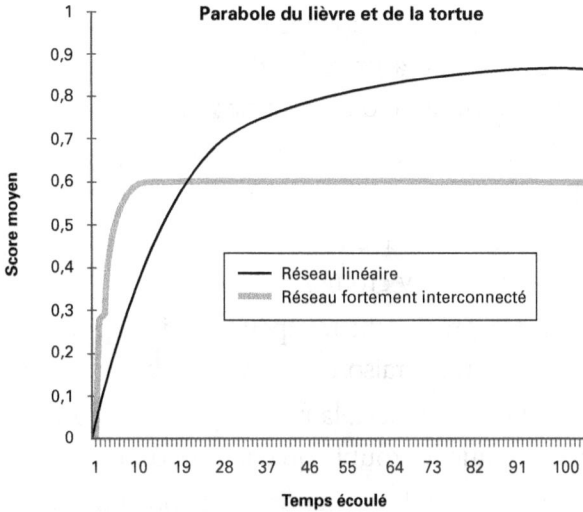

Parabole du lièvre et de la tortue

Source : David Lazer et Allan Friedman, *The Parable of the Hare and the Tortoise : Small Worlds, Diversity, and System Performance*, http://papers.ssrn.com.

DEUXIÈME ERREUR : SE FOCALISER SUR LES LEADERS D'OPINION POUR PROPAGER

Dans son ouvrage *Rumeurs, le plus vieux média du monde*, Jean-Noël Kapferer a identifié les principaux acteurs-relais possibles du processus rumoral. On voit que les motivations varient :

- l'instigateur : l'initiateur de la rumeur. Nous parlons du cas de figure où ce dernier existe car un grand nombre de rumeurs sont spontanées et non orchestrées. Dans le cas de rumeurs spontanées, le locuteur initial n'existe pas ou, du moins, il est impossible de l'identifier ;

- l'interprète : il tentera de répondre aux interrogations de l'instigateur et suggérera les explications cohérentes ;

- le leader d'opinion : dont « dépendra l'ouverture du groupe à la rumeur ». Si tel est son rôle, on comprend facilement son importance. Son jugement semble déterminant pour la propagation de nos rumeurs, même si Kapferer insiste sur le fait qu'une rumeur ne peut être réduite à un individu. Ce qui fait une rumeur est avant tout la résultante d'un groupe ;
- l'apôtre : il s'identifie à la rumeur et fait corps avec elle. En bon soldat, l'apôtre propage dans la cité ;
- le récupérateur : il trouve un intérêt à la poursuite de la rumeur sans nécessairement y croire ;
- l'opportuniste : proche du récupérateur, il s'approprie la rumeur pour une quelconque raison, comme affermir une autorité morale ;
- le flirteur : il ne croit pas à la rumeur mais prend un réel plaisir à la diffuser. Il aime le trouble qu'elle provoque ;
- les relais passifs : ils disent ne pas être convaincus par la rumeur mais ont quand même un doute. Ils interrogent autour d'eux (et donc propagent) ;
- les résistants : ils ne croient pas à la rumeur et s'y opposent.

On remarquera que l'acteur leader d'opinion paraît particulièrement important dans ce découpage méthodique. Et Kapferer n'est pas le seul à le penser : les auteurs qui ont parlé de rumeurs ou du buzz marketing ont tous insisté sur l'importance des leaders d'opinion pour le relais de « l'information ».

Les leaders d'opinion sont-ils des maillons incontournables pour la diffusion de notre rumeur ?

Influents… mais coûteux à convaincre !

Le concept de leadership d'opinion apparaît dans les travaux de Lazarsfeld, qui donne cette définition : « Une personne qui, à travers des contacts quotidiens avec son entourage, influence de manière régulière l'opinion et la décision des gens dans quelques domaines particuliers[1]. »

---

1. Paul Felix Lazarsfeld, Bernard Berelson, Hazel Gaudet, *The People's Choice: how the Voter Makes up his Mind in a Presidential Campaign*, Columbia University Press, 1944.

C'est parce qu'ils ne sont pas rattachés à une structure commerciale que leur avis est considéré comme crédible et impartial ; leurs opinions s'opposent aux messages publicitaires issus d'une marque. Les influencés recherchent l'opinion de l'influenceur dans un but de réduction des risques dans la prise de décision.

Le rêve (in)avoué de l'entreprise est que ces leaders d'opinion intègrent la stratégie de communication et deviennent porte-parole de sa marque.

Pour autant, s'attacher les services de ces influenceurs n'est pas sans coût. En premier lieu, les repérer nécessite un important travail d'identification. Vernette[1] a esquissé le profil des leaders d'opinion en distinguant, d'une part, leurs caractéristiques psychologiques, physiques et sociales et, d'autre part, leur expertise.

Ils sont compétents dans leur sujet. Ils sont à 62 % des hommes célibataires. Ils travaillent à plein temps et lisent 20 % de plus que les autres. Et si l'on s'en réfère à Gladwell (*The Tipping Point*), atteindre l'un d'eux, c'est atteindre une soixantaine de personnes par « effet domino ». Ils ont une activité sociale plus élevée que la moyenne.

Historiquement, la place laissée à ces leaders d'opinion par les experts du sujet est très importante. Mais l'expérience permet de nuancer le propos. Le leader d'opinion est compétent dans son domaine puisque reconnu comme expert. Il est éduqué et connaît sa valeur. Il a conscience de sa capacité d'influence, directement liée à sa crédibilité. Pour qu'elle perdure, le leader s'assurera qu'il ne diffuse pas n'importe quoi. Il sera analytique et critique. Même si certains ont une propension naturelle à devenir leader, leur statut a souvent été acquis à la suite de beaucoup de sueur versée.

Pour toutes ces raisons, ils seront durs à berner.

---

1. Éric Vernette, « Le leadership d'opinion en marketing : une double force d'attraction et de conviction ? », 6ᵉ congrès Tendances du marketing, Paris, 26-27 janvier 2007.

Le propagateur crédule, arrêtons de le négliger !

Voilà pour ce lieu commun qui consiste à penser que les leaders d'opinion sont incontournables.

Par ailleurs, la rumeur peut prendre un tour parfaitement imprévisible pour le service marketing le plus averti ou le leader d'opinion le plus compétent.

Dans le milieu des années 1970, la société Life Savers invente un produit qui révolutionne la manière dont les enfants mâchent le chewing-gum. Avant cette révolution nommée Bubble Yum, il était nécessaire de mâcher le chewing-gum pendant très longtemps avant d'être capable de faire des bulles. Avec Bubble Yum, les enfants peuvent les faire immédiatement. Le chewing-gum parfait donc ! Tellement parfait que les interrogations apparurent sur la composition de la friandise. Qu'est-ce qui rendait ce chewing-gum si malléable ?

La réponse, si peu évidente fût-elle, était que le chewing-gum contenait des œufs d'araignée. Nous sommes obligés d'avouer que peu d'adultes et encore moins de responsables de campagnes de marketing auraient anticipé cette option… Et pourtant, cette rumeur fit s'écrouler les ventes en l'espace de deux semaines. La société Life Savers mena des enquêtes pour évaluer le taux de pénétration de la rumeur : également en quinze jours[1], c'est plus de la moitié des enfants de New York qui avaient entendu parler de cette rumeur.

Dure à anticiper, celle-là, non ?

Les enfants ont la caractéristique d'être crédules. Il a été constaté qu'en dessous de l'âge de 8 ans, un enfant est incapable d'avoir une opinion différente de celle de ses parents ou de sa maîtresse.

Duncan Watts présente cet aspect ainsi : « C'est notre volonté à faire passer une information qui compte le plus, pas nécessairement le statut ou le respect dont vous bénéficiez[2]. » Ce sociologue, spécia-

© Groupe Eyrolles

---

1. Nous sommes bien au pic du cycle mensuel de la rumeur.
2. Duncan Watts, *Six Degrees : the Science of a Connected Age*, WW Norton & Co, 2004.

liste de l'information pour le compte de Yahoo, arrive à la conclusion que les enfants croient à presque tout et qu'il en va de même pour les adultes ingénus. Ils sont donc une composante à ne pas négliger et sont moteurs en termes de diffusion.

L'influençabilité est une fonction inversement proportionnelle à l'âge de l'individu sur lequel elle s'exerce. Les jeunes sont plus influençables que leurs aînés. De fait, ils propagent mieux. Ils sont donc à privilégier dans notre diffusion. Déjà, en 1947, on pouvait lire que l'une des conditions pour que notre rumeur se transmette était la dose de confiance que le locuteur avait en elle.

Parmi quelques explications saillantes de la crédulité, nous trouvons :

- le manque d'expérience : les individus issus d'un milieu socio-professionnel protégé présentent volontiers une crédulité de bonne facture et facilement exploitable ;
- le désir d'être aimé ou reconnu : les crédules sont identifiables par leur désir d'être acceptés par le groupe, d'une volonté d'intégration, de reconnaissance et souvent d'admiration. Leur soif d'exister les rend facilement reconnaissables ;
- le désir d'obéissance : quiconque a fait de l'enseignement s'est vite rendu compte que les élèves avaient besoin de cadres, de points de référence et de règles précises. Certains sont plus enclins que d'autres à suivre les règles, valeurs et normes qui imprègnent nos vies. Certains s'y conforment en appliquant le minimum syndical et d'autres s'y plient à la virgule. Il s'agit donc d'identifier les plus dociles.

De plus, les leaders sont clairement identifiés dans les univers que nous connaissons et ils ne le sont pas dans ceux que nous ignorons. Quand le rumorocrate arrive dans une entreprise, s'il n'y a pas travaillé pendant au moins quelques mois, il est dans un monde dont il ignore tout. Identifier quels sont les leaders relève de l'exploration et passe par une phase de tâtonnement fastidieuse.

L'identification des leaders d'opinion est un processus compliqué et chronophage. Celle des individus crédules est plus simple et plus rapide.

Par ailleurs, en termes d'« intelligence économique » et plus globalement de surveillance de l'environnement, les leaders d'opinion sont étroitement observés. Cela est particulièrement vrai pour les médias sociaux. À ce titre, passer par eux pour diffuser une rumeur revient à prendre le risque que notre rumeur soit rapidement éventée et portée à la connaissance de ceux qu'elle vise.

Idéalement, ceux que la rumeur concerne doivent être informés le plus tardivement possible et de préférence de la bouche d'un ami. Si ces derniers sont prévenus trop tôt, ils ont beaucoup plus de moyens pour contrecarrer notre rumeur car ils peuvent se retourner au moment où la rumeur est encore la plus précaire, c'est-à-dire dans la première phase de vie.

Néanmoins, si l'on dispose de temps pour l'identification des leaders, des logiciels peuvent nous aider à ce genre d'exercice. Dans l'entreprise, il est interdit d'ouvrir les mails des employés, mais il est permis de mesurer les flux de courrier que chaque salarié reçoit. Certains en reçoivent de grandes quantités et d'autres quasiment pas. Ces logiciels de mesure de flux permettent aisément, et à moindre effort, de voir qui est un puits d'information – cela afin de déterminer qui est central dans la diffusion des informations et donc de nos rumeurs.

Ce phénomène nous amène sur une piste intéressante pour remplacer le leader d'opinion en tant que pivot dans la propagation de nos rumeurs. Les individus crédules ou changeant facilement d'opinion ont une grande valeur dans la diffusion de rumeurs, probablement plus que les leaders d'opinion. Ils sont souvent ignorés et inexploités.

Vous savez ce qu'il vous reste à faire !

© Groupe Eyrolles

De parfaits « rumorocrates » en herbe

L'EXPÉRIENCE

Ce livre a son application pratique, le trophée Sun Tzu[1], exercice grandeur nature d'orchestration de rumeur dans le cadre d'un championnat interécoles et interentreprises. Les équipes constituées appartiennent au monde de l'entreprise et au monde académique.

Le trophée a lieu tous les ans au mois de mars, Mars étant le dieu de la Guerre… Sa spécificité est un déroulement sur les marchés financiers dans un contexte d'OPA : nous avons en effet voulu placer les participants sur un terrain propice !

Le jury est constitué de spécialistes des marchés financiers, traders de la City à Londres et de spécialistes de la déstabilisation et autres rumorocrates.

Quels sont les critères du jury ? Le choix de la rumeur est l'un des points les plus importants. Il n'y a pas de règles claires, juste des cas particuliers. Néanmoins, il sera judicieux de respecter les quelques principes que nous avons évoqués dans ce livre.

Toutes les rumeurs qui résolvent un conflit psychologique pour le propagateur sont à encourager. À titre d'exemple, le sujet du trophée Sun Tzu 2010 fut le rachat de Palm par Nokia. Les participants étaient du côté de Nokia et devaient orchestrer une rumeur qui bloquerait la flambée du cours de Bourse de Palm, phénomène inévitable à toute OPA.

Les gagnants ont choisi une rumeur selon laquelle l'entreprise Palm aurait trafiqué ses téléphones pour augmenter frauduleusement les factures de consommation des utilisateurs. Le jury a apprécié ce choix de rumeur – l'explosion des factures de téléphone – car elle a un aspect universel. Cette rumeur trouve un écho dans l'imaginaire social, car elle fait appel à un mythe flottant. Nous avons tous été irrités par des factures téléphoniques idiotes, multipliées par 4 ou 5 quand nous partions quelques jours à l'étranger. Nous avons tous envoyé quelques SMS hors forfait qui nous ont couté très cher et puis, nous avons oublié cet incident car cela nous semblait être de notre faute, nous étions coupables d'être « hors forfait ».

Ce sentiment de s'être fait duper, couplé à la frustration de ne pouvoir rien faire provoque chez tout individu un état de crise. Oh, rien de grave (« Il n'y a pas mort d'homme », comme dirait l'autre), mais l'individu est en état de conflit interne et devient mûr pour propager…

---

1. www.trophee-suntzu.eu

Une rumeur où l'explosion de la facture serait sciemment organisée a plu car elle nous innocente et nous dévoile une escroquerie dont nous sommes victimes. Innocents et escroqués, cela commence à faire beaucoup pour le seuil de tolérance moyen… Bref ! Une rumeur à la fois libératrice (de soi) et accusatrice (d'un coupable, Palm en l'occurrence). Du pur velours…

Cette révulsion fondée-sur-du-vécu représente le meilleur terreau pour un départ de rumeur et l'expérience fait penser qu'elle aurait toutes les chances de succès. La dissipation des conflits et des tensions psychiques est à encourager.

Le beau de l'histoire, c'est qu'en 2010, quelques semaines après la réalisation du trophée, Palm se faisait effectivement racheter, non pas par Nokia mais par Hewlett Packard !

Qu'on se le dise !

▶ Nous avons, dans notre carnet d'adresses, environ 12 liens intimes, 150 liens sociaux, et entre 500 et 1 000 liens faibles.

▶ La première erreur est de vouloir diffuser la rumeur *via* nos liens forts et de s'en tenir là ; les amis de mes amis étant mes amis, j'ai toutes les chances que la rumeur ne quitte pas mon microcosme. Cette erreur est probablement la plus courante.

▶ Pour bien propager la rumeur, après avoir attaqué le cercle rapproché, il faut rapidement privilégier les liens périphériques de votre réseau : un camarade de lycée, de fac, d'une ancienne entreprise, etc.

▶ La seconde erreur serait de vouloir propager *via* un leader d'opinion. Ces derniers ont tout à perdre à mettre en péril leur statut chèrement acquis en colportant « n'importe quelle rumeur ».

▶ Les individus crédules et influençables ont une grande valeur dans la diffusion de rumeurs. Ils sont souvent ignorés et inexploités.

▶ Revenons à nos réseaux sociaux : parmi les 500 « amis » que vous avez, disons approximativement que 450 ne correspondent à « rien » dans votre esprit. En plus, ce sont eux qui ont demandé à faire partie de votre réseau. Ils sont un peu vos débiteurs, non ? Un petit reroutage de rumeur à l'insu de leur plein gré, c'est bien le moins qu'ils puissent faire…

▶ Vous vous demandiez à quoi ils pouvaient servir, hein ? Ne cherchez plus !

Conclusion

« Selon la rumeur, j'aurais couché avec plus de mille femmes. Mais, à ce jour, ma plus longue liaison, c'est avec Max, mon cochon. »

George Clooney

La rumeur, dans son concentré d'humanité, peut être traitée sous des angles très variés, voire illimités. Dans cette multitude, personne ne peut garantir qu'une rumeur prendra – on ne peut souvent que constater son fonctionnement *a posteriori*... Il est très difficile de travailler sur une rumeur en temps réel ; à chaque fois que le psychosociologue se déplace pour analyser la rumeur, celle-ci est déjà morte et enterrée. Si des rumeurs similaires se répètent souvent, le contexte qui les voit naître, se développer et mourir est à chaque fois unique.

C'est la raison pour laquelle on sera tenté de démontrer que la rumeur se déclenchera uniquement dans des conditions extrêmement particulières. Si particulières, d'ailleurs, que l'on est souvent capable de les voir que quand elles ont eu lieu ! Quand la rumeur est passée, il est aisé de dire que le contexte était propice et quand elle ne s'est pas déclenchée, il sera également commode de dire que les conditions n'y étaient pas. De fait, c'est toujours le bon moment de s'y essayer !

Alors, bien sûr, on peut mettre à jour des dénominateurs communs (notamment le fort contexte d'anxiété). Mais il y a fort à parier que telle rumeur qui se serait déclenchée à un temps T ne se déclenchera pas à un temps T+1 ou T-1 ; d'où la difficulté d'inscrire des règles dans le marbre – et encore moins de fournir des recettes. Mais telle n'était pas la finalité de ce livre. Nous avons essayé de mettre à jour quelques passages obligés récurrents dans notre processus rumoral et tenté d'apporter des explications à certains aspects mal circonscrits. En outre, nous avons tenté d'aborder la rumeur autrement que par le sempiternel biais de la défensive...

« La rumeur doit être guerroyée à tout prix et par tous les moyens », c'est du moins ce que l'on nous répète inlassablement. Ce que l'on dit moins, ce sont les innombrables services qu'elle peut rendre et surtout qu'elle est une pratique gratifiante et fédératrice de l'intelligence communautaire.

Les variables influant sur les rumeurs sont incalculables et les balbutiements de la rumorologie nous les font toucher du doigt. Certaines voies exploratrices apparaissent telles que l'influence des vents solaires sur notre anxiété. Par ailleurs, nous avons les moyens techniques pour mesurer l'intensité de ces rayonnements quasiment en temps réel. Les orages électromagnétiques[1] influent directement sur notre perception du monde et semblent avoir un effet direct sur cette anxiété. La NASA a prouvé qu'il existait des modèles prédictifs permettant d'anticiper la force de ces orages plusieurs années avant qu'ils ne se produisent. Le 24ᵉ cycle solaire dans lequel nous sommes s'achèvera en 2013. Il sera à la base du plus puissant orage solaire jamais enregistré. Plus puissant que celui de 1989 qui plongea Québec dans l'obscurité pendant plusieurs heures. Plus puissant que celui de 1859 durant lequel on a pu observer des aurores boréales aux Caraïbes.

D'une puissance telle que les spécialistes s'accordent pour dire que ce cycle se contractera pour s'achever un an plus tôt, en 2012.

L'extase « rumocratique » absolue sera, bien sûr, que le pic de l'orage tombe au même moment qu'un événement anxiogène prévisible tel que, au hasard, une élection présidentielle...

---

1. I. G. Zakharov et O. F. Tyrnov, « The effect of solar activity on ill and healthy people under conditions of nervous (correction of neurous) and emotional stresses », *Advances in Space Research,* The official journal of the Committee on Space Research (Cospar), 2001, 28(4), p. 685-690.

« Puis, glissant à travers les rumeurs incertaines,
Les propos se heurtaient avec les urnes pleines. »

Louis Bouilhet

Si tel était le cas, les rats de laboratoire, face aux échéances électorales qui se dérouleront, pourront se dire qu'il est temps de réunir le Concile. Ils pressentent déjà que le faisceau de circonstances qui entourent ces prochaines élections ne se reproduira pas de si tôt. Une occasion perdue ne se rattrape jamais.

Mais les rats, comme les autres, ont toujours eu des moments de doute. Il faudra questionner les dieux. Ils sauront ce qu'ils auront à faire. Unanimement et sans concertation, ils se tourneront vers l'Orient d'où seule vient toujours la vraie Lumière. Ils scruteront l'horizon, attentifs aux déplacements des nuées. Au loin, l'Olympe apparaîtra, ils pourront voir Hélios, le dieu du Soleil, et Éole, le dieu des Vents qui peut-être leur souriront. Les rats se prosterneront et ils seront rassurés. Les vents solaires leur seront sûrement bénéfiques.

Tous feront le voyage pour ce moment de communion des cœurs : les présidentielles de l'an 2012 après la mise en croix du juif. Il y aura même Rat-Tichon, le fils maudit, venu du fond de l'Italie. Également, Rat-Tafia sera présent, sa spécialité est la rumeur d'alcoolisme de certains politiciens, il est toujours utile. Ce cher Rat-Ionnement aussi, il sait qu'il ne servira à rien car le rationnement et les présidentielles ne font pas bon ménage. Mais il sera utile après ! On pourra furtivement entrapercevoir Rat-Psodie, le mélomane, capable de composition rumorale hors pair. Tous seront bien là, fidèles au poste. Ils le sont toujours.

Puis ce sera le tour des très attendus membres fondateurs du Saint Ordre. Quand ils arriveront, chacune de leur présence remplira la morne plaine, « comme une onde qui bout dans une urne trop pleine ».

Le fameux Rat-Tatouille, l'éminence de la rumeur alimentaire, un très grand maître. Il peut, comme personne, mobiliser une armée sur un simple geste et faire passer un ministre de la Santé de vie à trépas en trois jours. Un demi-dieu !

Puis ce sera le tour de l'incontournable Rat-Stakouère, grand manitou du racisme. C'est bien simple, il est de tous les coups. Son absence n'est pas envisageable. Plus insidieux que Rat-Tatouille mais largement aussi efficace. Il est albinos, taciturne, repris de justice et intrinsèquement méchant. Un garçon toujours très actif.

La glorieuse Rate-Iboise sera là. Elle peut deviner les peurs et les haines de chacun comme personne. Elle sait tout simplement « entrer dans les esprits ». C'est dire si elle sera précieuse.

Évidemment, faut-il l'invoquer, l'inéluctable Rat-Farin, surnommé « la Farine » par son extraordinaire talent à vous rouler dedans.

Puis, enfin, ce sera le tour du maître absolu ! Celui par qui tout arrive, notre « saigneur » parmi tous. Le célèbre Rat-Pine. Un reflet métallique et un peu cruel dans son œil. Son domaine d'expertise est double, la rumeur sexuelle et celle de détournement de fonds. Il saura le danger d'être là, car si sa présence s'ébruitait, tous les tueurs du monde le traqueraient sur-le-champ. En effet, bon nombre de politiciens lui doivent leurs enterrements, au propre et au figuré.

Le Concile pourra alors commencer et seuls les membres fondateurs seront conviés. Le Grand Fédérateur suggérera que la réunion débute.

Le Grand Fédérateur Laurent est un individu discret. Il est, paraît-il, issu d'une lignée princière florentine dont la rumeur dit que son aïeul, le prince Laurent II de Médicis, en fut le représentant le plus illustre. Mais c'était il y a très longtemps et les faits se perdent dans les mémoires. Les anciens disaient même que dans leurs enseignements ésotériques, ils semblaient se souvenir que le conseiller de ce prince fut un certain Niccolò di Bernardo dei Machiavelli, mais nous ne pouvons être sûr de rien.

Le Concile s'ouvrira et après quelques nécessaires rituels, la sommité Rat-Tatouille demandera la parole :

– Je souhaite féliciter notre frère Rat-Pine pour sa parfaite prestation de l'année dernière dans cette auberge de « l'Île aux nombreuses collines ». Vous excellâtes dans le maniement de quelque soubrette et autre pierreuse. Invincible et grand tel que vous le fûtes, pourfendant ce coquin et châtiant cette brute.

Puis, ce sera le tour du sournois Rat-Stakouère :

– Depuis que l'on est passé du septennat au quinquennat, on a quand même plus l'occasion de rigoler. Comme ces ânes pensent que tout ce qui vient du Nouveau Monde est d'excellence, peut-on espérer qu'ils calquent l'échéance présidentielle gauloise sur celle des États unifiés d'Amérique ?

– Ceci est à souhaiter, répondit le Grand Fédérateur.

À son tour Rat-Pine prendra la parole.

– Alors Fédérateur Laurent, j'ai vu que tu exerçais toujours tes impénétrables talents auprès du politique. Te craignent-ils toujours autant ?

– En fonction de leur capacité de réflexion, soit ils me craignent, soit ils me considèrent comme utile, c'est selon.

– De quelles rumeurs as-tu été récemment l'auteur ?

– Peu importe ! Il paraît que les silences qui succèdent à la musique de Mozart sont encore de Mozart et les rumeurs pour lesquelles je ne suis pour rien me sont également attribuées.

– Tu es donc au sommet de ton art. Je hais ce monde politique de grande servilité et de petites veuleries.

Le Grand Fédérateur Laurent reste silencieux et se remémora avec émotion son cher vieux maître, le prince de Bénévent, évêque d'Autun, Charles Maurice pour ses proches. Les mots de son mentor lui jaillissent dans la tête et il poursuit :

– Il est vrai que le politique se magnifie dans une forme de médiocrité. Ceci dit, cela a le mérite de lui ressembler.

Rat-Tatouille se dit que lui, aime bien les politiques. Il les trouve rigolos. Les élections sont particulièrement anxiogènes alors que depuis des temps immémoriaux, c'est un joueur de bonneteau qui en remplace un autre, inlassablement. « *In saecula saeculorum* », pense-t-il, histoire d'ôter les mots de la bouche du Fédérateur. Pas de quoi s'échauffer le sang !

– Certes, mais as-tu beaucoup abandonné ou trahi ? continua Rat-Pine.

– Je n'ai jamais abandonné un gouvernement avant qu'il ne se fût abandonné lui-même. Et si j'ai été quelquefois à leurs pieds, voire à leurs genoux, je n'ai jamais été dans leur main.

Quant à mes trahisons, à ma connaissance, il n'y a pas de témoin…

– Certains seraient sûrement heureux de t'éliminer.

– Les plus avisés souhaiteront me conserver ou, du moins, ne pas faire de moi un ennemi. J'ai toujours pris ou prendrai ma revanche, que cela soit dans ce monde ou dans l'autre.

J'en fais la promesse et il ne faut pas sous-estimer les promesses de ceux qui ont reçu la consécration de l'Ordre. C'est un vœu qu'on ne peut faire qu'une fois, et qui ne peut être effacé : « *Tu es sacerdos in aeternum* », prêtre pour l'éternité, dit la cérémonie d'ordination. Même défroqué, tu restes évêque jusqu'à ta mort.

Rat-Tatouille pique du nez et se dit en lui-même :

– Hou ! Fan de chiche, putaing de cong couillon, le cureton est reparti. On n'est pas sorti de l'auberge ou plutôt on n'y est pas encore entré.

Quand on entend Rat-Tatouille on sait d'où il vient. Il est en état d'hypoglicémie. Il pense à son prochain contrat. Il cherche un premier-né dans son carnet d'adresses. Ce dernier serait de statut professionnel intermédiaire et peureux à souhait. Il serait fortement éduqué, conformiste et soucieux de s'intégrer. Il serait gentil avant d'être beau et de bonne humeur de surcroît. Enfin, bon, si possible ! Et si en plus, il était militaire… se prend-il à rêver.

Tout en gardant un œil sur les vents solaires, il calcule les moments anxiogènes prévisibles. Que hait-il le plus ? De quoi a-t-il le plus peur ? se pose-t-il comme questions.

Allez hop ! Ne lésinons pas, se dit-il, une bonne poignée de rumeur sanitaire, saupoudrage d'effet Barnum, une pincée de racisme, un chouïa de représentations sociales, une larme de synchronicité, une once de stéréotype. Une autre journée de boulot. La routine…

Nous approchons de la nouvelle-lune et le soleil brille. Le monde est beau.

Il attend le sanglier qu'il a pu sentir dans l'humidité de quelque salle. Bref ! Il a l'estomac dans les talons.

Le Grand Fédérateur lit dans les yeux de Rat-Tatouille et conclut :

– Il m'est impossible de renoncer à mon talent. Même si cela devait m'anéantir. Ce don a toujours été trop consubstantiel de ma personne pour que je puisse y manquer sans me manquer à moi-même.

Et puis, c'est quelque chose d'inexplicable que j'ai en moi et qui porte malheur au gouvernement qui me néglige…

Le Concile a du mal à réprimer son rire. Le sanglier est prêt.

La fête peut commencer…

Index

Bibliographie

ABLOFF Richard et HEWITT Jay, « Attraction to men and women varying in self-esteem », *Psychological Reports*, vol. 56, 1985, p. 615-618.

ABRIC Jean-Claude, *Méthodes d'étude des représentations sociales,* Érès, 2003.

ALLPORT G. W. et POSTMAN L.J., *The Psychology of Rumor,* Russell & Russell, 1965.

ANZIEU D. et MARTIN J.-Y., *La Dynamique des groupes restreints*, Presses universitaires de France, 1990.

ASCH Salomon, *Social Psychology*, Englewood Cliffs, N. J., Prentice-Hall, 1952.

BACK Kurt, FESTINGER Leon, HYMOVITCH Bernard, KELLEY Harold, SCHACHTER Stanley et THIBAUT John, « The methodology of studying rumor transmission », *Human Relations,* vol. 3, 1950, p. 307-312.

BARLAY Stephen, *L'Esclavage sexuel*, Albin Michel, 1969 (version française).

BECK Aaron T., « Cognitive therapy : A 30-year retrospective », *American Psychologist,* vol. 46(4), avril 1991, p. 368-375.

BERELSON Bernard, *Reader in Communication in Public Opinion and Communication*, Glencoe, IllFree Press, 1950, p. 458.

BLOCH Marc, *Réflexions d'un historien sur les fausses nouvelles de la guerre*, Allia, 1999.

BROCKNER Joel et LLOYD Kathy, « Self-esteem and likability: separating fact from fantasy », *Journal of Research in Personality,* vol. 20(4), décembre 1986, p. 496-508.

BRUNVAND J. H., *Too Good to be True : The Colossal Book of Urban Legends,* W. W. Norton & Company, 2001.

BRUNSMAN BETHANY A., LOGAN HENRIETTA L., R. PATIL RAJESH et S. BARON ROBERT, « The development and validation of the Revised Iowa Dental Control Index (IDCI) », *Personality and Individual Differences,* vol. 34(7), mai 2003, p. 1 113-1 128.

CODOL Jean-Paul, « Estimation et expression de la ressemblance et de la différence entre pairs », *L'Année psychologique,* vol. 86(4), 1986, p. 527-550.

COHEN Arthur R., « Upward Communication in Experimentally Created Hierarchies », *Human Relations,* vol. 11(1), février 1958, p. 41-53.

CRUTCHFIELD Richard S., « Conformity and character », *American Psychologist,* vol. 10(5), mai 1955, p. 191-198.

CURCI Antonietta et BELLELLI Guglielmo, « Cognitive and social consequences of exposure to emotional narratives: Two studies on secondary social sharing of emotions », *Cognition & Emotion,* vol. 18(7), 2004, p. 881-900.

DICHEV Ilia D. et TROY D. Janes, « Lunar cycle effects in stock returns », *Journal of Private Equity*, Fall, 2003.

DION K. K. et STEIN S., « Physical attractiveness and interpersonal influence », *Journal of Experimental Social Psychology,* vol. 14, 1978, p. 97-108.

DIJKSTERHUIS A. et VAN KNIPPENBERG A., « The relation between perception and behavior, or how to win a game of Trivial Pursuit », *Journal of Personality and Social Psychology,* vol. 74, 1988, p. 865-877.

EKMAN Paul, *Emotions Revealed: Recognizing Faces and Feelings to Improve Communication and Emotional Life*, Time Books, 2003.

ENDICOTT SEARS Clara, *Days of Delusion : A Strange Bit of History,* Houghton Mifflin Company, 1924.

FESTINGER, RIECKEN, SCHACHTER, *When Prophecy Fails : a Social and Psychological Study of a Modern Group That Predicted the Destruction of the World,* Harper & Row, 1956.

FESTINGER Leon, *A Theory of Cognitive Dissonance,* New-York, Harper and Row, 1957.

FORER Bertram R., « The fallacy of personal validation: A classroom demonstration of gullibility », *Journal of Abnormal and Social Psychology,* 44, 1949, p. 118-123.

FRENCH Jr John R. P. et SNYDER Richard, « Leadership and interpersonal power. Studies in social power », Dorwin Cartwright (dir.), *Studies in Social Power, op cit.,* p. 118-149.

FROISSART Pascal, « Penser les médias sans notion de masse » in *Émergences et continuité dans les recherches en sciences de l'information et de la communication,* Actes du XIIᵉ Congrès des sciences de l'information et de la communication, SFSIC, 2001, p. 49-56.

GIACOMO et VAN DUÜREN, « Degrading situations, affiliation and social dependency », *European Journal of Social Psychology*, vol. 27(5), p. 495-510, septembre-octobre 1997.

GLADWELL Malcolm, *The Tipping Point : How Little Things Can Make a Big Difference*, Findaway World Llc, 2007.

GLEICHER F. ET PETTY R.E., « Expectations of reassurance influence the nature of fear-stimulated attitude change », *Journal of Experimental Social Psychology*, vol. 28, 1992, p. 86-100.

GRANOVETTER Mark, « The strengh of weak ties », *The American Journal of Sociology*, 78(6), 1973, p. 1 360-1 380.

GRANOVETTER M. S., *Getting a Job : a Study of Contacts and Careers*, University of Chicago Press, 1995.

HEILMAN Madeline E., « Oppositional behavior as a function of influence attempt intensity and retaliation threat », *Journal of Personality and Social Psychology*, vol. 33(5), mai 1976, p. 574-578.

HESS N. H. et HAGEN E. H., « Psychological adaptations for assessing gossip veracity », *Human Nature*, vol. 17(3), 2006, p. 337-354.

HEWSTONE Miles, JASPARS Jos et LALLJEE Mansur, « Social representations, social attribution and social identity: The intergroup images of 'public' and 'comprehensive' schoolboys », *European Journal of Social Psychology*, vol. 12(3), juillet-septembre 1982, p. 241–269.

HIRSHLEIFER David et SHUMWAY Tyler, « Good day sunshine: stock returns and the weather », *Journal of Finance*, American Finance Association, vol. 58(3), 2003, p. 1009-1032.

HOVLAND Carl I., JANIS Irving L. et KELLEY Harold H., *Communication and Persuasion; Psychological Studies of Opinion Change*, New Haven, CT, US: Yale University Press, 1953.

HUGDAHL Kenneth et DAVIDSON Richard (dir.), *The Asymetrical Brain*, MIT Press, 2003

ISEN A. M., DAUBMAN L. A., et NOWICKI G. P., « Positive affect facilities creative problem solving », *Journal of Personality and Social Psychology*, vol. 52, 1987, p. 1 122-1 131.

ISRAËL Lucien, *Cerveau droit, cerveau gauche*, Plon, 1996.

JANIS Irving L., *Victims of Groupthink: A Psychological Study of Foreign-Policy Decisions And Fiascoes*, Oxford, England, Houghton Mifflin, 1972, p. VIII.

JANIS Irving L. et FESHBACH Seymour, « Effects of fear-arousing communications », *The Journal of Abnormal and Social Psychology,* vol. 48(1), janvier 1953, p. 78-92.

JEPSON C. ET CHAIKEN S., « Chronic issue-specific fear inhibits systematic processing of persuasive communications », *Journal of Social Behavior and Personality,* vol. 5, 1990, p. 61-84.

JODELET Denise, *Les Représentations sociales,* Presses universitaires de France, 1997.

JUNG Carl Gustav et HULL R. F. C., *Dreams,* Routledge, 2002.

KAHNEMAN Daniel et TVERSKY Amos : « Subjective probability: A judgment of representativeness », The Hebrew University, Jerusalem Israel Cognitive Psychology, vol. 3(3), juillet 1972, p. 430-454.

KAPFERER Jean-Noël, *Rumeur : le plus vieux média du monde,* éditions du Seuil, 1987.

LAKONISHOK J. et SMIDT S., « Volume and turn-of-the-year behavior », *Journal of Financial Economics,* 13(3), 1984, p. 435-455.

LAZARSFELD Paul Felix, BERELSON Bernard et GAUDET Hazel, *The People's Choice: how the Voter Makes up his Mind in a Presidential Campaign,* Columbia University Press, 1944.

Éric Vernette, « Le leadership d'opinion en marketing : une double force d'attraction et de conviction ? », 6ᵉ congrès Tendances du marketing, Paris, 26-27 janvier 2007.

LEVACK Brian P. et CHIFFOLEAU Jacques, *La Grande Chasse aux sorcières : en Europe aux débuts des temps modernes,* Champ Vallon, 1991.

LIA Norman P., HALTERMAN Rose A., CASON Margaret J., KNIGHT George P. et MANER Jon K., « The stress-affiliation paradigm revisited: Do people prefer the kindness of strangers or their attractiveness ? », *Personality and Individual Differences,* vol. 44(2), janvier 2008, p. 382-391.

MORENO J. L., LESAGE H., *et al.,* *Fondements de la sociométrie,* Presses universitaires de France, 1970.

MORENO J. L., *The First Book on Group Psychotherapy,* Beacon House, 1957.

MORIN Edgar, *La Rumeur d'Orléans,* Éditions du Seuil, 1969.

MULDER M., « The power variable in communication experiments », *Human Relations,* vol. 13, 1960, p. 241-247.

MULDER M., « Power and satisfaction in task-oriented groups », *Acta Psychologica,* 1959, p. 178-225.

NIETZSCHE Friedrich, *Ecce Homo*, UGE, 10/18.

PETRONIO S. et BANTZ C., « Controlling the ramification of disclosure: "Don't tell anyone but..." », *Journal of Language and Social Psychology,* vol. 10, 1991, p. 263-269.

POITOU Jean-Pierre, « L'étude expérimentale des hiérarchies sociales », *Année psychologique,* vol. 64(2), 1964, p. 483-501.

POSTMAN Leo et PHILLIPS Laura W., « Short-term temporal changes in free recall », *Quarterly Journal of Experimental Psychology*, vol. 17(2), 1965.

RIMÉ Bernard, *Le Partage social des émotions*, Presses universitaires de France, 2005.

RIMÉ, MESQITA *et al.*, « Beyond the emotional event: Six studies on the social sharing of emotion », *Cognition & Emotion,* vol. 5(5-6), 1991, p.435-465.

ROSNOW Ralph L., « Inside rumor : A personal journey », *American Psychologist,* vol. 46(5), mai 1991, p. 484-496.

SATO T. et GONZALEZ M. A., « Interpersonal patterns in close relationships: The role of sociotropy–autonomy », *British Journal of Psychology,* 100(2), 2009, p. 327-345.

SIDANIUS Jim et PRATTO Felicia, *Social Dominance : an Intergroup Theory of Social Hierarchy and Oppression,* New York, Cambridge University Press, 1999.

SCHACHTER Stanley, *The Psychology of Affiliation: Experimental Studies of the Sources of Gregariousness,* University Press, 1974.

SCHACHTER Stanley et BURDICK Harvey, « A field experiment on rumor transmission and distortion », *The Journal of Abnormal and Social Psychology*, vol. 50(3), mai 1955, p. 363-371.

SCHACHTER Stanley, « The interactions of cognitive and physiological determinants of emotional state » *in* Leonard Berkowitz (dir.), *Advances in Experimental Social Psychology,* vol. 1, New York, Academic Press, 1964.

SCHACHTER Stanley, « Deviation, rejection, and communication », *The Journal of Abnormal and Social Psychology,* vol. 46(2), avril 1951, p. 190-207.

SHERIF Muzafer, *An Outline of Social Psychology*, Harper, 1948.

SILVIA Paul J., « Deflecting reactance: the role of similarity in increasing compliance and reducing resistance », *Basic and Applied Social Psychology,* vol. 27(3), 2005, p. 277-284.

TALEB Nassim-Nicholas, *Le Hasard sauvage,* Les Belles Lettres, 2008.

TERMAN L. M. et MILES C. C., *Sex and Personality,* New York, McGraw-Hill, 1936.

THIBAUT John, « An experimental study of the cohesiveness of underprivileged groups », *Human Relations,* vol. 3, 1950, p. 251-278.

TINKER M. A. et GOODENOUGH F. L., « Mirror reading as a method of analysing factors involved in word perception », *Journal of Educational Psychology,* 22, 1931.

TYZSKA Tadeusz et ZIELONKA Piotr, « Expert judgments: financial analysts versus weather forecasters », *Journal of Psychology and Financial Markets,* vol. 3(3), 2002.

WEGENER D. T., PETTY R. E. et SMITH S. M., « Positive mood can increase or decrease message scrutiny: The hedonic contingency view of mood and message processing », *Journal of Personality and Social Psychology,* vol. 69, 1995, p. 5-15.

WATTS Duncan, *Six Degrees: the Science of a Connected Age,* WW Norton & Co, 2004.

WILLIAMS A. Mark et ELLIOTT David, « Anxiety, expertise, and visual search strategy in karate », *Journal of Sport & Exercise Psychology,* vol. 21(4), décembre 1999, p. 362-375.

WILLS Thomas Ashby, « Similarity and self-esteem in downward comparison. Social comparison : contemporary theory and research » in Jerry M. Suls et T. A. Wills (dir.), *Social Comparison : Contemporary Theory and Research,* Hillsdale, NJ, England: Lawrence Erlbaum Associates, Inc, xv, 1991, p. 51-78.

ZAKHAROV I. G. et TYRNOV O. F., « The effect of solar activity on ill and healthy people under conditions of nervous (correction of neurous) and emotional stresses », *Advances in Space Research,* The official journal of the Committee on Space Research (Cospar), 2001, 28(4), p. 685-690.

ZANDER A., COHEN A. R. et STOTLAND E., « Role relations in the mental health professions », Research Center for Group Dynamics, Institute for Social Research, University of Michigan, 1957.

ZANDER A., COHEN A. R. et STOTLAND E., « Power and relations among the professions », in Dorwin Cartwright (dir.), *Studies in social Power Ann Arbor,* Institute for Social Research, University of Michigan, 1959, p. 15-34.

www.ingramcontent.com/pod-product-compliance
Lightning Source LLC
Chambersburg PA
CBHW070812270326
41927CB00010B/2393